Die NATO – Transformation, Aufgaben, Ziele

Gunther Hauser

Die NATO –
Transformation, Aufgaben, Ziele

PETER LANG
Frankfurt am Main · Berlin · Bern · Bruxelles · New York · Oxford · Wien

Bibliografische Information der Deutschen Nationalbibliothek
Die Deutsche Nationalbibliothek verzeichnet diese Publikation in der Deutschen Nationalbibliografie; detaillierte bibliografische Daten sind im Internet über <http://www.d-nb.de> abrufbar.

Gedruckt mit Unterstützung des
Bundesministeriums für Wissenschaft und Forschung
in Wien.

ISBN 978-3-631-57367-9

www.peterlang.de

Inhaltsverzeichnis

Vorwort

Die North Atlantic Treaty Organization (NATO) wurde am 4. April 1949 in Washington D.C. ins Leben gerufen. Das Militärbündnis, welches eine gemeinsame militärische Verteidigung bei einem bewaffneten Angriff auf ein oder mehrere Mitglieder, allerdings – im Unterschied zur später gegründeten Westeuropäischen Union (WEU) – ohne automatische Beistandspflicht (Artikel 5 des NATO-Gründungsvertrages) vorsah, entstand vor dem Hintergrund kommunistischer Expansionsbestrebungen in Mittel-, Ost- und Südosteuropa sowie aufgrund von Bedrohungsszenarien des sich verschärfenden Kalten Krieges im Kontext des Bürgerkriegs in Griechenland, der kommunistischen Machtübernahme in der Tschechoslowakei und der Berlin-Blockade. NATO-Gründungsstaaten waren Belgien, Dänemark, Frankreich, Großbritannien, Island, Italien, Kanada, Luxemburg, die Niederlande, Norwegen, Portugal und die USA. 1952 traten Griechenland und die Türkei, 1955 die Bundesrepublik Deutschland und 1982 Spanien bei. Frankreich zog sich 1966 und Griechenland 1974 aus dem integrierten Militärverband zurück. Beide Staaten blieben aber Mitglied der Allianz. Athen schloss sich 1981 wieder voll an, Frankreich mehr oder weniger in der zweiten Hälfte der 1990er Jahre. Island hatte als einziges Mitglied keine Streitkräfte. Der Beitritt der Bundesrepublik vollendete ihre Westintegration. Bis 1957 galt die „massive retaliation", die jeden Angriff mit einem vernichtenden Kernwaffenschlag beantworten sollte. Anschließend wurde sie durch die „Schwert-Schild-Doktrin" ersetzt, wonach konventionelle Streitkräfte als „Schildkräfte" limitierte Attacken abwehren, bei einer großen Aggression jedoch nukleare „Schwertkräfte" zum Zuge kommen sollten. Nachdem sowjetischen Kernwaffen in der ersten Hälfte der 1960er Jahre die USA erreichen konnten, reagierte die NATO mit der Strategie der „flexible response", die Reaktions- und Eskalationsoptionen eröffnete: Auf der Basis des atomaren Patts sollte auf jede Form der Aggression flexibel, d.h. mit „Direktverteidigung", „vorbedachter Eskalation" und „allgemeiner nuklearer Reaktion" geantwortet werden. Der Plan des belgischen Außenministers Pierre Harmel vom 14. Dezember 1967 sah vor, auf der Grundlage militärischer Stärke und politischer Solidarität das Gleichgewicht zwischen den „Blöcken" durch „Dialog" und „Zusammenarbeit" zu stabilisieren. Am 12. Dezember 1979 fasste die Allianz den NATO-Doppelbeschluss über die Installierung neuer bodengestützter nuklearer Mittelstreckenwaffen („Nachrüstung"), verbunden mit dem Angebot an die UdSSR, bis zum geplanten Zeitpunkt der Stationierung (Ende 1983) über den Abbau entsprechender sowjetischer Waffen (v. a. SS-20) zu verhandeln. Nach Stationierungsbeginn der US-Raketen (Cruise Missiles) wurden die am 30. November 1981 begonnenen INF-Gespräche zwischen den USA und der UdSSR unterbrochen, am 12. März 1985 jedoch wieder aufgenommen. 1987 setzte infolge Initiativen von Michail Gorbatschow ein Strategiewandel beim Warschauer Pakt ein, demzufolge die NATO nicht mehr wie bisher als prinzipiell aggressive Organisation mit expansiven Zielsetzung betrachtet, die Breschnew-Doktrin aufgegeben und eine neue Militärdoktrin formuliert wurde, die „ausschließlich Verteidigungscharakter" haben sollte. Das Verhältnis entspannte sich ab Mitte der 1980er Jahre merklich, was im Kontext des KSZE-Nachfolgeprozesses und des Abschlusses der ersten Phase der KVAE 1986, der Einigung auf eine beiderseitige „doppelte Nulllösung" mit Unterzeichnung des INF-Vertrags am 10. Dezember 1987 sowie der Aufnahme der Verhandlungen über konventionelle Streitkräfte in Europa (VKSE) im März 1989 seinen Niederschlag fand. Bedingt durch Gorbatschows Reformpolitik, die politischen Umwälzungen und die Auflösung der poststalinistischen Regime in den mittel-, ost- und südosteuropäischen Staaten legten die NATO-Staaten am 5./6. Juli 1990 am Londoner Gipfel fest, den Warschauer Pakt nicht mehr als bündnispolitischen Gegner zu betrachten. Sie bekundeten ihre Bereitschaft zur Kooperation mit den Staaten der Warschauer Vertragsorganisation (WVO). Am 19. November 1990 erfolgte eine gemeinsame Erklärung der NATO- und WVO-Staaten über wechselseitigen Gewaltverzicht. Zwei Tage später wurde die „Charta von Paris für ein neues Europa" unterschrieben, die den Kalten Krieg am Kontinent offiziell für beendet erklärte. Dem folgte der Beschluss des NATO-Rats am 7./8. November 1991 in Rom mit einem neuen strategischen Konzept und veränderter Streitkräfte- und Kommandostruktur, wonach anstatt der konkreten Bedrohung aus dem Osten ein neues Risikoszenario mit komplexen, vielgestaltigen und schwer einzuordnenden Konfliktpotenzialen getreten und worauf mit präventiver Friedenssicherung zu reagieren sei, d.h. mit Dialog, Kooperation, Verteidigung, aber auch Krisenbewältigung und Konfliktverhütung. Hier war der einsetzende Wandel der NATO vom primären Verteidigungsbündnis zu einer militärischen Interventionsmacht („out of area") erkennbar, der im Krieg gegen „Restjugoslawien" im Kontext des Kosovokonflikts 1999 zum Ausdruck kommen sollte. Soweit ist die Geschichte der NATO in sehr groben Zügen skizziert.

Gunther Hauser, ein ausgewiesener Sicherheitsexperte mit solidem historischen Kenntnisstand und exzellenter politikwissenschaftlicher und sicherheitspolitischer Expertise, dessen instruktive Arbeiten schon seit geraumer Zeit verfolgbar und bisherige Studien beachtlich sind, hat in den letzten Jahren seinen Blick räumlich geweitet und für internationale und globale Sicherheitsprobleme geschärft. Nun beschäftigt er sich in der hier vorliegenden, fein gegliederten, aber kompakt gehaltenen und gut lesbaren Studie mit dem Transformationsprozess der NATO nach dem Ende des Kalten Krieges sowie ihren neuen Aufgaben und Zielsetzungen mit Blick auf die Herausforderungen nach dem Zerfall des Warschauer Pakts, die NATO-Osterweiterung, die Folgen des größten Anschlags der Weltgeschichte des Terrorismus vom 11. September 2001 in den

USA und die Spaltung des transatlantischen Bündnisses im Kontext des höchst umstrittenen Irak-Kriegs 2003.

Der Schwerpunkt dieser facettenreichen Analyse, die kein wesentliches Thema der NATO von gestern und heute unberührt lässt, liegt auf der jüngsten Entwicklung seit Ende der 1990er Jahre bis in die jüngste Zeit. Hauser betreibt damit rezente Zeitgeschichte, Gegenwartsdiagnose und Zukunftsprognose in einem, Eigenschaften, die den vielfach noch in nationalen Kategorien fixierten Zeitgeschichtsschreibungen Europas gut zu Gesicht stehen würden. In diesem Sinne sind Arbeiten wie die von Hauser nicht nur für Militärwissenschaftler, sondern auch für die gemeine europäisch und transatlantisch ausgerichtete Zeitgeschichtsforschung sehr willkommen.

Aus der Feder eines österreichischen Sicherheitsexperten liest sich dieses Buch besonders interessant, widmet sich doch der Autor auch der für bündnisfreie und neutrale Staaten verträglichen Konzeption der „Partnership for Peace", aber auch der Kooperation der NATO mit der OSZE und der UNO.

Dass Österreichs Neutralität durch seine EU-Mitgliedschaft in Frage gestellt, in Mitleidenschaft gezogen und gefährdet werden könnte, war ein kritischer Punkt, der zwar im Vorfeld des österreichischen EU-Referendums am 12. Juni 1994 umschifft, in weiterer Folge aber deutlich werden sollte. Die ÖVP steuerte 1997 Kurs auf einen NATO-Beitritt. Die SPÖ wie auch die Mehrheit der österreichischen Bevölkerung nahmen jedoch eine Abwehrhaltung ein. Die Volkspartei hatte diese Tatsachen zur Kenntnis zu nehmen und rückte von der NATO-Option wieder ab. Die Aufrechterhaltung und der Fortbestand der Neutralität fanden bei einer denkwürdigen Visite ihren Niederschlag: Bei seinem Wien-Besuch Anfang November 2005 brachte NATO-Generalsekretär Jaap de Hoop Scheffer Respekt für den Wunsch der Österreicher zum Ausdruck, die Neutralität beibehalten zu wollen. Er würdigte ihre Existenz und Bedeutung, vermittelte allerdings auch seine Genugtuung über die anhaltende Bereitschaft der Bundesregierung, an zivilen und nicht rein militärischen Aufgaben des gewandelten transatlantischen Bündnisses mitzuwirken. Mit Österreichs Status als Neutraler gab sich de Hoop Scheffer erstaunlicher Weise einverstanden und zufrieden, einerseits wohl auch aufgrund des geschwächten und krisenhaften Zustandes des Bündnisses, aber auch wegen der aktiven Mitwirkung des Bundesheeres an NATO-Operationen in Afghanistan und im Kosovo im Rahmen der „Partnerschaft für den Frieden" (PfP). Er betonte die offizielle Linie des atlantischen Bündnisses: „Die NATO respektiert Österreichs Neutralität zur Gänze." Eine Mitgliedschaft sei angesichts der öffentlichen Meinung im Lande „höchst unwahrscheinlich". Die Möglichkeit einer Ausdehnung des bisher reduzierten NATO-Einsatzes im Irak lehnte de Hoop Scheffer ab. Die Ausbildung und Ausrüstung irakischer Offiziere stehe im Mittelpunkt. Er versicherte weiters, dass die NATO im Nahen Osten keine Rolle übernehmen werde. An diesen Positionen hat sich bis zuletzt kaum etwas geändert.

Hauser macht in seiner lesenswerten Analyse den Profilwandel der ursprünglich v.a. auf die Sowjetunion und den Warschauer Pakt einseitig fixierten ehemaligen Verteidigungsallianz zu einem multifunktionellen Krisenbewältigungs- und Friedenserzwingungsbündnis in Europa und der Welt deutlich. Hauser veranschaulicht den bemerkenswerten Prozess der Globalisierung der NATO u.a. durch gesteigerte Flexibilität, erreichte Interoperabilität und umfassende Kooperation mit nahezu allen großen und maßgeblichen Staaten der Welt. Er zeigt außerdem auf, dass die NATO von heute weit mehr als nur eine Militärorganisation ist, nämlich mehr denn je eine Wertegemeinschaft, ein polyvalentes Gebilde, das auch im humanitären und zivilen Bereich wertvolle Hilfsdienste leistet. Die NATO hat nicht nur Pluspunkte aufzuweisen. Es bleibt abzuwarten bzw. ist derzeit sehr zweifelhaft, ob die Durchführung der ISAF in Afghanistan als ein Erfolg zu bewerten ist. Solange die Politik nur halbherzig hinter den dort stationierten Verbänden steht und keine abgestimmte und integrierte Gesamtkonzeption für die Region in der Zeit nach den Militäroperationen hat und umzusetzen weiß, bleiben die international organisierten Sicherheitsvorkehrungen dort nur Flickwerk.

Bemerkenswert und erfolgreich war hingegen eine andere Kooperationsform: Die Strategische Partnerschaft NATO-Russland hat neue Eskalationsformen, d.h. einen Kalten Krieg im erweiterten Europa zu verhindern verstanden, was schon im Sinne negativer Integration eine beachtliche Leistung war, wofür hauptsächlich Javier Solana verantwortlich zeichnete. Im Wesentlichen basiert die NATO heute immer noch auf zwei Pfeilern, wie Gunther Hauser verdeutlicht, die für sich gesehen auch wiederum die Bedeutung der Kontinuität der Entwicklung des Bündnisses unterstreichen: Es geht nach wie vor primär um kollektive Verteidigung und die transatlantische Bindung. Vor diesem Hintergrund bleiben die EU-Staaten – sei es mit oder ohne NATO-Mitgliedschaft – gut beraten, wenn sie weiterhin auf das Modell der Verteidigung setzen und sich gleichzeitig die Option auf Errichtung eines genuin europäischen Sicherheitsbündnisses offen halten und angehen. Es ist freilich Hauser zuzustimmen, dass auf absehbare Zeit die NATO in Europa das Sicherheitsbündnis Nummer 1, also die Verteidigungsform mit größter Bedeutung, sein wird. In wie weit der von ihm präzise dargelegte Transformationsprozess der NATO bereits ein ausreichendes Fundament sowie eine nachhaltige Garantie für ihren Fortbestand bieten wird, werden nur wiederum Krisenfälle und Kriegsszenarien vergleichsweise wie Kosovo und Irak zeigen können. Es bleibt zu hoffen, dass es aufgrund einer gestärkten und multifunktionellen NATO soweit gar nicht kommen mag.

Hildesheim, 10. September 2007 Prof. Dr. Michael Gehler

Einleitung

Die Gründung der NATO (*North Atlantic Treaty Organization*) erfolgte am 4.4.1949 in Washington. Mit der NATO wurde erstmals in Europa ein Sicherheitssystem von Beginn an als primär politisches Bündnis geschaffen. Die Entscheidungen der Mitgliedstaaten erfolgen einstimmig. Das Bündnis kann somit nicht besser sein als die Summe der Regierungen seiner Mitgliedstaaten. Die Glaubwürdigkeit der NATO basiert insbesondere auf ihren Instrumenten zur Risikovorsorge und dann, wenn Entscheidungs- und Handlungsfähigkeit gegeben ist. Für die NATO ist charakteristisch:

- politisch v.a. das eingespielte Verfahren zur politisch-militärischen Konsensfindung auf einer Vertrauensbasis und
- militärisch die in jahrelanger Erfahrung gehärtete praktische internationale militärische Zusammenarbeit.

Friedensdurchsetzung erfolgt in der Regel mit politisch-diplomatischen Mitteln. Neben ihrer militärischen Bedeutung für den Erhalt von Sicherheit und Stabilität im euro-atlantischen Raum bleibt die NATO politisch weiterhin das entscheidende Verbindungsglied (*transatlantic link*) zwischen Nordamerika und Europa.

Nach dem Ende des Kalten Krieges hat sich die NATO aufgrund der großen institutionellen Flexibilität sowohl politisch als auch militärisch an die geänderten Rahmenbedingungen der europäischen Friedenssicherung soweit anpassen können, dass sie sich zur Grundlage des europäischen Sicherheitsverbundes entwickelt hat. Dadurch, dass die NATO auf gegenseitiges Verständnis und Vertrauensbildung im euro-atlantischen Bereich setzt, sind keine neuen Trennungslinien entstanden. Aktiver Dialog und praktische Kooperation sind das Rezept für die Verbesserung der Beziehungen, gerade mit Drittländern. Die NATO ist dabei einem umfassenden Sicherheitsansatz verpflichtet, der politische, wirtschaftliche, soziale und umweltbezogene Elemente umfasst. Die heutige Existenzberechtigung der NATO basiert nach wie vor auf politischen und militärischen Gegebenheiten: Die militärische Bedeutung liegt heute in der Bekämpfung der Bedrohungen für die transatlantische Sicherheit dort, wo sie ihren Ursprung haben. So reicht inzwischen der Einsatzraum für NATO-Operationen weit über die europäischen NATO-Grenzen hinaus, wie z.B. die Einsätze in Staaten des ehemaligen Jugoslawien im Auftrag der Vereinten Nationen zeigten. Die *Out-of-area*-Debatte – also die Diskussion über Kampfeinsätze außerhalb des NATO-Territoriums – ist im Zeitalter des internationalen Terrorismus und der wachsenden Bedrohung durch Raketen sowie Massenvernichtungswaffen obsolet geworden. Ziel des Bündnisses ist es, vorerst die Streitkräftestruktur so zu transformieren, um in der Lage zu sein, weltweit Kriseneinsätze durchführen zu können. So wurde auf dem NATO-Gipfel der Staats- und Regierungschefs in Prag (21.-22.11.2002) deshalb die Schaffung einer *NATO Response Force* in der

Stärke von 25.000 Soldaten beschlossen, die seit Ende 2006 in der Lage sein soll, innerhalb von fünf Tagen weltweit zu operieren, um Bedrohungen für den euro-atlantischen Raum einzudämmen und zu bewältigen. Die *NATO Response Force* (NRF) wurde offiziell am 15.10.2003 offiziell ins Leben gerufen, deren erste Übung fand am 20.11.2003 in der Türkei unter der Teilnahme von Eliteeinheiten (alle drei Teilstreitkräfte Luft, See und Land) aus elf NATO-Ländern statt.

Der historische Hintergrund zur Entstehung und zum Wirken der NATO

Historischer Auslöser zur Gründung der NATO war der herannahende Kommunismus in den vierziger Jahren. Kommunistische Systeme wurden während dieser Periode in der Tschechoslowakei, Polen, Ungarn, Rumänien und Bulgarien etabliert. Bereits 1946 sprach der führende konservative Oppositionelle im britischen Unterhaus – Winston Churchill – während einer Rede in Fulton/USA vom Eisernen Vorhang, durch den die Sowjetunion zu dieser Zeit Osteuropa vom Westeuropa abzuschotten versuchte. Unter diesem Vorzeichen betonte Churchill einige Monate später in Zürich die Notwendigkeit eines Zusammenschlusses von Europa unter der Miteinbeziehung Deutschlands. 1947 kam es zur Verhärtung bzw. Differenzen in den Beziehungen USA-Sowjetunion, die Streitfragen betrafen vor allem die europäische Nachkriegsordnung und die Zukunft Deutschlands. Die sowjetische Führung unterstützte in den vierziger Jahren im Iran und in Griechenland gewaltsam nach Macht strebende kommunistische Parteien: Kommunisten waren für einen Attentatsversuch auf den persischen Schah verantwortlich, in Griechenland kämpften griechische Regierungstruppen gegen kommunistische Verbände. Die Entscheidungsschlacht im Grammos-Gebirge 1948 konnten griechische Regierungstruppen mit Hilfe von amerikanischen und britischen Verbänden für sich entscheiden.

Die USA unter Präsident Harry S. Truman beschlossen am 12.3.1947, die vom Kommunismus bedrohten Kräfte zu unterstützen. Truman bezweckte den Sieg über den Kommunismus nicht am Schlachtfeld, sondern dessen Überwindung mittels der politischen Kraft freiheitlich-demokratischer Werte wie Demokratie, Menschenrechte und freie Marktwirtschaft. Ziel der USA war die Schaffung eines neuen vereinten Europa mit demokratischem Vorzeichen (*Truman*-Doktrin).

1948 kündigte der damalige US-Außenminister George C. Marshall an, ein umfassendes Hilfsprogramm zur wirtschaftlichen und politischen Stabilisierung der von Krisen geschüttelten Volkswirtschaften West- und Mitteleuropas einzuleiten. Der *Marshallplan* beschleunigte den Prozess der deutschen Weststaatsgründung und führte schließlich u.a. auch zur wirtschaftlichen Erholung Westeuropas während der fünfziger Jahre. Diese Vorgehensweise gehörte zur „*präventiven Strategie*" der USA nach dem Zweiten Weltkrieg, den demokratischen Staatbildungsprozess in Europa aufbauen zu helfen und wirtschaftlich abzusichern. Ziel war es, dass von Mitteleuropa aus keine Gefahr gegen die USA mehr ausgehen solle.

Die damalige amerikanische politische Führung sah ein, dass nach dem Ersten Weltkrieg vor allem Deutschland durch den Versailler Friedensvertrag derart wirtschaftlich belastet und während der Zwischenkriegszeit derart international *bevormundet* wurde, was sich schließlich auf den demokratischen Staatsbildungsprozess äußerst negativ auswirkte. Die dadurch erfolgte Machtergreifung

Adolf Hitlers, der in Europa einen politisch-regionalen Anspruch stellte, wurde insbesondere für Frankreich, Großbritannien und die USA zu einem sicherheitspolitischen Risiko. Eine stärkere wirtschaftliche Zusammenarbeit zwischen einem damals noch demokratischen Deutschland und einem noch demokratischen Österreich wurde Anfang der dreißiger Jahre seitens des Völkerbundes verhindert, so am 19.3.1931 die Errichtung einer deutsch-österreichischen Zollunion („*Schober-Curtius-Plan*“).[1]

Diese Konstellation sollte sich in Europa aus amerikanischer Sicht nicht mehr wiederholen, es galt ab 1945, Deutschland politisch und wirtschaftlich umfassend zu unterstützen.[2] Die „*präventive Strategie*“ sollte jene Ursachen bekämpfen, die wieder zu einem Weltkrieg führen könnten. Sie basierte auch auf Eindämmung (*containment*) und Abschreckung (*deterrence*) der sowjetischen Expansionspolitik nach Westen.[3]

Die Dynamik des amerikanischen Kapitalismus in Westeuropa löste in Moskau jedoch große Ängste aus. Der sowjetische Diktator Josef Stalin reagierte daraufhin mit der Blockade West-Berlins. 1948 ist auch der Prager Umsturz vollzogen worden, die Kommunisten unter Klement Gottwald übernahmen die Macht. Die UdSSR versuchte – entgegen dem Abkommen von Jalta – einen Staat nach dem anderen kommunistisch zu unterwandern. Schließlich wurden sowjetische Freundschafts- und Beistandspakte mit Rumänien, Ungarn, Bulgarien und auch Finnland geschlossen. Finnland blieb von der demokratischen Struktur her westlich, war aufgrund seiner geopolitischen Situation gezwungen, eine „*Politik des Vertrauens*“ mit der Sowjetunion zu vollziehen. Der „*Ostblock*“, dem auch Polen und die Tschechoslowakei angehörten, begann sich Ende der vierziger Jahre zu formieren.

Die sowjetische Expansionspolitik hatte im Westen Europas den Ausbruch einer Kriegshysterie und danach den Aufbau eines westlichen Verteidigungssystems zur Folge: Am 17.3.1948 unterzeichneten Belgien, Frankreich, Großbritannien, Luxemburg und die Niederlande den „Brüsseler Fünfmächtevertrags“ („Westunion“) mit einer Laufzeit von fünfzig Jahren, der eine Weiterentwicklung des Vertrages von Dünkirchen von 1947 war: Letzterer richtete sich gegen ein wiedererstarkendes Deutschland und gegen eine sowjetische Expansion und wurde zwischen Frankreich und Großbritannien unterzeichnet. Die „Westunion“ bildete die Grundlage des Pariser Vertrages über die Westeuropäische Union (WEU) vom 23.10.1954.

---

1 Der damalige Ständige Internationale Gerichtshof (StIG) entschied, dass eine derartige Zollunion gegen das I. Genfer Protokoll von 1922 verstoße.

2 Ashton B. Carter, William J. Perry, Preventive Defense. A New Security Strategy for America, Brookings Institutions Press, Washington D.C., 1999, 10.

3 Ebd.

Die USA erkannten bald, dass die westeuropäischen Länder dem wachsenden kommunistischen Einfluss nicht gewachsen waren. Ziel war es nun, gemeinsam mit den USA ein transatlantisches Sicherheitssystem zu schaffen. Am 11.6.1948 verabschiedete der US-Senat die so genannte „*Vandenberg-Resolution*", die damit die Grundvoraussetzung für künftige Zusammenschlüsse der USA mit regionalen und anderen kollektiven Sicherheitseinrichtungen schuf. Die Frage nach eigenständigen – von den USA zumindest teilweise unabhängigen – europäischen militärischen Kapazitäten stellte sich zwischen 1949 und 1989 nicht, wenn man von den 1954 am Widerstand der französischen Nationalversammlung gescheiterten Bemühungen zur Schaffung einer Europäischen Verteidigungsgemeinschaft/EVG absieht.

Die Berliner Blockade von 1948 (Einführung der DM-West, Sperre des gesamten Güter- und Personenverkehrs von/nach Westdeutschland sowie Einstellung der Lebensmittel-, Kohle- und Stromlieferungen aus der Sowjetischen Besatzungszone) führte zur Gründung der Nordatlantischen Vertragsorganisation (*North Atlantic Treaty Organization* – NATO).

Mit der Unterzeichnung des Washingtoner Vertrages durch zwölf Staaten – Belgien, Dänemark, Frankreich, Großbritannien, Island, Italien, Kanada, Luxemburg, Niederlande, Norwegen, Portugal und die USA – erfolgte schließlich am 4.4.1949 die Gründung der NATO. Sie war der erste und wesentlichste Schritt zu einer gemeinsamen Sicherheitspolitik der nordamerikanischen und europäischen Demokratien. Der Gründungsvertrag schuf einen euro-atlantischen Sicherheitsverbund zur Verteidigung der westlichen Demokratien auf der Grundlage des Artikels 51 der Charta der Vereinten Nationen[4], mit dem primären Ziel, die Expansion der Sowjetunion einzudämmen (*containment*). Zum einen sollte Westeuropa durch die Vereinahmungsversuche der UdSSR[5] geschützt werden, zum anderen sollte der wirtschaftliche Aufbau Westeuropas mit Hilfe des *Marshallplans* militärisch abgesichert und garantiert werden.

1948 erfolgte die Gründung der OEEC[6] als Institution für die Schaffung funktionierender Marktwirtschaften in Europa, die OEEC war Vorgängerin der in Paris ansässigen und 1960 gegründeten OECD[7]. Der Beitritt zur OEEC war Voraussetzung zur Erlangung von Aufbauhilfen durch den *Marshallplan*.

Die USA sicherten jeden NATO-Mitgliedstaat Rüstungs- und Waffenhilfe zu (*Mutual Defense Assistance Act*), der NATO-Gründungsvertrag selbst trat am 24.8.1949 in Kraft. Nach der ersten Sitzung des Nordatlanitschen Rates in Washington (17.9.1949) wurde erst die Bildung eines gemeinsamen Oberkommandos Realität.

---

4 Auf der Basis eines kollektiven Beistandes.

5 UdSSR: Union der Sozialistischen Sowjetrepubliken.

6 *Organization for European Economic Cooperation.*

7 *Organization for Economic Cooperation and Development.*

Am 14.5.1955 ist mit dem „*Vertrag über Freundschaft, Zusammenarbeit und gegenseitigen Beistand*" (Warschauer Vertrag) die Warschauer Vertragsorganisation (auch *Warschauer Pakt* genannt) durch Albanien, Bulgarien, der Deutschen Demokratischen Republik (DDR), Polen, Rumänien, Sowjetunion, Tschechoslowakei und Ungarn gegründet worden. 1961 brach Albanien die Beziehungen zur UdSSR aufgrund ideologischer Differenzen ab und trat 1968 aus diesem kommunistischen Bündnissystem aus. Die Mitgliedschaft der DDR endete am 3.10.1990, als die DDR mit der Bundesrepublik Deutschland vereinigt wurde. Der Warschauer Pakt existierte bis zum 30.6.1991.

Die Gründung der NATO war vor allem ein Wunsch europäischer Staaten, weil die Staaten Europas nicht allein gegen die Expansion der UdSSR bestehen konnten. In die NATO wurden auch strategisch wichtige Staaten aufgenommen, die keineswegs zu diesem Zeitpunkt pluralistisch-demokratische Normen erfüllten – wie 1949 Portugal, 1952 Griechenland und die Türkei.

1955 wurde Deutschland (West) in die NATO aufgenommen, 1982 folgte Spanien. Die Aufnahme in die NATO hat die Demokratisierung in diesen Staaten gefördert und beschleunigt. Am 12.3.1999 wurden erstmals in der Geschichte der Allianz mit Polen, der Tschechischen Republik und Ungarn ehemalige Mitglieder der Warschauer Vertragsorganisation in das Bündnis aufgenommen. Die NATO zählte bis 2.4.2004 19 Mitgliedstaaten, von denen insbesondere bis heute Frankreich[8] und Island[9] eine Sonderrolle einnehmen. Am 2.4.2004 erfolgte die größte Erweiterung der NATO in ihrer Geschichte – mit der Aufnahme von Bulgarien, Estland, Lettland, Litauen, Rumänien, der Slowakei und Slowenien.

---

8 Die politische Führung unter General Charles de Gaulle beschloss 1966, aus den militärischen Institutionen der NATO auszutreten.

9 Island besitzt keine eigenen Streitkräfte. Die isländische Regierung unter Premierminister David Oddsson schloss jedoch im Juli 2003 die Bildung eigener Streitkräfte nicht aus, da die amerikanischen Streitkräfte ihren Rückzug aus Island ankündigten. Derzeit stellt Norwegen die Verteidigung Islands sicher.

Die NATO – eine Wertegemeinschaft

Die NATO definiert sich v.a. aus dem Vorhandensein demokratischer pluralistischer politischer und marktwirtschaftlicher Systeme sowie aus dem Schutz, der Verteidigung und der Einhaltung von Menschenrechten. So bekräftigen *„die Parteien dieses Vertrages (...) erneut (...) ihren Wunsch, mit allen Völkern und allen Regierungen in Frieden zu leben. Sie sind entschlossen, die Freiheit, das gemeinsame Erbe und die Zivilisation ihrer Völker, die auf den Grundsätzen der Demokratie, der Freiheit der Person und der Herrschaft des Rechts beruhen, zu gewährleisten. Sie sind bestrebt, die innere Festigkeit und das Wohlergehen im nordatlantischen Gebiet zu fördern.*
Sie sind entschlossen, ihre Bemühungen für die gemeinsame Verteidigung und für die Erhaltung des Friedens und der Sicherheit zu vereinigen“, so die Präambel des NATO-Gründungsvertrages von 1949.

In Artikel 1 verpflichten sich die Parteien, *„in Übereinstimmung mit der Satzung der Vereinten Nationen, jeden internationalen Streitfall, an dem sie beteiligt sind, auf friedlichem Wege so zu regeln, dass der internationale Friede, die Sicherheit und Gerechtigkeit nicht gefährdet werden und sich in ihren internationalen Beziehungen jeder Gewaltandrohung oder Gewaltanwendung zu enthalten, die mit den Zielen der Vereinten Nationen nicht vereinbar ist.*“ Eines der wichtigsten Ziele der Vereinten Nationen ist nach Artikel 2 Abs. 4 der UNO-Charta die Einhaltung des Gewaltverbots. Daraus folgt nach Artikel 2 Abs. 5 UNO-Charta das Verbot der Unparteilichkeit (Neutralität) gegenüber Rechtsbrechern. Demnach leisten alle UNO-Mitglieder *„den Vereinten Nationen jeglichen Beistand bei jeder Maßnahme, welche die Organisation im Einklang mit dieser Charta ergreift; sie leisten einem Staat, gegen den die Organisation Vorbeugungs- oder Zwangsmaßnahmen ergreift, keinen Beistand.*“

Der Warschauer Pakt – am 14.5.1955 gegründet – richtete sich im Gegensatz zur NATO gegen Freiheit und Demokratie im westlichen Sinne. Das sowjetische Bündnis beschloss *„mit brüderlicher Hilfe*“ (benannt: *Breschnjew*-Doktrin) Maßnahmen gegen den Aufstand der ungarischen Bevölkerung 1956 sowie gegen den *„Sozialismus mit menschlichem Antlitz*“ von Alexander Dubcek in der Tschechoslowakei 1968. Zuvor – 1954 – stellte die Sowjetunion unter Nikita Chruschtschow ein Gesuch zur Aufnahme in die NATO, dies wurde seitens der NATO-Staaten abgelehnt. Während der Warschauer Pakt in politische Geschehnisse ihrer Verbündeten mit Gewalt eingriff, erfolgte seitens der NATO keine Einmischung – weder politisch noch militärisch – in politische Umwälzungen – so auch nicht 1975 während eines Putschversuches linksgerichteter Truppenteile in Portugal.

In Artikel 2 des NATO-Gründungsvertrages ist verankert, die *„Gegensätze in ihrer internationalen Wirtschaftspolitik zu beseitigen und die wirtschaftliche Zusammenarbeit zwischen einzelnen oder allen Parteien zu fördern*“. Die Bestimmungen der Artikel 1 und 2 sowie die Präambel bilden die Basis der NATO als westliche Wertegemeinschaft, die über den Begriff einer Militärallianz deutlich hinausgehen.

Die NATO – ein multifunktionales Gebilde

Die NATO ist eine Organisation, die mehrere Aufgaben erfüllt:
- kollektive Verteidigung des Bündnisgebietes;
- transatlantische Kooperation und
- interne Friedenssicherung

Kollektive Verteidigung des Bündnisgebietes

Die NATO verstand sich nie als Kriegspakt oder Militärpakt. Derartige Terminologie stammt aus dem 19. Jahrhundert bzw. aus der Zeit vor dem Ende des Zweiten Weltkriegs, in der sich zwei oder mehrere Bündnispartner gegen jemand anderen verbündet hatten – wie die Entente, die kleine Entente oder die Achse Berlin-Rom. Die Friedensdurchsetzung innerhalb der NATO erfolgt grundsätzlich mit politisch-diplomatischen Mitteln.

Dem im Völkerrecht verankerten Gebot der Verhältnismäßigkeit der Mittel folgend wird der Einsatz militärischer Mittel nur für den Fall vorgesehen, dass alle anderen Mittel wie wirtschaftlicher oder politischer Druck ohne Erfolg eingesetzt worden waren. Die Funktionalität der NATO besteht also primär in der Fähigkeit, sich gemeinsam effizient vor Gewaltandrohungen, Einschüchterungsversuchen oder Aggressionen zu schützen. Die USA waren ursprünglich nicht bereit, einer automatischen Beistandsverpflichtung – wie von europäischen Ländern gewünscht – zuzustimmen. Diese automatische Beistandsverpflichtung widersprach vorerst der historischen Tradition der USA, statt ad-hoc-Bündnissen ein permanentes Bündnis mit Staaten einzugehen. Im Vordergrund der amerikanischen Überlegungen stand ab 1948 – seit der Blockade West-Berlins, die von Josef Stalin vollzogen wurde – vor allem die politische Absicherung des wirtschaftlichen Wideraufbaus in Europa.

Die Parteien werden laut Artikel 4 des NATO-Gründungsvertrags „*einander konsultieren, wenn nach Auffassung einer von ihnen die Unversehrtheit des Gebiets, die politische Unabhängigkeit oder die Sicherheit einer der Parteien bedroht ist.*" Dieser Artikel wurde anlässlich der Irak-Krise im Februar 2003 erstmals wirksam[10], als die türkische Regierung die anderen damaligen 18 NATO-Mitgliedstaaten um Unterstützung bat – bei der Verteidigung um ihr Land im Falle eines Angriffs des Irak auf ihr Territorium. Dieses Ansuchen der Türkei stürzte die NATO jedoch in eine tiefe Krise, hatte doch während dieser Zeit die Diskussion um einen Militäreinsatz gegen das Regime Saddam Hussein sowohl die NATO als auch die Europäische Union gespalten. Während u.a. die Regierungen Dänemarks, Großbritanniens, Italiens, der Niederlande und Spaniens eine Militärintervention in den Irak befürworteten, lehnten diesen Schritt die Regierungen Belgiens, Deutschlands, Frankreichs, Luxemburgs und Schwedens vehement ab. Der Zeitpunkt für die Aktivierung des Artikels 4 des NATO-

---

[10] Die USA waren zu dieser Zeit in Vorbereitung auf einen Angriff zum Sturz des Regimes von Saddam Hussein.

Gründungsvertrags war, so ursprünglich die Ansicht der deutschen Bundesregierung unter Bundeskanzler Gerhard Schröder und der französischen Administration unter Präsident Jacques Chirac, zu dieser Zeit noch nicht gegeben. Schließlich fand sich jedoch ein minimaler Konsens: Insgesamt diskutierten die Botschafter der NATO-19 über ein Wirksamwerden des Artikels 4 eine Woche. Der damalige NATO-Generalsekretär Lord Robertson sprach von einer *„ernsten Lage.“*[11] Am 19.2.2003 genehmigten nach einer Einigung der NATO-Mitgliedstaaten drei Tage zuvor die 18 Botschafter des NATO-Verteidigungsplanungsausschusses, an dem Frankreich bis heute nicht teilnimmt[12], die Implementierung von Verteidigungsmaßnahmen, um die Türkei im Falle eines Angriffs zu unterstützen. Diese Maßnahmen beinhalteten u.a. die Bereitstellung von drei niederländischen und zwei amerikanischen *Patriot*-Luftabwehrraketen-Batterien, von vier AWACS[13]-Aufklärungsflugzeugen und von Ausrüstung und Fachpersonal für die Abwehr nicht-konventioneller Angriffe – wie biologische und chemische Waffen. Die türkische Luftverteidigung sollte, falls erforderlich, auch von zusätzlichen Flugzeugen aus anderen NATO-Staaten unterstützt werden. Am 16.4.2003 entschieden der Nordatlantische Rat und der Verteidigungsplanungsausschuss der NATO, diese Operation *Display Deterrence* zu beenden. Mit dem Sturz von Saddam Hussein war demnach eine militärische Gefährdung der Türkei durch den Irak nicht mehr gegeben.

Laut Artikel 5 des NATO-Gründungsvertrages versteht sich ein Angriff gegen einen NATO-Mitgliedstaat als Angriff gegen alle Mitgliedstaaten, wobei – und das ist wesentlich – jeder Staat gemäß seiner Verfassung selbst entscheidet, welche Beistandsmaßnahmen für erforderlich gehalten werden. Im US-Senat wurde dazu seinerzeit die Wendung *„as it deems necessary“* in den Artikel 5 eingefügt. Von einer klassischen Bündnisautomatik, wie sie traditionelle Militärbündnisse auszeichnete, war die NATO seit ihrer Gründung weit entfernt. Im

---

11 Irak droht NATO zu spalten. Putin auf Berin-Paris-Kurs, Die Presse, 11.2.2003, 1.

12 Frankreich nimmt an den Arbeiten des Verteidigungsplanungsausschusses seit einem Beschluss von Präsident Charles de Gaulle im Jahr 1966 nicht mehr teil. Frankreich lehnte zu diesem Zeitpunkt eine Unterstützungsmaßnahme gegenüber der Türkei ab, jedoch nicht prinzipiell, sondern nur während dieses bestimmten Zeitpunktes. Die französische Regierung sprach sich gemeinsam mit den Regierungen Belgiens, Deutschlands und Russlands gegen einen Irak-Krieg aus, um das Regime von Saddam Hussein zu entwaffnen. Der Irak wurde von den Befürwortern einer Militärintervention – den USA, Großbritannien, Italien, Niederlande, Spanien und einigen Staaten Mittel- und Osteuropas wie Bulgarien, Polen, Tschechische Republik, Ungarn – des Besitzes von Massenvernichtungswaffen beschuldigt. Die Kritiker dieser Linie betonten die gute Zusammenarbeit mit der irakischen Führung im Hinblick auf die Zerstörung von Raketen und biologischen sowie chemischen Waffen. Die irakische Führung erklärte zuvor, dass der Irak keine Massenvernichtungswaffen besitze.

13 *Airborne Early Warning and Command System.*

Gegensatz zu Artikel 5 des NATO-Gründungsvertrages ist in Artikel V des WEU-Vertrages eine automatische militärische Verpflichtung zu gegenseitigem Beistand verankert. Der NATO-Gründungsvertrag enthält eine abgeschwächte Beistandsautomatik, hinter der allerdings organisierte militärische Mittel auf Abruf bereitstehen. Es existiert nur im Rahmen der WEU eine volle militärische Beistandsgarantie, die Durchführung der Militäraktion überlasse die WEU freilich der NATO.

Wirksam wird diese Beistandspflicht gemäß Artikel 6 des NATO-Gründungsvertrags in geografischer Hinsicht bei einem bewaffneten Angriff auf das Gebiet einer Vertragspartei in Europa oder Nordamerika, auf das Gebiet der Türkei oder auf die der Gebietshoheit einer der Parteien unterliegenden Inseln im nordatlantischen Gebiet *„auf die Streitkräfte, Schiffe oder Flugzeuge einer der Parteien, wenn sie sich in oder über diesen Gebieten ... oder wenn sie sich im Mittelmeer oder im nordatlantischen Gebiet nördlich des Wendekreises des Krebses befinden.“*

Transatlantische Kooperation

Die Zusammenarbeit auf transatlantischer Ebene bildet den politischen Ausgangspunkt der NATO. Das Engagement der USA für Europa im Rahmen der NATO war in den vierziger Jahren ein historischer Bruch mit der traditionellen Zurückhaltung der USA, sich auf längerfristige Bündnisse einzulassen. Im Kalten Krieg gab die Mitgliedschaft der USA als führende westliche Macht der NATO ihr politisches Gewicht. Die USA bildet nach wie vor die treibende politische und militärische Kraft innerhalb der Allianz, Deutschland (West) wurde in diesen euro-amerikanischen Allianzprozess integriert.

In die völlige NATO-Integration begriffen waren 1999 erstmals vier ehemalige Warschauer-Pakt-Staaten – Polen, Tschechische Republik und Ungarn. Für die zweite NATO-Osterweiterung – die größte Erweiterung in der Geschichte des Nordatlantischen Bündnisses – erfolgte der Beschluss auf dem Gipfel der Staats- und Regierungschefs in Prag 2002: Fast zeitgleich zur Aufnahme von zehn beitrittswilligen Ländern in die Europäische Union – zum Teil die im folgenden genannten Staaten – wurden Anfang April 2004 Bulgarien, Estland, Lettland, Litauen, Rumänien, die Slowakei und Slowenien Mitglieder der NATO.[14] Erstmals erfolgte die Aufnahme dreier ehemaliger Sowjetrepubliken und einer ehemaligen jugoslawischen Teilrepublik in die westliche Allianz.

Mit dem NATO-Gipfel von Madrid 1997 wurde die verstärkte Kooperation mit Russland und der Ukraine institutionalisiert. Russland sah offiziell zwar für eine kurze Zeit lang in den Jahren 2001 bis Anfang 2003 die NATO-Erweiterung bis zu seinen Grenzen nicht mehr als Gefährdung russischer sicherheitspolitischen Interessen, diese Meinung wurde vom russischen Präsidenten Wla-

[14] In einem feierlichen Akt wurden am 26.3.2003 von den 19 NATO-Mitgliedern die Beitrittsprotokolle der sieben mittel- und osteuropäischen Länder unterzeichnet.

dimir Putin ziemlich schnell revidiert: *„Ich denke, es ist ganz offensichtlich, dass die Ausdehnung der NATO in keiner Beziehung zu der Modernisierung der Allianz selbst oder der Gewährleistung der Sicherheit in Europa steht. Im Gegenteil, sie stellt eine ernsthafte Provokation dar, die den Grad des gegenseitigen Vertrauens vermindert. Und wir haben das Recht zu fragen: gegen wen richtet sich diese Expansion?“*[15]

Präsident Putin hatte zwar 2001 sein Interesse an der Aufnahme seines Landes in die NATO bekundet. Der ehemalige russische Außenminister Igor Iwanow stellte jedoch kurz darauf klar: Mächte wie Russland treten nicht fremden Bündnissen bei, sondern bilden eigene.[16]

Interne Friedenssicherung

Erst durch die NATO erfolgte 1955 die Einbindung Westdeutschlands bzw. westdeutscher Streitkräfte in ein internes europäisches Friedenssystem. Die Bundeswehr wurde in diesem Zusammenhang als deutscher militärischer Beitrag zur gemeinsamen Verteidigung Westeuropas innerhalb der NATO geschaffen: *„Sie war integraler Bestandteil der NATO von Anfang an und zudem die einzige nationale Armee, deren Truppen (bis auf die der Territorialverteidigung mit den Heimatschutzbrigaden) sämtlich schon im Frieden dem NATO-Oberbefehl unterstellt wurden; damit ist sie als einzige Armee dauernd in die alliierte Militärintegration eingebunden. Nationaler Alleingang im Aufbau, Ausrüstung und Verwendung der deutschen Streitkräfte war und ist ausgeschlossen; die Bundeswehrplanung ist an die gemeinsame Streitkräfteplanung der NATO-Partner gebunden“.*[17]

Der Versuch, die Frage der westdeutschen Wiederbewaffnung im Rahmen der Europäischen Verteidigungsgemeinschaft (EVG) zu lösen, scheiterte – trotz der Unterstützung durch die USA – an der Sorge Frankreichs, die Bundesrepublik Deutschland (BRD) könnte sich aufgrund ihres Machtpotenzials bald einmal zu einem übermächtigen Partner entwickeln. Der europäische Rahmen erwies sich als zu schwach, um eine prosperierende BRD auf die Dauer einzubinden und gleichzeitig als zu leicht, um ein wirksames Gegengewicht zur UdSSR zu bilden. Eine Europaarmee hatte sich als politisch undurchführbar erwiesen. Im Pariser WEU-Vertrag von 1954 wurde inzwischen der bereits schon in Vergessenheit geratene Brüsseler Vertrag von 1948 reaktiviert und um die BRD und

---

[15] So Wladimir Putin bei seiner Rede zum Thema „Russlands Rolle in der Weltpolitik“ anlässlich der 43. Münchner Konferenz für Sicherheitspolitik, 9.-11.2.2007, abgedruckt in: Europäische Sicherheit 3/2007, 24-27, 26.

[16] Martin Malek, Aktuelle Aspekte der Außenpolitik Russlands, Strategische Analysen, Oktober 2002, Landesverteidigungsakademie Wien.

[17] Aus : Lothar Rühl, Die Bundeswehr-Reform aus bündnispolitischer Sicht. Die gewandelten politischen und strategischen Rahmenbedingungen, in: Aus Politik und Zeigschehen B43/2000, Bundeszentrale für politische Bildung, Bundesrepublik Deutschland, http://www.bpb.de/publikationen/ULWMCJ.html , ausgedruckt am 8.7.2007.

Italien erweitert. Dies hatte zum Zweck, den Aufbau der deutschen Flotte und Luftwaffe zu kontrollieren und eine deutsche Herstellung von nuklearen, biologischen und chemischen Waffen zu verhindern. Im Gegenzug wurde die BRD als gleichberechtigtes Mitglied in die NATO aufgenommen. Die WEU „*wurde als engerer Rahmen mit einem Rüstungskontrollsystem geschaffen, um die Wiederbewaffnung und die deutschen Streitkräfte durch ein Abkommen mit den westlichen Nachbarn in der NATO zu begrenzen und die Fortdauer der Präsenz britischer Truppen in Deutschland – insbesondere der britischen Rheinarmee – festzuschreiben. Deutsche Truppen sollten nicht unter nationalem Oberbefehl stehen und nicht nationalen Zwecken der Bundesrepublik Deutschland außerhalb der gemeinsamen Verteidigung dienen. Dies war die politische Geschäftsbasis für die Zulassung der Bundesrepublik zur NATO und die Freigabe der deutschen Souveränität und durch die drei westlichen Siegermächte, die damit die Reste des alliierten Besatzungsregimes in Westdeutschland beseitigten, um nur noch ihre mit der UdSSR gemeinsame Verantwortung für ‚Deutschland als Ganzes und Berlin' zu konservieren.*“[18]

Bedeutungsvoll war auch die angestrebte Konfliktvorbeugung zwischen Griechenland und der Türkei. Ein integrierter Planungs- und Führungsapparat sollte die Bündnispartner aneinander binden, und zwar im Rahmen von Kooperations- und Koordinationsvereinbarungen, einer übergreifenden Streitkräfte- und Einsatzplanung, der Standardisierung von Gerät, der Bildung multinationaler Verbände und Stäbe sowie der Stationierung von Einheiten auf dem Gebiet verbündeter Staaten. Durch diese Verflechtung sollte im Rahmen einer kollektiven Verteidigung eine Renationalisierung der Landesverteidigungen und somit der Rückfall in nationale Alleingänge verhindert sowie jegliche militärische Konfrontation zwischen den Partnerstaaten unmöglich gemacht werden. Militärische Transparenz sowie die demokratische Kontrolle der Streitkräfte stehen im Vordergrund.

---

[18] Ebenda.

Die NATO im Kalten Krieg

Im Vergleich zur UNO und anderen internationalen Organisationen sind die Strukturen und Verfahren der NATO vertraglich äußerst rudimentär. Der Washingtoner Vertrag von 1949 schuf lediglich den Nordatlantischen Rat und sah in Artikel 9 die Bildung von Unterausschüssen vor – namentlich im Bereich der Verteidigung. Die integrierte Kommandostruktur und die gemeinsame Streitkräfteplanung – zwei zentrale strukturelle Elemente – waren bei der Unterzeichnung des Vertrags ursprünglich noch nicht absehbar. Damit besaß die NATO seit ihrer Gründung eine hohe institutionelle Anpassungsfähigkeit. Zwei Ereignisse waren für die Herausbildung integrierter militärischer Strukturen der NATO sehr maßgeblich:

- August 1949: Die UdSSR zündete ihre erste Atombombe;
- Juni 1950: Einmarsch kommunistischer nordkoreanischer Truppen in den Süden der koreanischen Halbinsel. Daraus bildete sich die Angst, dass dieses Schicksal auch Deutschland ereilen könnte. Die westliche Strategie verlagerte sich von der wirtschaftlichen zur militärischen Eindämmung. Der Nordatlantische Rat befasste sich zwischen 15. und 18.9.1950 in New York mit der Frage, wie das NATO-Gebiet gegen eine Korea-ähnliche Aggression zu verteidigen sei. Dies führte zur Strategie der Vorneverteidigung (*forward defense*) für Europa: Jedem Angriff soll so weit ostwärts wie möglich entgegengetreten werden, um die Verteidigung aller europäischen Mitgliedsländer zu gewährleisten. Die Schaffung von Streitkräften für eine derartige Abschreckung wurde daraufhin angeordnet.

Die NATO begann in den frühen fünfziger Jahren, eine zivile Organisation und eine integrierte militärische Kommandostruktur zu entwickeln. Ein Bündnis im herkömmlichen Sinn basiert im Unterschied zur NATO lediglich auf Vereinbarungen in Fragen der Zusammenarbeit im Bereich Sicherheit und Verteidigung im Interesse der Bündnispartner.

Erst mit der permanenten Stationierung von vier US-Divisionen ist in der Folge eine militärische Organisation der Allianz entstanden. Militärisch wurde der Posten des NATO-Oberbefehlshabers in Europa geschaffen und mit General Dwight D. Eisenhower besetzt. Die Streitkräfte der NATO wurden in drei militärische Kommandos aufgeteilt, die dem ständigen NATO-Verteidigungsausschuss unterstellt wurden. Politisch entstand der Posten des Generalsekretärs mit einem eigenen Internationalen Stab.

1952 erfolgte in Lissabon die Formulierung gemeinsamer Leitlinien für den künftigen Ausbau der NATO-Streitkräfte, 1954 erreichten die Streitkräfte einen Umfang von 96 Divisionen (1953: 18 Divisionen). Erst Mitte der fünfziger Jahre waren die integrierten militärischen Strukturen der NATO in den Grundzügen geschaffen.

Die militärische Aufgabe der NATO lag darin, abzuschrecken und notfalls eine sowjetische Bedrohung abzuwehren. Bereits Anfang der fünfziger Jahre waren die Streitkräfte der UdSSR jenen der NATO zahlenmäßig weit überlegen.

Durch die NATO wurde die nukleare Mitsprache der Bundesrepublik Deutschland über die Schaffung neuer konsultativer Mechanismen (Nukleare Planungsgruppe) verbessert, die USA verpflichteten sich andererseits, ihre Truppen langfristig in der Bundesrepublik Deutschland zu stationieren.

Mitte der fünfziger Jahre arbeiteten die „*Drei Weisen*" auf Gesuch des Nordatlantischen Rates Vorschläge aus, wie die Einheit der NATO durch eine Stärkung der wirtschaftlichen und politischen Beziehungen verbessert werden könnte; falls nicht, würde diese Sicherheitsorganisation mit der ersten Krise in Frage gestellt werden.

1956 wurde die NATO erstmals auf eine harte Probe gestellt: Während der Suezkrise verurteilte die US-Administration die britischen und französischen Luftangriffe und Landungen von Fallschirmjägern und Truppen in der Suezkanalzone. Frankreich und Großbritannien betonten die Notwendigkeit dieser Aktion, um den Kanal, der durch Schiffwracks bereits versperrt war, für den internationalen Seeverkehr zu sichern und die israelisch-ägyptischen Kämpfe zu beenden. Der Druck der USA bewirkte die Einstellung der britisch-französischen Militäroperation. Auf britisch-französischer Seite sind durch die Suezkrise und den Einmarsch von Truppen des Warschauer Paktes in Ungarn erstmals vertrauliche Gespräche über nukleare Angelegenheiten geführt worden, die schließlich auf europäischer Ebene 1957 in die Unterzeichnung des Euroatom-Vertrages führten.

1957 verzeichnete die UdSSR einen großen Erfolg in der Raumfahrt durch *Sputnik* sowie die erste erfolgreiche Erprobung interkontinentaler ballistischer Raketen. Mit diesem militärischen Erfolg löste 1958 der sowjetische Staatschef Nikita Chruschtschow die zweite Berlinkrise aus, er forderte die Bildung einer entmilitarisierten Freien Stadt West-Berlin und den Abzug aller westlichen Truppen. Diese Forderungen waren für die Westmächte unannehmbar. Die Krise gipfelte im Bau der Berliner Mauer am 13.8.1961. Ein Jahr später, 1962, versuchten die Sowjets, Atomraketen auf Kuba zu stationieren.[19]

[19] Mitte Juli 1962: 85 Schiffe befanden sich auf der Fahrt nach Kuba, beladen mit enormem Militärpotenzial. Die „*Operation Anadyr*" transportierte 42.000 sowjetische Soldaten, Panzer, schweres Gerät, Luftabwehr und Raketen jeder Art – sowie hunderte von Atomsprengköpfen. General Issa Plijew – der sowjetische Kommandeur vor Ort – besaß die Ermächtigung, im Falle eines Angriffes amerikanischer Truppen ohne Rücksprache mit der sowjetischen Regierung in Moskau die „*kleinen Nuklearsprengköpfe*" zu zünden. Mit den amerikanischen Gegenschlägen wäre Kuba im atomaren Feuer verdampft. Der Dritte Weltkrieg – der letzte Krieg – hätte damit begonnen. Der kubanische Staatschef Fidel Castro wäre damit einverstanden gewesen. Bis 22.10.1962 hatte die UdSSR auf Kuba ein Dutzend Abschussrampen mittlerer Reichweite errichtet. Kubanische Soldaten schossen

In den sechziger Jahren bildete sich ein nuklearer Patt zwischen den beiden Blöcken. Die NATO vollzog den Wechsel hin zu einer Strategie der flexiblen Erwiderung (*flexible response*). Besonders relevant wurde die Anwesenheit von US-Streitkräften auf dem europäischen Kontinent, um die Glaubwürdigkeit der US-Nuklearstrategie für Europa aufrecht zu erhalten. Frankreichs Präsident Charles de Gaulle zweifelte zunehmend daran, dass ein US-Präsident das Nuklearwaffenpotenzial der USA für die Verteidigung Westeuropas einsetzen würde, auch im Fall einer nuklearen Bedrohung Frankreichs. Frankreich beschloss daher den Aufbau eigener nationaler Nuklearstreitkräfte und zog sich 1966 aus den militärischen Strukturen der NATO zurück.

Die politische Strategie der NATO wurde 1967 in dem Bericht „*Die zukünftigen Aufgaben der Allianz*", bekannt als „*Harmel-Bericht*" – benannt nach dem belgischen Außenminister Pierre Harmel, der die politischen Konzeptionen selbst vorschlug – formuliert: Verteidigung und Entspannung (Ziel: Abrüstung) wurden seither Grundlagen der NATO-Politik, eine Politik, die insbesondere in einer Reihe wichtiger Rüstungskontrollabkommen (u.a. im Vertrag über die Reduktion strategischer Waffen – START I oder im Wiener Vertrag über konventionelle Streitkräfte in Europa – VKSE) ihren Ausdruck fand.

Anfang der siebziger Jahre beschloss die US-Administration als Antwort auf den Rüstungswettlauf mit der UdSSR, in Westeuropa Atomraketen des Typs *Pershing* und Marschflugkörper zu stationieren. Von 1979 bis 1983 löste der NATO-Doppelbeschluss[20] heftige Proteste in Deutschland und den Niederlanden aus. Insbesondere die Bundesrepublik Deutschland geriet an den Rand ihrer Regierungsfähigkeit[21]. Der Doppelbeschluss sollte das Ungleichgewicht der Nuklearstreitkräfte beider Seiten beheben, um die weitere Wirksamkeit der Strategie der Vorneverteidigung und der flexiblen Erwiderung, auf der die Abschreckungspolitik der NATO beruhte, zu gewährleisten. Die so genannte Nachrüstung sollte erst dann einsetzen, wenn bis Ende 1983 die Verhandlungen mit der Sowjetunion über den beiderseitigen kontrollierten Abbau der strategischen Waffen ergebnislos bleiben würden. Aufgrund dieses Doppelbeschlusses sollte

ein amerikanisches U-2-Überwachungsflugzeug ab, Washingtons Streitkräfte standen für eine Invasion bereit. Am 28.10.1962 ließ der sowjetische Staatschef Nikita Chruschtschow die Raketen wieder abziehen, US-Präsident John F. Kennedy garantierte (mündlich) die militärische Enthaltsamkeit gegenüber Kuba und ließ in den Monaten danach die eigenen Mittelstreckenraketen in der Türkei abbauen.

20 Beschluss des Nordatlantischen Rates vom 12.12.1979 über die Modernisierung und Erweiterung der nuklearen Mittelstreckenwaffen in Westeuropa.

21 Vor allem die SPD, die damals den Bundeskanzler stellte, war über die Frage der Nachrüstung gespalten. Während die sozialliberale Koalition unter Bundeskanzler Helmut Schmidt (1974-1982) das Zustandekommen der Beschlüsse betrieb, stellte sich die SPD-Mehrheit auf die Seite der Friedensbewegung. Aus: Microsoft Encarta Enzyklopädie 2003.

seitens der NATO eine „Abschreckungslücke" geschlossen werden, die durch die vorherige Stationierung von sowjetischen SS-20-Raketen in Osteuropa entstanden war. Die SS-20 fielen nicht unter die SALT-I- und SALT-II-Abrüstungsvereinbarungen (SALT: *Strategic Arms Limitation Talks/Treaties*). Nach dem Auslaufen des Ultimatums wurde seitens des Westens 1983 mit der Stationierung von 464 Marschflugkörpern (*Cruise Missiles*) und 108 *Pershing 2*-Raketen in Westeuropa begonnen.[22] Daraufhin brach die sowjetische Führung alle noch laufenden Abrüstungsgespräche ab. Erst 1985 war die UdSSR bereit, über ihr Mittelstreckenpotenzial zu verhandeln. Die sowjetische Hochrüstungspolitik der siebziger und achtziger Jahre scheiterte konzeptionell und hatte auch katastrophale Folgen für die sowjetischen Staatsfinanzen. In einer geheimen *National Security Decision Directive* fällte US-Präsident Ronald Reagan 1982 den Entschluss zu einem Wirtschaftskrieg gegen die UdSSR. In der Strategischen Verteidigungsinitiative (SDI) fand diese Politik ihren spektakulärsten Ausdruck. Die UdSSR sah sich nun gezwungen, mit den USA in einem extrem kostspieligen Rüstungswettlauf einzutreten, dem sie selbst nicht gewachsen war. Die politische Führung der Sowjetunion kam zur Einsicht, dass die UdSSR nur überleben könne, wenn es einen Ausgleich mit dem Westen sucht und dadurch Zugang zur westlichen Forschung und Technologie bekomme. Damit der Kommunismus sowjetischer Prägung an der Macht bleibt, hatte Staatschef Michail Gorbatschow „*Perestroika*" (Umgestaltung des sowjetischen Imperiums) und „*Glasnost*" (Offenheit nach außen) verkündet. Im Jahr 1987 hatte zudem auf Initiative von Michail Gorbatschow im Verhältnis zur NATO folgender Strategiewandel beim Warschauer Pakt eingesetzt: Die NATO wurde nicht mehr als „grundsätzlich aggressive Organisation mit expansiven Zielsetzungen gesehen".[23]

1989 erzwangen sich schließlich die mittel- und osteuropäischen Bevölkerungen von ihren kommunistischen Regierungen die politischen Reformen (Öffnung) in Bezug auf Demokratie und Menschenrechte („*Wir sind das Volk*"). Anlässlich der Massendemonstrationen in mehreren Großstädten gegen die SED-Führung[24] in Ost-Berlin am Tage des 40jährigen Bestehens der DDR lehnte Michail Gorbatschow eine Intervention der Streitkräfte entscheiden ab.

Exkurs: Der NATO-Doppelbeschluss

Der NATO-Doppelbeschluss vom 12.12.1979 war Auslöser für die damals größten Demonstrationen in der Geschichte der Bundesrepublik Deutschland mit dem Ziel, die neue Stationierung von Atomraketen zu verhindern. Menschen aus allen Schichten der Gesellschaft übten gemeinsam den *zivilen Ungehorsam* ge-

---

22 Ebd.

23 Michael Gehler, Bündnispolitk und Kalter Krieg 1949/55 – 1991, in: Franz Kernic, Gunther Hauser (Hrsg.), Handbuch zur europäischen Sicherheit, 2. Auflage, Verlag Peter Lang, Frankfurt/Main et al., 57-69, 65.

24 SED: Sozialistische Einheitspartei.

gen das nukleare Wettrüsten aus. Der NATO-Doppelbeschluss sah die Stationierung von 464 Marschflugkörpern und 108 *Pershing II*-Raketen in Westeuropa vor, sollten die Abrüstungsverhandlungen mit der Sowjetunion erfolglos bleiben. Mitte der siebziger Jahre ersetzte die UdSSR ihre auf Westeuropa gerichteten atomaren Mittelstreckenraketen durch moderne *SS-20* mit größerer Sprengkraft. Die deutsche Bundesregierung unter Helmut Schmidt (SPD) sah dadurch das strategische Gleichgewicht in Europa gefährdet. In seiner viel beachteten Rede im Londoner *International Institute for Strategic Studies* (IISS) forderte Schmidt 1977 die NATO zu Gegenmaßnahmen auf, um das qualitative und quantitative Übergewicht der UdSSR im Bereich der Mittelstreckenraketen auszugleichen.

Mit dieser Zielsetzung antworteten die Außenminister und Verteidigungsminister der NATO-Mitgliedstaaten Mitte Dezember 1979 mit dem Doppelbeschluss. Der NATO-Doppelbeschluss sah Verhandlungen mit der UdSSR über den Abbau der Mittelstreckenraketen vor. Im Fall des Scheiterns der Gespräche waren die USA gewillt, nach vier Jahren – also Ende 1983 – ebenfalls nukleare Mittelstreckenraketen in Europa zu stationieren.

Mit diesem Beschluss zur Errichtung neuer Raketenbasen in der Bundesrepublik Deutschland wurde die zuvor eher abstrakte Bedrohung eines Nuklearwaffenerstschlages für jeden Bürger greifbar: Denn die Basen in Mutlangen, Neu-Ulm, Heilbronn oder im Hunsrück wären die ersten Ziele sowjetischer Atomraketen gewesen. Der NATO-Doppelbeschluss führte in vielen westeuropäischen Staaten zu einem Anwachsen der Friedensbewegung, die gegen die Nachrüstung vehement öffentlich auftrat. Am 10.10.1981 kam es im Bonner Hofgarten mit 350.000 Teilnehmern zur bis dahin größten Demonstration in der Geschichte der Bundesrepublik Deutschland. Als im Juni 1982 US-Präsident Ronald Reagan zu Besuch nach Bonn kam, demonstrierten fast eine halbe Million Menschen gegen die Aufrüstungspolitik. In einer Rede zwei Tage vor diesem Besuch bezeichnete Reagan die Sowjetunion als *„Reich des Bösen“* (*„Evil Empire“*) und rief zu einem *„Kreuzzug für die Freiheit“* auf.

Am 30.11.1981 begannen in Genf die Abrüstungsverhandlungen zwischen den USA und der UdSSR. Bis November 1983 blieben sie jedoch ergebnislos. Die Umsetzung des Doppelbeschlusses schien immer wahrscheinlicher. Der deutsche Bundestag votierte für die Stationierung der US-Mittelstreckenraketen am 22.11.1983 mit den Stimmen von CDU/CSU und FDP – mit knapper Mehrheit. Helmut Kohl wurde ein Jahr zuvor Bundeskanzler[25]. Einen Tag nach diesem Beschluss des Bundestages brach die UdSSR die Genfer Gespräche ab. Die

---

[25] Helmut Kohl wurde am 1.10.1982 durch ein *konstruktives Misstrauensvotum* zum Bundeskanzler gewählt, er stützte sich auf eine Koalition der CDU/CSU mit der FDP.

Proteste an den Atomwaffenstandorten gingen bis Ende der achtziger Jahre weiter. Schließlich unterzeichneten am 8.12.1987 der sowjetische Generalsekretär Michail Gorbatschow und US-Präsident Ronald Reagan den INF-Vertrag (*Intermediate-Range Nuclear Forces*) zum Abzug aller Mittelstreckenraketen aus Europa. Der ehemalige Bundeskanzler Helmut Schmidt schrieb im Juli 2004 in einem Brief an die Frankfurter Allgemeine Zeitung: „*Wie umstritten auch immer der Doppelbeschluss gewesen ist, so hat er im Verhalten der bis in die 1980er Jahre imperialistischen Sowjetunion doch endlich eine neue Ära der Kooperation ausgelöst und alle nuklearen Mittelstreckenwaffen auf beiden Seiten Europas beseitigt.*“[26]

---

[26] Vgl.: Martin Kania: Nachrüstung? Nein danke!, Der NATO-Doppelbeschluss trieb vor 25 Jahren Millionen auf die Straße, aus: ZDFpolitik&zeitgeschehen, Zweites Deutsches Fernsehen, http://www.zdf.de/ZDFde/inhalt/25/0,1872,2223289,FF.html . Vgl. dazu ebenso die Onlineseiten des Deutschen Historischen Museums in Berlin, www.dhm.de/lemo/htm/DasGeteilteDeutschland/NeueHerausforderungen/Kanzlerwechsel/**nato**Doppelbeschluss.html .

Abrüstungsprozess und Wende

Mit Michail Gorbatschow wurde ab 1985 ein freundlicher Kurs der Sowjetunion gegenüber dem Westen eingeleitet. Die UdSSR befand sich durch den Rüstungswettlauf mit den USA am Rande des wirtschaftlichen Ruins. Ziel der Sowjetführung war es, ihr Land für westliche Technologie und westliches Wissen zu öffnen und friedliche Beziehungen zum Westen einzuleiten. Ein wesentliches Thema dabei war die Abrüstung: Am 1.6.1988 erfolgte das Inkrafttreten des Kurz- und Mittelstreckenraketenvertrages, der ein Verbot aller amerikanischen und sowjetischen landgestützten ballistischen Raketen und von Marschflugkörpern mit einer Reichweite zwischen 500 und 5.500 km vorsah.

Im Mai 1989 nahm die NATO den Beschluss eines umfassenden Konzeptes für Rüstungskontrolle und Abrüstung an, dem richtungsweisenden Dokument für den Rüstungskontrollprozess. Dieses Dokument ist somit das erste wichtige politische Dokument, das sich auf die von Pierre Harmel vorgeschlagene Entspannungspolitik stützte, und eines der wichtigsten Dokumente, die das Ende des Ost-West-Konfliktes einleitete.

Auf einem Kriegsschiff vor der Küste Maltas erklärten am 3.12.1989 US-Präsident George Bush und der sowjetische Staats- und Parteichef Michail Gorbatschow den Kalten Krieg für beendet. Weitere Abrüstungsschritte folgten: Allein zwischen 1990 und 1997 kam eine erhebliche Reduktion des NATO-Streitkräftepotenzials – Landkräfte um 35%, Marine um 30%, Luftwaffe um 40% - zustande, dazu noch der vollständige Abzug landgestützter taktischer Atomwaffen vom europäischen Raum. Das Militärpotenzial der US-Streitkräfte in Europa wurde um 66% reduziert, von 300.000 Soldaten 1989 auf 100.000 Soldaten Anfang 1997.

Mitte August 2004 hatte US-Präsident George W. Bush in Cincinnati / Ohio die Verlegung von bis zu 70.000 amerikanischen Soldaten – begleitet von rund 100.000 zivilen Angestellten und Familienmitgliedern – aus Europa und Ostasien innerhalb der nächsten zehn Jahre zurück in die USA angekündigt.[27] Dieser Plan ist Teil einer umfassenden Umstrukturierung der US-Streitkräfte nach dem Ende des Kalten Krieges, mit der der Bedrohung durch den Terrorismus Rechnung getragen werden soll. Zudem könnten in verbündeten mittelost- bzw. südosteuropäischen und zentralasiatischen Ländern – wie Polen, Bulgarien und in Usbekistan – mobilere US-Truppen neu stationiert werden.

Insgesamt waren mit 1.9.2004 ca. 110.000 amerikanische Soldaten in Europa stationiert, davon 73.000 in Deutschland. Die Bundesrepublik Deutschland bildete seit dem Ende des Zweiten Weltkrieges mit 95 US-Basen das Zentrum amerikanischer Operationen. Dazu zählten Basen für Infanterieeinheiten, Flughä-

---

[27] U.S.: Bush Announces Major Shift In Military Deployment, Radio Free Europe/Radio Liberty Online, 16.8.2004.

fen, Spitäler, Verwaltungszentren und auch Truppenübungsplätze.[28] Truppenreduzierungen sollen auch in Großbritannien, Italien und auch in Südkorea erfolgen. In Asien und der Pazifikregion sind 100.000 US-Soldaten stationiert, in Afghanistan und dem Irak rund 170.000.[29]

Bis Mitte 1994 zogen die russischen Streitkräfte aus Mitteleuropa ab – 90% der 1990 noch in der DDR stehenden russischen Truppen in der Stärke von 340.000 Soldaten waren bis zum Jahresende 1993 abgezogen.[30]

In dem im Februar 1990 angenommenen „*Wittmann-Papier*" der NATO wird der Osten nicht mehr als Block betrachtet: Nach Verringerung der Truppenstärke in Mittel- und Osteuropa wird die UdSSR nicht mehr als enorme Bedrohung angesehen, obwohl das militärische Potenzial der UdSSR *de facto* weiterhin eine Bedrohung darstellte. Die Konzentration der NATO wird seither auf „*nicht-traditionelle*" Bedrohungsfelder wie ethnische und nationale Konflikte, religiösen Fundamentalismus und den destabilisierenden Einfluss stagnierender Volkswirtschaften gesetzt. Der Ersteller des Papiers, Oberst Dr. Klaus Wittmann, betonte damals, dass auch künftig verstärkt mobile und flexible Kampfeinheiten benötigt werden, die schnell in Krisengebiete entsendet werden können. Mit dem „*Wittmann-Papier*" wurde eindeutig die neue Richtung der NATO-Strategie aufgezeigt, die lautet: Sicherung der Stabilität in Europa, Schaffung kleinerer professioneller und flexiblerer Einheiten für die Entsendung in Krisengebiete. Der erste Kampfeinsatz der NATO sollte bereits eineinhalb Jahre später auf dem Gebiet des ehemaligen Jugoslawien folgen.

Die wichtigsten Aufgaben der NATO, so der damalige Generalsekretär Manfred Wörner im Mai 1990, umfassen in naher Zukunft u.a. die Unterstützung der mittel- und osteuropäischen Länder in ihrem Bemühen, funktionierende demokratische und marktwirtschaftliche Systeme zu errichten. In der Folge soll der Aufbau eines neuen Sicherheitssystems für ganz Europa – gipfelnd vorerst 1994 in der Schaffung der Partnerschaft für den Frieden (PfP) - beschleunigt werden.

Das „*Wittmann-Papier*" und die Aussagen des damaligen NATO-Generalsekretärs Wörner leiteten einen Prozess ein, der in der *Londoner Erklärung* der Staats- und Regierungschefs des Nordatlantischen Bündnisses von 1990 zum Ausdruck kam: Die NATO soll sich demnach als kollektive Verteidigungsorganisation den verändernden Umständen in Europa anpassen. Zur selben Zeit wurden die Regierungen der Warschauer-Pakt-Staaten eingeladen, diplomatische

---

[28] Germany: Dismay In Some Towns Over Planned U.S. Troop Withdrawal, Radio Free Europe/Radio Liberty Online, 18.8.2004.

[29] USA wollen offenbar 70.000 Soldaten abziehen, aus: Tagesschau Online, Stand 14.8.2004, 08:06 Uhr.

[30] Vgl dazu: Lothar Rühl, Die Bundeswehr-Reform aus bündnispolitischer Sicht. Die gewandelten politischen und strategischen Rahmenbedingungen, in: Aus Politik und Zeigeschehen B43 / 2000.

Beziehungen mit der NATO aufzunehmen. Parallel dazu war in der Europäischen Gemeinschaft (EG) die Rede von einer gemeinsamen europäischen Sicherheits- und Verteidigungspolitik, deren Schaffung als Ziel erstmals im Europäischen Unionsvertrag in der Fassung des Vertrags von Maastricht vom 7.2.1992 verankert wurde. Somit erfolgte als Ziel der NATO die Mitwirkung an der „*Gründung einer europaweiten gerechten und andauernden Friedensordnung*"; dieser Schritt wurde in die *Londoner Erklärung* aufgenommen.

Der organisatorische Aufbau der NATO

Politisch

Die politischen Konsultationen finden innerhalb der NATO auf folgenden unterschiedlichen Ebenen statt:

- Auf Ebene der Außenminister und Verteidigungsminister (regelmäßige Tagungen),
- auf Ebene der NATO-Botschafter im Nordatlantischen Rat 1x/Woche,
- auf Ebene der NATO-Botschafter im Rahmen informeller Beratungen, v.a. wenn es um grundsätzliche Fragen geht,
- in Krisensituationen tagt der NATO-Rat permanent,
- in Form von „*habits of cooperation*", die auf eine Vielzahl von Kontakten auf multilateraler und bilateraler Ebene beruhen.

Die höchste Form der Vertrauensbildung bildet die gemeinsame Analyse von Risiken. Der Nordatlantische Rat als oberstes politisches NATO-Entscheidungsgremium ermöglicht es den Mitgliedstaaten, sich am *consensus building* aktiv zu beteiligen. Der Nordatlantische Rat tagt als zivile Organisation auf folgenden drei Ebenen: Ständige Vertreter, Außenminister, Staats- und Regierungschefs.

Der Nordatlantische Rat hat alle Fragen, die die Umsetzung des Vertrags und die Politik der Allianz betreffen, zu prüfen, zu entscheiden und umzusetzen. Die Entscheidungen werden in den NATO-Gremien im Einvernehmen aller Mitgliedstaaten – also einstimmig – getroffen. Neben dem Nordatlantischen Rat beschäftigen sich insbesondere der Verteidigungsplanungsausschuss und die Nukleare Planungsgruppe mit zentralen Fragen der Bündnisverteidigung.

Der Generalsekretär – immer ein Europäer - ist der Vorsitzende des Nordatlantischen Rates, des Verteidigungsplanungsausschusses und der Nuklearen Planungsgruppe. Als wichtigster Vertreter und Sprecher des Nordatlantischen Rats gegenüber den einzelnen Regierungen und der Öffentlichkeit ist der Generalsekretär für die Förderung und Lenkung des Konsultations- und Entscheidungsfindungsprozesses im Bündnis verantwortlich. Anlässlich der NATO-Militäraktion gegen die Bundesrepublik Jugoslawien zur Lösung des Kosovo-Konflikts im Jahr 1999 war der Generalsekretär derjenige, der im Namen der NATO aufgrund eines Mandats des Nordatlantischen Rates den Einsatzbefehl für diese Militäraktion gegeben hat.

Im Rahmen der euro-atlantischen Zusammenarbeit wurden insgesamt an die 40 NATO-Hauptausschüsse geschaffen, so u.a. für politische Angelegenheiten, politisch-militärische Angelegenheiten, Wirtschaft, Nuklearplanung, zivile Notstandsplanung, Zusammenarbeit im Bereich Rüstung, Europäische Luftraumkoordination (militärisch-zivil) und wissenschaftliche Angelegenheiten. Die Ständigen Vertreter – also die NATO-Botschafter – sind vertreten im Verteidigungsplanungsausschuss, im Nordatlantischen Rat und in der Nuklearen Planungsgruppe.

Der Internationale Stab umfasst an die 1.300 Mitarbeiter, er verkörpert die stehende Struktur der NATO und hat u.a. folgende Aufgaben: Die Vorbereitung der Tagungen des Nordatlantischen Rates und der ihm unterstellten Ausschüsse sowie Koordinationsaufgaben. Der Internationale Stab unter Vorsitz des Generalsekretärs arbeitet dem Nordatlantischen Rat zu, während der Internationale Militärstab (ca. 350 Mitglieder) dem Militärausschuss zugeordnet wird. All diese Institutionen haben ihren Sitz in Brüssel.

Militärisch

Dem politischen Führungsgremium sind die militärischen Strukturen nachgeordnet. Die höchste militärische Autorität bildet der Militärausschuss, der sich aus den militärischen Vertretern der Generalstabschefs der Mitgliedstaaten zusammensetzt. Der Militärausschuss stützt sich auf den Internationalen Militärstab und hat die Aufgabe, den Nordatlantischen Rat militärisch zu beraten und politische in militärische Weisungen an die NATO-Kommandobereiche umzusetzen. Der Ausschuss schlägt jene Maßnahmen vor, die für die Verteidigung des NATO-Vertragsgebietes für notwendig erachtet werden und gab bis Mitte 2003 die Richtlinien an die strategischen Kommandos (SHAPE – *Supreme Headquarters Allied Powers Europe* in Mons, SACLANT – *Supreme Allied Command Atlantic in Norfolk*) weiter. Der Militärausschuss tagt zweimal im Jahr auf der Ebene der Generalstabschefs.

Im Gegensatz zur NATO verfügte die WEU über keine eigenen militärischen Strukturen, die WEU beruhte ausschließlich auf völkerrechtliche Verpflichtungsvereinbarungen. Nach der Gründung 1949 übernahm die NATO die militärischen Aufgaben der WEU. Das militärische Engagement der einzelnen NATO-Staaten hatte jedoch auch vor 1989 keineswegs eine völlige Uniformität: So blieben Frankreich, Griechenland und Spanien den integrierten Kommandostrukturen der NATO zeitweilig bzw. gänzlich fern, Frankreich sogar der gemeinsamen Verteidigungsplanung. Überaus unterschiedlich war auch das Ausmaß, in dem die Mitglieder nationale Verbände für Bündnisaufgaben „assignierten“. Dänemark und Norwegen erklärten darüber hinaus ausdrücklich, dass sie auf ihrem eigenen Territorium in Friedenszeiten weder Nuklearwaffen noch fremde Truppenverbände aufnehmen würden.

Die NATO in der Transformationsphase

In den neunziger Jahren durchlief die NATO einen ersten tiefgreifenden Prozess der Neuorientierung. Zum Ziel der *„Schaffung einer neuen NATO“* bekannten sich die Mitgliedstaaten der Allianz seit dem NATO-Ministertreffen von Berlin im Juni 1996 ausdrücklich. Dabei ging es um

- den Wechsel von der Konfrontation zur Kooperation und den Aufbau partnerschaftlicher Beziehungen zu den ehemaligen Mitgliedern des Warschauer Paktes und anderen Staaten,
- die Übernahme neuer Aufgaben des internationalen Krisenmanagements,
- die Entwicklung einer Europäischen Sicherheits- und Verteidigungsidentität (ESVI) sowie
- die Öffnung der NATO für neue Mitglieder.

Während des NATO-Außenministertreffens im Juni 1990 in Turnberry hat die Allianz ihre Entschlossenheit bekundet, *„die historische Chance, die sich aus den grundlegenden Veränderungen in Europa ergibt, zu ergreifen, um eine neue – auf Freiheit, Recht und Demokratie gegründete – europäische Friedensordnung zu schaffen.“* Mit den NATO-Gipfeln in Madrid 1997, Washington 1999 und Prag 2002 wurde die 1990 begonnene umfassende erste Schritt der Erneuerung der NATO abgeschlossen und weiterentwickelt. Prag war der sechste NATO-Gipfel seit 1990. Die Gipfel von London, Rom und Brüssel entwickelten die einzelnen Elemente der Reformen der NATO, demgegenüber war es Ziel des Madrider Gipfels 1997, diese Stränge zu einem einheitlichen Ganzen zusammenzufügen. Das Bekenntnis der neuen NATO zu einem ungeteilten, kooperativen Europa äußert sich nicht mehr in spezifischen Initiativen, sondern ist Teil des inneren Gefüges der Allianz geworden. Auf den Konzepten von Turnberry hat die NATO im November 1991 ein diesem Ziel entsprechendes neues *„Strategisches Konzept“* beschlossen.

Das Strategische Konzept

Mit dem Nordatlantischen Kooperationsrat (NAKR) entstand ein Kooperationsforum mit den mittel- und osteuropäischen Ländern. Seit dem NATO-Gipfel von Rom 1991 fußt die Sicherheitspolitik der NATO auf folgenden Elementen:

- Politische Mittel wie Dialog und Zusammenarbeit,
- Aufrechterhaltung der kollektiven Verteidigungsfähigkeit als Kernaufgabe,
- Maßnahmen der Konfliktverhütung und Krisenbewältigung mit den Zielen Krisenverhütung und friedliche Krisenbeilegung.

Weitere neue Komponenten wurden Anfang der neunziger Jahre wie folgt festgelegt:

- Verbesserung in der Mobilität, Flexibilität und der Fähigkeit von NATO-Streitkräften, sich auf diverse Eventualfälle einzustellen.

- Verstärkte Aufstellung multinationaler Einheiten und Verbände (Prinzip der Multinationalität),
- Aufstellung eines multinationalen schnellen Reaktionskorps,
- Ziel: Schaffung militärischer Kommandostrukturen, Anpassung der Vorkehrungen und Verfahren im Rahmen der Verteidigungsplanung an die veränderten Gegebenheiten in Europa.

Rom führte die politischen und militärischen Elemente der NATO-Sicherheitspolitik zusammen und ebnete den Weg zur Zusammenarbeit mit den neuen Partnern in Mittel- und Osteuropa sowie in der ehemaligen Sowjetunion.

Die nuklearen Kapazitäten sind von entscheidender Bedeutung für die Wahrung des Friedens, doch bleiben die nukleare Abrüstung und Rüstungskontrolle sowie die Nichtverbreitung von Massenvernichtungswaffen wichtige politische Ziele der NATO.

Als Konsequenz dieses breit angelegten sicherheitspolitischen Ansatzes entwickelte die NATO seit 1990 immer stärker und dichter werdende gesamteuropäische Kooperationsmechanismen; dazu zählen die Partnerschaft für den Frieden, die spezifischen Partnerschaften mit Russland und der Ukraine sowie die verstärkte Zusammenarbeit der NATO mit den Vereinten Nationen, der Organisation für Sicherheit und Zusammenarbeit in Europa (OSZE), der Westeuropäischen Union (WEU) und schließlich mit der Europäischen Union (EU), die ab 2001 begann, eigene militärische Strukturen zu entwickeln.

Die NATO versteht sich nicht bloß als klassisches Militärbündnis. Den von ihr beschrittenen Weg zu einer umfassenden Sicherheits- und Stabilitätsgemeinschaft sieht sie als historische Chance. Neue Aufgaben der kooperativen Sicherheit, die in weiterer Folge dargestellt werden, ergänzen das Bekenntnis zu einer glaubwürdigen kollektiven Verteidigung – auf der Basis der Beistandsverpflichtung nach Artikel 5 des NATO-Gründungsvertrages. Das *Strategische Konzept* von Rom wurde 1999 durch jenes von Washington ersetzt, das erstmals die Möglichkeit von *out-of-area*-Einsätzen von NATO-Streitkräften, also von Einsätzen außerhalb des NATO-Gebiets, festhielt. Bis zum Jahr 2009 plant die NATO den Beschluss eines neuen Strategischen Konzeptes.

Die neuen Missionen

Die Kernfunktion der kollektiven Verteidigung wird bei der NATO aufrechterhalten, es kamen jedoch „*out of area*"-Einsätze, also Einsätze außerhalb der Bündnisgrenzen hinzu. Heute erfüllt die Nordatlantische Allianz unter der politischen Autorität der UNO und der OSZE militärische Aufgaben der Friedenssicherung, Friedensschaffung und des Krisenmanagements außerhalb des Vertragsgebietes. UNO und OSZE verfügen über keine militärischen Strukturen, die ihr somit durch die NATO bereitgestellt werden. Dies erfolgt in enger Kooperation mit Nicht-Mitgliedern. Mit IFOR (*Implementation Force*) und SFOR (*Stabilization Force*) sowie KFOR (*Kosovo Force*) wurden während der neunziger

Jahre neuere und beispielhafte Akzente für heutiges Krisenmanagement gesetzt. Die IFOR bildete eine multinationale bis zu 60.000 Soldaten umfassende Truppe aus insgesamt 32 Staaten – darunter auch aus Russland. Sie beinhaltete auch friedensschaffende Aufträge (*peace enforcement*). In Mazedonien leitete die NATO ab 26.9.2001 die Operation *Amber Fox* als Folgeoperation zu *Essential Harvest*, jener Operation, die auf die Entwaffnung von bewaffneten Gruppierungen abzielte und auf wenige Wochen eingeschränkt war. Die Aufgabe der „*Task Force Fox*" war der Schutz von internationalen Beobachtern, die die Umsetzung des Friedensplans in Mazedonien überwachen sollen, wobei die Hauptaufgabe dieses Schutzes primär den nationalen mazedonischen Streitkräften zukam. Dieser NATO-Einsatz war vorerst auf drei Monate mit einer Verlängerungsoption ausgerichtet (bis 26.12.2001). Die Operation der NATO – zuletzt benannt *Operation Allied Harmony* – dauerte jedoch bis 31.3.2003. Seitens der Europäischen Union wurde an diesem Tag der Friedenseinsatz in Mazedonien – er dauerte bis 15.12.2003 – von der NATO übernommen. Die EU leitete den 350 Soldaten umfassenden Einsatz, mit NATO-Unterstützung vor allem in den Bereichen Planung und Logistik. Der stellvertretendende NATO-Oberbefehlshaber in Europa, ein Brite, war *Operations Commander*, während das *Force Command* als primäres Kommando seitens der EU geleitet wurde. Grundlage für derartige EU-Einsätze bildet das so genannte *Berlin-Plus*-Abkommen zwischen der NATO und der EU vom März 2003. Auf dessen Grundlage kann die EU für ihre Einsätze Unterstützung seitens der NATO anfordern.

Seit 1995 beeinflussten die *Lessons learnt* von IFOR und SFOR die weitere Entwicklung und Anpassung der NATO in Richtung CJTF-Konzept[31] – also das Konzept alliierter teilstreitkräfteübergreifender Kommandos, permanente Stäbe für rasche Kriseneinsätze zu bilden. Gemäß diesem Modell beabsichtigen mittel- und osteuropäische Länder, multinationale Friedensverbände aufzustellen, die eng mit der NATO kooperieren. Innerhalb der NATO wurden zur Krisenbewältigung 1994 mobile und präsente Krisenreaktionskräfte (*Allied Rapid Reaction Corps* – ARRC) in Rheindahlen/Deutschland ins Leben gerufen. So sind friedensschaffende Interventionen größeren Ausmaßes derzeit ausschließlich durch die NATO möglich. Nach dem Vorbild der IFOR/SFOR in Bosnien-Herzegowina werden multinationale *CJTF Headquarters* die NATO in die Lage versetzen, so rasch wie möglich auf Krisen zu reagieren und PfP-Partner – insbesondere Nicht-NATO-Staaten, in gemeinsame Operationen miteinzubeziehen.

Anlässlich der Terrorattacken am 11.9.2001 gegen die USA rief die NATO erstmals in ihrer Geschichte den Bündnisfall – also den Beistand zu einem ihrer Mitglieder – auf der Grundlage des Artikels 5 des NATO-Gründungsvertrags aus. An Kampfeinsätzen *gegen den Terrorismus* erfolgt deshalb der Einsatz von

---

[31] Combined Joint Task Forces.

NATO-Truppen im Rahmen der Koalition der internationalen Staatengemeinschaft gegen die Taliban. Während die Koalition gegen Saddam Hussein nach dem Überfall des Irak auf Kuwait 1990/91 aus insgesamt 27 Ländern bestand[32], setzte sich die nach dem 11.9.2001 gebildete Staatengemeinschaft im Kampf gegen den Terrorismus aus über 90 Ländern zusammen. Soldaten aus insgesamt 14 NATO-Ländern unterstützten US-Einheiten beim Durchsuchen von Höhlen in den afghanischen Bergen nach Taliban bzw. *Al Qaida*-Kämpfern, parallel dazu entsandten elf NATO-Staaten Truppen zur Friedens- und Stabilitätssicherung nach Kabul innerhalb der Internationalen Schutztruppe für Afghanistan (ISAF). Bis Herbst 2002 waren ca. zwei Millionen afghanische Flüchtlinge in ihre Heimat zurückgekehrt. Mit 11.8.2003 übernahm die NATO den ISAF-Einsatz.

Neue Kooperationsstrukturen

NAKR und EAPR

Mit dem Nordatlantischen Kooperationsrat (NAKR) war das erste sicherheitspolitische Forum der NATO- und Warschauer-Pakt-Staaten bzw. der OSZE im Dezember 1991 geschaffen worden. Ziel dieses 40 Staaten umfassenden Gremiums war von Beginn an Dialog, Partnerschaft und Konsultation sowie der Abbau der Grenzen zwischen West und Ost. Der NAKR setzte sich aus den Vertretern der damaligen 16 NATO-Staaten, den mittel- und osteuropäischen Ländern und den drei baltischen Republiken zusammen, zu denen die NATO 1990 und 1991 diplomatische Beziehungen aufgenommen hat. Nach Auflösung der UdSSR wurde die Mitgliedschaft auf die gesamte Gemeinschaft Unabhängiger Staaten (GUS) ausgedehnt, Georgien und Albanien schlossen sich diesem Prozess 1992 an. Seit der NAKR-Tagung im Juli 1992 nahm auch Finnland als Beobachter an den Tagungen teil. Mindestens einmal im Jahr traf der NAKR zusammen. Konsultation und Kooperation im NAKR konzentrierte sich auf folgende Punkte:

- Wirtschaftsfragen (Verteidigungshaushalte – Wechselwirkung zur Wirtschaft),
- Verteidigungsplanung und militärische Themen – Rüstungsbeschaffung, nukleare Abrüstung,
- Streitkräfte und Kommandostrukturen,

---

[32] Der UNO-Sicherheitsrat gab in Resolution 660 (1990) zunächst gemäß Artikel 40 der UNO-Charta die Empfehlung an den Irak, die Truppen aus Kuwait zurückzuziehen und mit Kuwait über das Grenzregime zu verhandeln. Es wurden für den Fall der Nichtbefolgung Zwangsmaßnahmen angedroht. Resolution 660 (1990) wertet die militärische Besetzung Kuwaits durch den Irak als Friedensbedrohung. Nach der Nichtbefolgung durch den Irak legte die Resolution 661 (1990) umfassende wirtschaftliche Sanktionen fest. Die Resolution 678 (1991) legitimierte militärische Zwangsmaßnahmen – durch eine US-geführte 27-Staaten-Allianz (Operation *Desert Storm*). Aus: Albrecht Horn, Multilaterale ökonomische Sanktionsregime der Vereinten Nationen, 2003, 47.

- Militärische Übungen,
- Entwicklung demokratischer Konzepte bei den Beziehungen im zivil-militärischen Bereich (Bsp. zivile Notstandsplanung und humanitäre Hilfe, Vorbereitung auf Katastrophenfälle, Katastrophenverhütung),
- Koordination des Luftverkehrs (zivil/militärisch),
- Umstellung der Verteidigungsproduktion auf zivile Zwecke (Konversion),
- Erweiterung der Teilnahme an Wirtschafts- und Umweltprogrammen der NATO.

Am 30.5.1997 wurde der NAKR aufgelöst und in seine Nachfolgeorganisation, den Euro-Atlantischen Partnerschaftsrat (EAPR), übergeleitet. Um jenen Staaten, die im Juli 1997 noch keinen NATO-Beitrittsantrag gestellt haben, eine Perspektive auf Aufnahme in die NATO zu geben, sowie den weiteren Dialog und die Zusammenarbeit generell auf ein qualitativ höheres Niveau zu heben und schließlich die Mitgliedstaaten des NAKR und der Partnerschaft für den Frieden zu vereinen, wurde beim Außenministertreffen im portugiesischen Sintra im Mai 1997 der EAPR geschaffen. Der EAPR zählt derzeit 49 Mitgliedstaaten (26 NATO- und 23 Partnerstaaten), schafft ein Forum für regelmäßige politische Konsultationen zwischen der NATO und den Partnerländern und bildet nunmehr den politischen Schirm für die Gestaltung und Umsetzung des Programms der Partnerschaft für den Frieden (*Partnership for Peace – PfP*) sowie gleichsam das politische Dach, unter dem künftig gemeinsame Operationen von NATO und Nicht-NATO-Staaten koordiniert werden können.

Die Kooperationen innerhalb des EAPR sehen – insbesondere auf der Grundlage der jede zwei Jahre neu gefassten EAPR-Aktionsplanes – folgende Bereiche vor:

- Krisen- und Konfliktmanagement,
- Rüstungskontrolle,
- Verteidigungsplanung und -budgetierung sowie Verteidigungspolitik und –strategie,
- Enge Zusammenarbeit in Wissenschaft und Umwelt,
- gemeinsame Operationen von NATO- und Nicht-NATO-Staaten,
- vertrauensbildende Maßnahmen und Konfliktprävention im euro-atlantischen Raum,
- Maßnahmen gegen den internationalen Terrorismus,
- Maßnahmen gegen die Proliferation von Massenvernichtungswaffen (nuklear, biologisch, chemisch),
- Rüstungskooperation – auch unter der Ägide der Konferenz der Nationalen Rüstungsdirektoren (*Conference of National Armaments Directors – CNAD*),
- nukleare Sicherheit,
- zivil-militärische Koordination des Luftverkehrsmanagements/-kontrolle,

- zivile Notstandsplanung und Katastrophenschutz sowie die
- Bildung von Arbeitsgruppen zu Regionalthemen wie z.B. Kaukasus und Balkan, insbesondere auch im Hinblick auf die Bekämpfung des Terrorismus, der organisierten Kriminalität, Entminung und Verbesserung im Grenzschutz.[33]

Grünes Licht gab 1997 der Madrider Gipfel für die Errichtung diplomatischer Missionen der PfP-Länder.

Seit Mai 1998 hat der EAPR ein *Euro-Atlantic Disaster Response Coordination Centre* (EADRCC) eingerichtet; dies hat zur Aufgabe, u.a. das UNO-Flüchtlingshochkommissariat (UNHCR) mit Hilfskräften für humanitäre Operationen in Krisenregionen (Bsp. Kosovo) zu unterstützen. Ziel ist die Bewältigung der zivilen Notstandsplanung. Es geht dabei auch um einen verstärkten Erfahrungsaustausch bzw. auch um gemeinsame Übungen, z.B. auf dem Gebiet des Strahlenschutzes. Zu diesem Zweck hat die NATO am 1.12.2003 im tschechischen Liberec/Reichenberg ein eigenes Schutzbataillon im Kampf gegen atomare, biologische, radiologische und chemische Waffen gegründet. Dieses *Multinational Chemical, Biological, Radiological and Nuclear (CBRN) Defence Battailon* ist auch gegen Angriffe mit radioaktiven Waffen – so genannten „*schmutzigen Bomben*" (*dirty bombs*) – vorbereitet. Geführt wurde das Bataillon zunächst von Tschechien, im Mai 2004 übernahm Deutschland die Leitung über dieses Bataillon.[34] Mit Tschechien und Deutschland stellen Belgien, Großbritannien, Italien, Kanada, Norwegen, Polen, Portugal, Rumänien, Spanien, die Türkei, Ungarn und die USA Experten für das Expertenteam. Der Kern dieser Einheit besteht aus mehr als 160 Experten vom *31. CBRN Defence* in Liberec.[35] Das multinationale CBRN-Bataillon erreichte seine volle Operationsfähigkeit im Rahmen der hochbereiten *NATO Response Force* (NRF) im Juli 2004.[36]

Die NATO-Partnerschaft für den Frieden (PfP)

Die NATO entwickelte sich über den eigentlichen Verteidigungsauftrag hinaus mit der „*Partnerschaft für den Frieden*" (*Partnership for Peace* – PfP) immer mehr zu einer umfassenden Sicherheitsstruktur für ganz Europa, Nordamerika und auch Teile Asiens. Miteingebunden sind auch alle Staaten Mittel- und Osteuropas. Die PfP umfasst derzeit insgesamt 49 Staaten und reicht von Vancouver bis Wladiwostok. Mit dem am Prager NATO-Gipfel der Staats- und Regierungschefs (21.-22.11.2002) gefällten Beschluss, sieben mittel- und osteuropäische Länder im Mai 2004 aufzunehmen, ist die NATO auf 26 Mitgliedstaaten

---

[33] Euro-Atlantic Partnership Council (EAPC) Action Plan 2002-2004, Section I: Short-Term Planning, para. 3.

[34] Aus: NATO stellt ABC-Bataillon vor, Kurier Online, 1.12.2003.

[35] Launch of NATO Multinational CBRN Defence Battalion, Press Release, 26.11.2003.

[36] Final Communiqué, Meeting of the North Atlantic Council in Defence Ministers Session held in Brussels on Monday, 1 December 2003, PR/CP (2003)148, para. 10.

angewachsen. Die 1994 geschaffene PfP war ursprünglich beabsichtigt, einen „*Wartesaal*" für die NATO-Beitrittswerber zu schaffen. Im Sinne der Vertrauensbildung zwischen NATO-Staaten und Partnerländern ermöglicht die PfP eine verstärkte Zusammenarbeit zwischen den Streitkräften mit dem Zweck, zu Stabilität und Sicherheit in Europa beizutragen, Konfliktrisiken einzudämmen und die Interoperabilität der Streitkräfte bei gemeinsamen Einsätzen zu koordinieren. Schon Ende September 1994 ist die erste gemeinsame Übung für friedenserhaltende Einsätze zwischen amerikanischen und russichen Einheiten in Totskoje (Russland) abgehalten worden, die zweite gemeinsame Übung folgte 1995 in Fort Riley im US-Bundesstaat Kansas.

Zur Konsultation und multinationalen Streitkräfteplanung der Partnerländer ist der 1995 geschaffene *Planning and Review Process* (PARP) – der Planungs- und Überprüfungsprozess – von zentraler Bedeutung für das gesamte Spektrum der PfP-Operationen, einschließlich friedensunterstützender Maßnahmen. Der PARP bildet somit die Basis für eine stärkere Einbindung von Partnerländern in Planungs- und Entscheidungsprozesse. Das PARP-Konzept wird den Partnerländern als Option angeboten. Mit jedem teilnehmenden Land werden Planungs- und Parterschaftziele ausgehandelt. Umfassende Überprüfungen dienen zur Beurteilung der Zielerreichung.[37]

Das erweiterte PfP-Programm erlaubt es den Partnerstaaten, Programme der Zusammenarbeit auszuarbeiten, die auf die politischen Wünsche und faktischen Möglichkeiten des Partnerstaates zugeschnitten sind. Jeder PfP-Staat hat die Möglichkeit, sein eigenes Programm mit der NATO abzusprechen und seine eigenen Präferenzen abzustecken. Der PfP-Staat bestimmt somit selbst – in Absprache mit der NATO – über die Inhalte seines Programms und ist auf dem Areal des NATO-Hauptquartiers in Brüssel diplomatisch vertreten. Falls der PfP-Staat an einer NATO-Operation teilnehmen möchte, bestimmt die Administration eines jeden Teilnehmerstaates selbst, welche Einheiten sie entsendet und wie sie die Operation zu unterstützen beabsichtigt.

Die PfP-Staaten beteiligen sich an allen Entscheidungsprozessen des Euro-Atlantischen Partnerschaftsrates (EAPR). Dessen Aktionsplan umfasst folgende Bereiche: Enge Zusammenarbeit in einem weiten Spektrum von Wissenschaft und Umwelt, gemeinsame Operationen von NATO- und Nicht-NATO-Staaten zur Bewältigung sicherheits- und verteidigungspolitischer Probleme, Vertrauensbildende Maßnahmen, Rüstungskontrolle, Verteidigungsplanung, demokratische Kontrolle von Streitkräften, Budgetentwicklung, militärische Übungen und Notfallplanung, Abrüstung und die Verhinderung von Proliferation von teilwei-

[37] Vgl. dazu auch: Astrid Hofer, Die Entwicklung der Partnerschaftsprogramme der NATO im Überblick – 1994-2006, Analysestandpunkt 9 (April 2007), hrsgg. von Alexander Siedschlag, Stiftungsprofessur für Europäische Sicherheitspolitik, Leopold-Franzens-Universität Innsbruck.

se einfach und billig herzustellenden Massenvernichtungswaffen sowie weitreichenden Trägersystemen, Konfliktprävention im euro-atlantischen Raum, Verhinderung von illegaler Migration[38] sowie Maßnahmen gegen so genannte *„nicht-staatliche Akteure*“, d.h. vor allem gegen den Terrorismus. Kern der PfP ist es, Streitkräfte in den Partnernationen zu entwickeln, die besser mit jenen des Bündnisses zusammenarbeiten können mit dem Ziel, den Standard der Interoperabilität anzuheben. Das Arbeitsprogramm umfasst mehr als 1.600 Aktivitäten jährlich.

Der Politisch-Militärische Lenkungsausschuss zur PfP (*Political-Military Steering Committee, PMSC/PfP*) ist das Hauptarbeitgremium mit Verantwortung in der PfP. Der Ausschuss tagt in unterschiedlichen Zusammensetzungen entweder nur mit Bündnisstaaten oder mit Bündnis- und Partnerstaaten. Der PMSC berät den Nordatlantischen Rat in Angelegenheiten der PfP und ist zuständig für die Gesamtkoordination des Parterschaftsarbeitsprogrammes, die Aufstellung politisch-militärischer Richtlinien zur Anwendung durch die NATO-Militärbehörden bei der Erarbeitung ihrer Beiträge zum Partnerschaftsarbeitsprogramm betreffend militärische Übungen und Aktivitäten, die Anleitung zur Entwicklung der Internationalen Partnerschaftsprogramme sowie ihre Vorlage beim Rat zur Genehmigung sowie die Koordination der Arbeiten bezüglich der PfP-Planung und –Überprüfung.[39] Die militärischen Aspekte der Zusammenarbeit werden von den NATO-Militärinstitutionen erarbeitet. Das PfP-Arbeitsgre-mium auf militärischer Seite ist die Arbeitsgruppe für Militärische Zusammenarbeit (*Military Cooperation Working Group, MCWG*), die als Konsultativorgan für den Militärausschuss dient. Der NATO-Militärausschuss trifft sich auch mit den PfP-Staaten, um militärische Aspekte der Zusammenarbeit mit den Partnerländern zu erörtern. Aufgaben der Partnerschaftskoordinierungszelle sind die Koordinierung gemeinsamer militärischer Aktivitäten mit Partnerstaaten, die zur Umsetzung der militärischen Aspekte des Partnerschaftsarbeitsprogramms erforderliche militärische Planung sowie die Beurteilung derartiger Aktivitäten.[40] Die Zelle wird von einem Direktor geleitet und besteht seit 1998 auch aus Vertretern von Partnerstaaten, die zudem Stabsoffiziere für Verbindungszwecke in das Oberste Hauptquartier der Alliierten Streitkräfte in Europa (*Supreme Head-*

---

38 An die 1,3 Mrd. Menschen, etwa ein Sechstel der Weltbevölkerung, müssen mit weniger als USD 1 für den täglichen Lebensunterhalt auskommen und leben in absoluter Armut. Aus: Günter F.C. Forsteneichner, Neue Formen der Bedrohung der internationalen Sicherheit, Terrorismus-Proliferation-Organisierte Kriminalität-Migration. IAP-Sonderheft, Osning Verlag, Bonn im Oktober 2001, 27.

39 Vgl. dazu auch: Astrid Hofer, Die Entwicklung der Partnerschaftsprogramme der NATO im Überblick – 1994-2006, Analysestandpunkt 9 (April 2007), Leopold-Franzens-Universität Innsbruck.

40 Ebenda.

quarters Allied Powers Europe – SHAPE) nach Mons/Belgien entsenden können.[41]

Partnerstaaten der PfP besitzen jedoch keinen Einfluss auf die politische und militärische Organisationsstruktur der Allianz. Es handelt sich dabei um eine Fülle von Maßnahmen, welche die kollektive Verteidigung der Bündnisstaaten und die Grundorientierung der Allianz zum Gegenstand haben. Ebenso bleiben diese Staaten vom Nordatlantischen Rat ausgeschlossen, in dem letztlich – auch PfP-Staaten betreffende Entscheidungen über Mitteleuropa – besiegelt werden.

Exkurs:

Die Teilnahme eines Partnerlandes an der PfP – Das Beispiel Österreich

Einleitung

Seit 1995 gehört Österreich der NATO-Partnerschaft für den Frieden (*Partnership for Peace* – PfP) an. Auf der Grundlage eines Ministerratsbeschlusses hatte Österreichs Außenminister Alois Mock am 10.2.1995 das für die Teilnahme an der PfP vorgesehene Rahmendokument unterzeichnet. Am 31.5.1995 erfolgte durch Österreich die Übergabe des im PfP-Rahmendokument als Basis für die Kooperation zwischen den jeweiligen Partnerstaaten und der NATO vorgesehenen Einführungsdokuments an die Nordatlantische Allianz. Österreich wurde dadurch das 25. Partnerland der PfP. Im Brüsseler NATO-Hauptquartier erfolgte daraufhin die Einrichtung diplomatischer und militärischer Verbindungsstellen (*Liaison Office of Austria*). Seitens des Bundesministeriums für Landesverteidigung wurde ein militärischer Repräsentant in die Partnerschaftskoordinationszelle nach Mons/Belgien entsandt. Die *Liaison Office of Austria* bekam mit der Wirksamkeit vom 18.8.1997 den Status einer offiziellen Vertretung Österreichs zur NATO (*Mission of Austria to NATO*), die seither sich aus einem diplomatischen und aus einem militärischen Element (NATO-Abteilung der Militärvertretung in Brüssel) zusammensetzt.[42] Als militärische Arbeits- und Kommandosprache wird meist Englisch verwendet, obwohl innerhalb der Nordatlantischen Allianz mit Englisch und Französisch zwei offizielle Sprachen existieren. Innerhalb von internationalen PfP-Operationen wird ausschließlich Englisch gesprochen.

Die Ziele der PfP haben sich seit deren Gründung im Jahr 1994 nicht verändert und umfassen gemäß dem Gründungsdokument die folgenden Bereiche:

- Förderung von Transparenz der nationalen Verteidigungsplanung und des Haushaltsverfahrens;
- Gewährleistung der demokratischen Kontrolle über die Streitkräfte;

---

[41] Ebenda.

[42] Aus: Die Partnerschaft für den Frieden und das Österreichische Bundesheer (I), verfasst vom Autorenteam der NATO-Abteilung des Österreichischen Bundesheeres, Militärvertretung Brüssel, in: Truppendienst 1/2005, 8-15, 13.

- Bereitstellung von Fähigkeiten und die Aufrechterhaltung der Bereitschaft zu Einsätzen im Auftrag der Vereinten Nationen und im Rahmen der Organisation für Sicherheit und Zusammenarbeit in Europa (OSZE);
- Entwicklung kooperativer militärischer Beziehungen zur NATO mit dem Ziel einer gemeinsamen Planung, Ausbildung und mit der sich daraus ergebenden Absicht, Übungen zur Stärkung der Fähigkeiten der PfP-Staaten abzuhalten. In der Folge, um auch Einsatzaufträge in den Bereichen der Friedenserhaltung, im Such und Rettungswesen (*Search and Rescue* – SAR), bei der humanitären Hilfe und bei anderen möglichen und noch zu vereinbarenden Bereichen übernehmen zu können. Ein derartiger Bereich wurde 1997 im Rahmen der vertieften PfP mit dem gesamten Spektrum an friedensunterstützenden Maßnahmen – also auch Friedenserzwingung durch Kampfeinsätze – definiert und von allen Staaten der PfP akzeptiert.
- Längerfristige Unterstützung in der Entwicklung von Streitkräften, die nicht der NATO angehören, um mit jener der Mitgliedstaaten der Nordatlantischen Allianz besser operieren zu können.

Mit dem ersten Einsatz der NATO außerhalb des Bündnisgebietes (*out of area*) in Bosnien-Herzegowina im Jahr 1994 erfolgte in Jahr später mit der *Implementation Force* (IFOR) die erste NATO-geführte PfP-Operation, an der auch russische Streitkräfte teilnahmen.[43] Eine derartige Operation kommt erst dann zustande, wenn die Nordatlantische Allianz Partnerstaaten einlädt, an einer von ihr geführten militärischen Operation teilzunehmen. Zur Einbindung von Partnerstaaten in NATO-geführte Operationen erfolgte 1999 die Verabschiedung eines Politisch-Militärischen Rahmendokuments für NATO-geführte PfP-Operationen (*Political-Military Framework for NATO-led PfP Operations*). Dieses Dokument regelt die Einbeziehung von Partnerländern in politische Konsultationen, die operationelle Planung sowie die Einbindung der Partnerstaaten in Kommandostrukturen für Einsätze unter der Führung der NATO. Die Entscheidungshoheit obliegt dem Nordatlantischen Rat, dem höchsten Entscheidungsfindungsgremium der NATO. 1999 wurde auch das neue Konzept Operationeller Fähigkeiten (*Operational Capabilities Concept* – OCC) initiiert – zur Verbesserung der Koordination für gemeinsame Operationen. Die relevantesten Elemente des OCC sind eine Datenbank zur Erfassung der operationellen Fähigkeiten der von den Partnerstaaten eingemeldeten Streitkräfte (*Pool of Forces and Capabilities*) sowie die Beurteilungs- und Rückmeldungsmechanismen (*Assessment and Feedback Mechanisms*) über Truppen und Mittel mit dem Ziel, die militärische Effizienz zu steigern.

---

[43] Russland hatte ab 1995/96 ca. 1.340 Soldaten im Rahmen der IFOR/SFOR in Bosnien-Herzegowina und ab 1999 ca. 1.500 Soldaten im Kosovo (KFOR) stationiert. Quelle: Alexander Nikitin, Partners in peacekeeping, in: NATO review, winter 2004.

Zur Konsultation und multinationalen Streitkräfteplanung der Partnerländer ist der *Planning and Review Process* (PARP) – der Planungs- und Überprüfungsprozess - von zentraler Bedeutung für das gesamte Spektrum der PfP-Operationen. Der PARP bildet somit die Basis für eine stärkere Einbindung von Partnerländern in Planungs- und Entscheidungsprozesse. Der PARP resultiert aus der Verpflichtung der NATO-Staaten aus dem PfP-Rahmendokument, gemeinsam mit den Partnerstaaten Planungs- und Überprüfungsverfahren zu entwickeln – als Grundlage für die Evaluierung von Streitkräften und deren Fähigkeiten. Im PARP verpflichten sich die Staaten alle zwei Jahre, Informationen bereitzustellen – unter anderem über deren Verteidigungspolitiken, deren Kontrolle und Entwicklung von Streitkräften im Hinblick auf gegenwärtige und künftige PfP-Operationen und über PfP-relevante Wirtschafts- und Finanzpläne. Ziel des PARP ist es, die multinationale Ausbildung mittels Übungen und im Hinblick auf die Durchführung gemeinsamer friedensunterstützender Operationen (*Peace Support Operations* – PSO) auf NATO-Standards auf der Grundlage der Standardisierungsabkommen (*Standardization Agreements* – STANAGs) abzustimmen und in diesem Zusammenhang deren Interoperabilität zu verbessern. Im Rahmen des PARP beschließen die daran teilnehmenden Verteidigungsminister eine Richtlinie (*Ministerial Guidance*), auf deren Grundlage sowie nach den Angaben der Partnerländer länderbezogene Partnerschaftsziele (*Partnership Goals*) erarbeitet werden. Diese Ziele definieren die durch den jeweiligen Partnerstaat zu ergreifenden Maßnahmen zwecks Verbesserung der Interoperabilität der jeweiligen Streitkräfte mit jenen der Nordatlantischen Allianz. Zudem führt in dem zweijährigen Verfahren des PARP jeder Partnerstaat eine Erhebung zur PfP-Gesamtoperabilität (*Survey of Overall PfP Interoperability*) durch. Diese beinhaltet nationale Stellungnahmen zum aktuellen Stand der Verteidigungspolitik, zum Erreichungsgrad der Partnerschaftsziele sowie zu den für PfP-Aktivitäten bestimmten Streitkräften.[44]

Die Einleitung des PARP erfolgte schon im Dezember 1994 und wird den Partnerstaaten als Option offeriert. Mit Ausnahme von vier Staaten – Kirgisien, Russland, Tadschikistan[45] und Turkmenistan – nehmen alle Partnerstaaten am PARP teil.

Nationale und internationale Mitwirkung innerhalb der PfP

Die Angehörigen der Partnerstaaten üben ihren Dienst innerhalb der PfP in zwei Verwendungsformen aus: national und international. In nationaler ziviler Funktion agiert die diplomatische Vertretung des Partnerlandes im NATO-Haupt-

---

44 Aus: Die Partnerschaft für den Frieden und das Österreichische Bundesheer (I), verfasst vom Autorenteam der NATO-Abteilung des Österreichischen Bundesheeres, Militärvertretung Brüssel, in Truppendienst 1/2005, 8-15, 10.

45 Tadschikistan gilt nicht zuletzt aufgrund der Nähe zu Afghanistan als der instabilste Staat in Zentralasien mit unsicherer Zukunftsperspektive.

quartier in Brüssel auf der Ebene des jeweiligen nationalen Botschafters. Zudem wird eine nationale militärische Vertretung in den meisten Fällen von einem General geleitet. Des Weiteren existieren noch jeweils zwei militärische Repräsentationen der Partnerstaaten: einerseits im Rahmen der Partnerschaftskoordinationszelle (*Partnership Coordination Cell* – PCC) in Mons/Belgien sowie andererseits im strategischen Alliierten Kommando für Transformation (*Allied Command Transformation* – ACT) in Norfolk/Virginia. Ferner werden nationale Interessen vor allem durch die Teilnahme an den Sitzungen der zahlreichen NATO-Ausschüsse und Arbeitsgruppen der Nordatlantischen Allianz sowie durch die schriftliche Einbringung nationaler Positionen bei den betroffenen Gremien der NATO wahrgenommen.[46]

In internationaler Funktion sind einige wenige Zivilisten beim Internationalen Stab im NATO-Hauptquartier sowie großteils Angehörige von Streitkräften der Partnernationen tätig – in PfP-Stabselementen (*PfP Staff Elements* – PSEs). Dafür sind insgesamt 78 Partnerarbeitsplätze innerhalb des NATO-Hauptquartiers beim Internationalen Militärstab, bei der Partnerschaftskoordinationszelle sowie bei den NATO-Kommandos und Ausbildungseinrichtungen eingerichtet.[47] Jedes PSE besteht aus einem Kern von Offizieren mit internationalem Status aus NATO-Mitglieds- und Partnerstaaten.[48] Die Dauer für die Verwendung im Rahmen eines nationalen und internationalen Arbeitsplatzes beträgt drei Jahre. Derzeit ist das österreichische Bundesheer mit insgesamt 18 Offizieren und Unteroffizieren in nationalen und internationalen Verwendungen innerhalb der PfP tätig.[49] PSEs können ebenso innerhalb der Kommando- und Streitkräftestruktur an Übungsplanungen, Konzeptenwicklungen und auch an Operationen teilnehmen.

Die NATO-Partnerschaft für den Frieden und Österreich

Die NATO hat sich seit der Wende 1989 neu orientiert und von einer Organisation der kollektiven Verteidigung zu einer Organisation zur Gewährleistung der gesamteuropäischen Stabilität gewandelt. Sie nimmt neue Aufgaben des Krisenmanagements, insbesondere Friedenserhaltung, Friedensschaffung und humanitäre Einsätze, wahr. Die klassischen Bündnisstrukturen wurden bereits im Zeitraum 1991-1997 durch neue Konsultations- und Kooperationsmechanismen

---

46 Aus: Die Partnerschaft für den Frieden und das Österreichische Bundesheer (I), verfasst vom Autorenteam der NATO-Abteilung des Österreichischen Bundesheeres, Militärvertretung Brüssel, in Truppendienst 1/2005, 8-15, 11f.

47 Ebenda

48 Vgl. dazu auch: Astrid Hofer, Die Entwicklung der Partnerschaftsprogramme der NATO im Überblick - 1994-2006, Analysestandpunkt 9 (April 2007), hrsgg. von Alexander Siedschlag, Stiftungsprofessur für Europäische Sicherheitspolitik, Leopold-Franzens-Universität Innsbruck.

49 Aus: Die Partnerschaft für den Frieden und das Österreichische Bundesheer (I), verfasst vom Autorenteam der NATO-Abteilung des Österreichischen Bundesheeres, Militärvertretung Brüssel, in Truppendienst 1/2005, S. 8-15, 11f.

ergänzt. Die NATO hat 1999 und 2004 neue Mitglieder in Mittel- und Osteuropa sowie in Südosteuropa aufgenommen.

In Europa scheinen großräumige Konflikte derzeit unwahrscheinlich. Lokale Konflikte wie jene in den Nachfolgestaaten des ehemaligen Jugoslawiens, der Terrorismus und die Proliferation von Massenvernichtungswaffen und ihrer Trägersysteme bilden neue sicherheitspolitische Herausforderungen, die eine umfassendere Sicherheitspolitik erfordern, auch unter Miteinbeziehung so genannter *neutraler* und *bündnisfreier* Staaten.

Die Kriege am westlichen Balkan verdeutlichten, dass Nationalismus in Europa weiterhin zum Krieg führen kann, dass Europa ein effizientes und wirksames Konfliktmanagement braucht sowie die transatlantische Partnerschaft und Präsenz der USA für die gesamteuropäische Stabilität und für ein funktionsfähiges europäisches Krisenmanagement wesentlich sind.

Neben der Konflikteindämmung und Krisenbewältigung ist es Ziel der transatlantischen Sicherheitsgemeinschaft, die europäische Stabilitätszone nach Osten und Südosten auszuweiten. Der Erweiterung der EU und der NATO kommt dadurch eine zentrale Rolle zu.

Im Rahmen der Partnerschaft für den Frieden (PfP) hat die NATO die ehemaligen kommunistischen Länder Mittel- und Osteuropas, der Sowjetunion und auch die ehemaligen neutralen und bündnisfreien Staaten eingeladen, mit der NATO in Fragen der Koordination und Organisation von gemeinsamen friedenserhaltenden und friedensschaffenden Einsätzen zusammenzuarbeiten, wobei jedes Partnerland selbst nach dem Prinzip der Selbstdifferenzierung das Ausmaß der Kooperation gemäß den jeweiligen Interessen des Partnerlandes bestimmt.

Das erweiterte PfP-Programm – an dem Österreich mitarbeitet – erlaubt es den Partnerstaaten, Programme der Zusammenarbeit auszuarbeiten, die auf die politischen Wünsche und faktischen Möglichkeiten des Partnerstaates zugeschnitten sind. Jeder PfP-Staat hat die Möglichkeit, sein eigenes Programm mit der NATO abzusprechen und seine eigenen Präferenzen abzustecken. Der PfP-Staat bestimmt somit selbst – in Absprache mit der NATO – über die Inhalte seines Programms und ist auf dem Areal des NATO-Hauptquartiers in Brüssel diplomatisch vertreten. Eine ähnliche Situation ergibt sich, wenn der PfP-Staat an einer NATO-Operation teilnehmen möchte. Im Prinzip bestimmt der Teilnehmerstaat selbst, mit welchen Einheiten er teilnimmt und welche Unterstützung er der Operation zukommen lassen will. Desgleichen beteiligen sich die PfP-Staaten an allen Entscheidungsprozessen des Euro-Atlantischen Partnerschaftsrates (EAPR). Dessen Aktionsplan umfasst folgende Bereiche: Enge Zusammenarbeit in einem weiten Spektrum von Wissenschaft und Umwelt, gemeinsame Operationen von NATO- und Nicht-NATO-Staaten zur Bewältigung sicherheits- und verteidigungspolitischer Probleme, Vertrauensbildende Maßnahmen, Rüstungskontrolle, Verteidigungsplanung auf der Grundlage des Strategischen Konzeptes der NATO von Washington[50] aus dem Jahr 1999, demokratische Kontrolle von Streitkräften, Budgetentwicklung, militärische Übungen und Notfallplanung, Abrüstung und die Verhinderung von Proliferation von teilweise einfach und billig herzustellenden Massenvernichtungswaffen sowie weitreichenden Trägersystemen, Frühwarnung und Konfliktprävention im euroatlantischen Raum, Verhinderung von Migration sowie Maßnahmen gegen so genannte „*nicht-staatliche Akteure*", u.a. gegen den Terrorismus. Kern der PfP ist es, Streitkräfte in den Partnernationen zu entwickeln, die besser mit denen des Bündnisses zusammenarbeiten können mit dem Ziel, den Standard der Interoperabilität anzuheben. Das Arbeitsprogramm umfasst weit mehr als 1.000 Aktivitäten jährlich, inkludiert dabei sind Kurse, Konferenzen und Seminare und auch Übungen. Diese Aktivitäten werden jährlich in einem Partnerschaftsarbeitsprogramm (*Partnership Work Program* – PWP) – ein internationaler Ausbildungskalender - definiert. Das PWP unterteilt sich in insgesamt 24 Bereiche der Zusammenarbeit (*Areas of Cooperation*), diese beinhalten z.B. Verteidigungs- und Haushaltsplanung sowie Ressourcenmanagement (*Defence Planning, Budgeting and Resource Management* – DPB), Sprachausbildung (*Language Training* – LNG), operative, materialtechnische und administrative Aspekten der Standardisierung (*Operational, Materiel and Administrative Aspects of Standardisation* – STD), militärische Übungen und damit verbundene Ausbildungsaktivitäten (*Military Exercises and related Training Activities* – TEX) und militärische Aus- und Fortbildung sowie Militärdoktrin (*Military Education, Training and Doctrine* - TRD).[51]

Mit der NATO wird in diesem Zusammenhang das Individuelle Partnerschaftsprogramm (*International Partnership Programme* – IPP) entwickelt und vereinbart. Das IPP enthält zusätzlich zu den aus dem PWP ausgewählten Aktivitäten noch Erklärungen zu den politischen Zielen des Partnerstaates innerhalb der PfP, gibt Aufschluss über die für PfP-Zwecke bereitgestellten militärischen und sonstigen Kräfte sowie weiters über Mittel und die allgemeinen Ziele zwischen dem Partnerstaat und der Allianz auf den unterschiedlichen Gebieten der

---

50 Die Verteidigungsplanung umfasst *C2-Planning* (*Command and Communication* - Führung), *Armaments Planning* (Rüstung), *Nuclear and Civil Defence Planning* (Nuklearbereich und Zivilschutz), *Resources Planning* (Ressourcen), *Logistics Planning* (Logistik) und *Force Planning* (Streitkräfte). Neben der Streitkräfteplanung sind für die Partnerländer besonders die Logistik und die Führung relevant. In allen Bereichen existiert ein regelmäßiger Informationsaustausch mit den Partnerstaaten, davon ausgenommen ist die Nukleartechnik. Aus: Die Partnerschaft für den Frieden und das Österreichische Bundesheer (II), verfasst vom Autorenteam der NATO-Abteilung des Österreichischen Bundesheeres, Militärvertretung Brüssel, in: Truppendienst 2/2005, 122-128, 123.

51 Aus: Die Partnerschaft für den Frieden und das Österreichische Bundesheer (I), verfasst vom Autorenteam der NATO-Abteilung des Österreichischen Bundesheeres, Militärvertretung Brüssel, in Truppendienst 1/2005, 8-15, 9.

umfassenden Zusammenarbeit. Das IPP erstreckt sich über zwei Jahre, wird jedoch jedes Jahr erstellt.

PfP-Staaten besitzen bei allen Fragen jedoch kein Gewicht und keinen Einfluss auf die politische und militärische Organisationsstruktur der Allianz. Es handelt sich dabei um eine Fülle von Maßnahmen, welche die kollektive Verteidigung der Bündnisstaaten und die Grundorientierung der Allianz zum Gegenstand haben. Ebenso bleiben diese Staaten vom inneren Zirkel des Nordatlantischen Rats ausgeschlossen, in dem letztlich auch PfP-Staaten betreffende Entscheidungen über Mitteleuropa zustandekommen.

Mit der Unterzeichnung des PfP-Rahmendokuments am 10.2.1995 bekundete Österreich seine politische Absicht, gemeinsam mit den anderen Partnern auf die der PfP zugrundeliegenden Ziele hinzuarbeiten. Die konkreten Aktivitäten, an denen Österreich teilnimmt bzw. die Österreich selbst in das PfP-Programm miteinbringt, werden im *Individuellen Partnerschaftsprogramm* (IPP) in Form eines *political undertaking* vereinbart und jährlich fortgeschrieben. Die österreichische militärische Zusammenarbeit mit der NATO konzentriert sich insbesondere auf die Bereiche Friedenserhaltung, humanitäre Einsätze und Katastrophenhilfe sowie Such- und Rettungseinsätze. Dem Ziel einer erhöhten Interoperabilität des Bundesheeres mit NATO-Streitkräften dient die Teilnahme am PfP-Planungs- und Überprüfungsprozess (PARP), in dessen Rahmen mit der NATO konkrete *Interoperabilitätsziele* vereinbart wurden.

Ein wichtiger Schwerpunkt der österreichischen PfP-Mitarbeit ist auch die zivile Notstandsplanung. Hier geht es um einen umfassenden Erfahrungsaustausch bzw. gemeinsamen Übungen – etwa auf dem Gebiet des Strahlenschutzes. Zur Teilnahme an der PfP war es vor allem für Österreich erforderlich, eine Reihe von Regelungen zu treffen bzw. zu vereinbaren:

- Das Entsendegesetz zwecks Entsendung österreichischer Einheiten und Soldaten ins Ausland;
- das „*PfP Status of Forces Agreement*" / PfP-SOFA den Status von Personen regelt, die sich im Rahmen von PfP-Aktivitäten vorübergehend in anderen Teilnehmerstaaten aufhalten;
- das Regierungsübereinkommen zum Schutz von Informationen bzw. betreffend den Austausch von Dokumenten.

Als PfP-Partner nahm Österreich unter anderem an dem von der NATO geleiteten multinationalen Friedenseinsatz in Bosnien-Herzegowina teil und stellt ca. 600 Soldaten für die NATO-geführte KFOR im Kosovo. Seit dem Jahr 1995 hat sich Österreich mit über 10.000 Teilnehmern an über 100 NATO-PfP-Übungen und anderen Aktivitäten beteiligt. Die österreichischen Schwerpunkte konzentrieren sich dabei vorwiegend auf die Bereiche Ausbildung, Standardisierung hinsichtlich Führung und Logistik sowie zivile Notstandsplanung. Im letzteren hat Österreich mittlerweile eine Vorreiterrolle übernommen. Als PfP-

Partner ist Österreich Mitglied des Euro-Atlantischen Partnerschaftsrates (EAPR). Österreichische Vertreter nehmen an allen 21 Hauptausschüssen, an circa 80 Unterausschüssen und an allen 21 Zusammenarbeitsbereichen der PfP teil. Seit November 1997 hat Österreich bei der NATO einen Ständigen Vertreter akkreditiert.

Österreich kann sich im Rahmen der „vertieften PfP" am vollen Spektrum friedenserhaltender Operationen beteiligen, also auch an Kampfeinsätzen bei der Krisenbewältigung einschließlich friedensschaffender Maßnahmen. Dies bedeutet die Teilnahme an Operationen in einem riskanteren Umfeld als jenem der klassischen Friedenserhaltung. Österreichs Kooperationsprogramm mit der NATO basiert auf

- der Fortsetzung der militärischen Kooperation;
- der Intensivierung der nicht-militärischen Kooperationen (Katastrophenschutz und ziviles Krisenmanagement);
- der Vertiefung des politischen Dialogs Österreichs mit der NATO. In diesem Zusammenhang seien für Österreich bilaterale Gespräche mit den NATO-Staaten vor allem in der Balkan-Politik essentiell.

In den Entscheidungsgremien der NATO selbst ist Österreich jedoch weder präsent noch hat irgendeine Möglichkeit der Mitbestimmung. Österreich hat keine Mitgestaltung bei wesentlichen Weichenstellungen der europäischen Sicherheitsarchitektur, die vor allem im großen Maße in der NATO erfolgen. Die volle Mitwirkung an der *„vertieften PfP"* bedeutet für Österreich auch keinerlei Beistandszusage durch die NATO. Österreich nimmt also als NATO-Partner am kollektiven Schutz vor militärischen Übergriffen und am Kern der NATO-Entscheidungen im Nordatlantischen Rat nicht teil.

Österreich – ein aktiver Teilnehmer der PfP

Das Österreichische Bundesheer war stets aktiv im gesamten Aufgabenbereich der PfP involviert. Österreich beteiligt sich seit Mai 1996 am Planungs- und Überprüfungsprozess (PARP). Mit der Annahme der Partnerschaftsziele (*Partnership Goals*) im Jahr 2004 hat Österreich 45 Ziele (22 allgemeine Ziele, 12 Ziele für Landstreitkräfte und 11 für Luftstreitkräfte) angenommen.[52] Bis Ende 2007 ist es auch Ziel, Bundesheersoldaten für eine Rahmenbrigade für internationale Operationen bereitzustellen. Österreich beteiligt sich mit Truppen und Stabsangehörigen seit Beginn an den von der Nordatlantischen Allianz geführten PfP-Operationen. Am 15.2.1996 erfolgte die Entsendung eines österreichischen Kontingents nach Bonsnien-Herzegowina zur NATO-geführten IFOR (*Implementation Force*), die ab 1996 in SFOR (*Stabilization Force*) umbenannt wurde. Im Jahr 1999 erfolgte die Verlegung von Bundesheersoldaten nach Albanien (ATHUM/ALBA – *Austrian Humanitarian Contingent*/Albania) und in

---

[52] Ebenda, 13.

das Kosovo (AUCON/KFOR – *Austrian Contingent/Kosovo Force*). Während des Jahres 2005 nehmen österreichische Soldaten als stärkstes PfP-Kontingent bei KFOR und als Stabsangehörige bei der *International Security Assistance Force* (ISAF) in Afghanistan teil.

Seit 1995 beteiligt(e) sich das Bundesheer jährlich mit einigen hunderten Soldaten in unterschiedlichen Funktionen (Truppen, Stabspersonal / Übungsleitung, Beobachter) an PfP-Übungen und Einsätzen. Die Bereitstellung des bisherigen größten österreichischen Auslandsübungskontingents mit insgesamt 510 Soldaten – darunter 180 Grundwehrdiener/Rekruten – erfolgte an der Übung *STRONG RESOLVE 2002* in Polen. Während dieser Übung leitete erstmals ein österreichischer Brigadekommandant eine multinationale Brigade im Rahmen der PfP.

Seit 1995 besuchen jährlich Bundesheerangehörige zahlreiche Ausbildungsvorhaben und auch Sitzungen von NATO-Arbeitsgruppen, Konferenzen und Seminare, die im Arbeitsprogramm der PfP (PWP) angeboten werden. Von den mehr als 1.000 Angeboten im PWP werden vom Bundesministerium für Landesverteidigung jährlich ca. 300 Aktivitäten für die Teilnahme von Angehörigen des Bundesheeres ausgewählt, an denen allein bis Anfang 2005 mehr als 5.000 Heeresangehörige teilgenommen haben.[53]

Das Österreichische Bundesheer bietet auch selbst Ausbildungsvorhaben im PWP an und ist auch selbst Gastgebernation (*Host Nation*) für Veranstaltungen innerhalb der PfP. Bei diesen angebotenen Ausbildungsvorhaben waren ebenso die zahlreichen Kurse beim Kommando für Internationale Einsätze (KdoIE) in Graz und Götzendorf inkludiert. Das KdoIE war seit 15.9.1999 von der NATO offiziell als PfP-Ausbildungszentrum (*Training Centre*) anerkannt. Ein Beispiel für die Rolle als Gastgeber ist die PfP-Übung *COOPERTIVE BEST EFFORT 2001*, an der sich im September 2001 auf dem Truppenübungsplatz Seetaler Alpe in der Steiermark mehr als 450 ausländische Soldaten aus 20 NATO- und Partnerländern beteiligten, so aus Aserbaidschan, Bulgarien, Georgien, Lettland, Litauen, Mazedonien (FYROM), Moldawien, Rumänien, der Slowakei, der Ukraine und Usbekistan, sowie aus Griechenland, Großbritannien, Italien, Kanada, Polen, der Türkei und den USA. Rund 1.000 Soldaten wurden dafür vom Bundesheer bereitgestellt. In der Übung kamen rund 20 Pandur-Radpanzer, 16 Helikopter und ca. 400 Räderfahrzeuge zum Einsatz.[54] Diese Übung – sie lief in drei Phasen ab – wurde ein Jahr lang vorbereitet und zielte darauf ab, militärtechnische Verfahren zu erproben und die Stabsarbeit auf internationaler Ebene für

---

[53] Ebenda, 11.

[54] Quelle: Bundesministerium für Landesverteidigung, Soldaten aus 20 PfP-Nationen üben in Österreich, http://www.bmlv.gv.at/archiv/a2001/akt_20010908_cbe.html , ausgedruckt am 13.1.2005.

friedensunterstützende Operationen zu perfektionieren.[55] Rund die Hälfte der veranschlagten Übungskosten von ca. 3,5 Millionen US-Dollar blieb für Verpflegung, Transportmittel, Telekommunikationseinrichtungen und Unterkünfte in der Region. Der Kostensatz pro Soldat und Übungstag betrug rund 13 US-Dollar. Dieser Beitrag wurde von den teilnehmenden Ländern selbst getragen. Übungsteilnehmer aus wirtschaftlich weniger prosperierenden Staaten erhielten Zuschüsse aus den Mitteln der PfP.[56]

Im Rahmen des Konzeptes operationeller Fähigkeiten hat Österreich im März 2004 als erste PfP-Nation überhaupt ein eigenes *Assessment* im Rahmen des *Assessment and Feedback* (A&F) für die Landstreitkräfte (*Land Forces Self-Assessment*) durchgeführt und dazu Vertreter der NATO sowie von NATO- und PfP-Ländern eingeladen.[57] Aufgrund des Erfolges dieser Veranstaltung nahm Österreich die Vorreiterrolle im OCC (*Operational Capabilities Concept*) ein. Das OCC-Prgramm wurde im April 1999 während des NATO-Gipfels der Staats- und Regierungschefs in Washington als Teil der *Enhanced and More Operational Partnership* (EMOP) ins Leben gerufen. Innerhalb der OCC ist es möglich, jene Einheiten, die für PfP-Operationen bereitgestellt werden sollen, nicht nur innerhalb einer Datenbank (*Tool for Operational Planners, Force Activation and Simulation* – TOFAS) zu erfassen, sondern auch von der NATO auf Interoperabilität zu prüfen.[58]

Unmittelbar nach der Aufnahme Österreichs in die PfP 1995 wurden militärische Vertreter in nationaler Verwendung zum NATO-Hauptquartier nach Brüssel und zur Partnerschaftskoordinierungszelle nach Mons entsandt. Seit 1998 beteiligt sich Österreich am Konzept der PfP-Stabselemente und entsendet seither regelmäßig Angehörige des Bundesheeres in internationale Verwendungen. Österreichische Heeresangehörige waren und sind in Brüssel und Mons (Belgien), in Norfolk (Virginia/USA), in Brunssum (Niederlande), in Neapel (Italien) sowie in Oberammergau (Deutschland) vertreten.[59]

Zusammenarbeit innerhalb der PfP – das Beispiel Bosnien-Herzegowina

Das strategische Interesse Österreichs ist es, die Nachfolgestaaten des ehemaligen Jugoslawiens in die euro-atlantischen Strukturen zu integrieren. So hatte zwischen 1995 und 2004 Österreich als PfP-Partner zunächst an der von der NATO geleiteten multinationalen Friedensoperation in Bosnien-Herzegowina

---

55 Ebenda.

56 Ebenda.

57 Josef Pulko, OCC and A&F: More than just an Abbreviation?, in: Truppendienst 4/2004, 337-339.

58 Ebenda, 337.

59 Aus: Die Partnerschaft für den Frieden und das Österreichische Bundesheer (I), verfasst vom Autorenteam der NATO-Abteilung des Österreichischen Bundesheeres, Militärvertretung Brüssel, in Truppendienst 1/2005, 8-15, 14.

(IFOR/SFOR) teilgenommen, an jener im Kosovo beteiligt sich Österreich seit Herbst 1999. Im Hinblick auf die sicherheitspolitische Bedeutung des westlichen Balkans für Österreich sowie die wachsende Rolle der EU in diesem Raum wurde eine Aufstockung des Engagements Österreichs bei SFOR und KFOR 2004 unternommen.

Grundlage für den SFOR-Einsatz waren die am 12.12.1996 vom UNO-Sicherheitsrat beschlossene Resolution 1088, die Resolution 1031 vom 15.12.1995 über den internationalen Einsatz in Bosnien-Herzegowina, das Pariser Friedensübereinkommen vom 14.12.1995 sowie das Abkommen von Dayton über die Schaffung der Föderation Bosnien und Herzegowina vom 10.11.1995. Die SFOR (*Stabilization Force*) wurde von der NATO geführt, dabei erging auch die Einladung an PfP-Länder, sich an dieser Mission zu beteiligen. Am 6.12.1995 kam aus diesem Grund ein offizielles Ersuchen an Österreich, Kapazitäten für IFOR (*Implementation Force*) – seit 20.12.1996 SFOR (*Stabilization Force*) – zur Verfügung zu stellen. Bereits Ende Januar 1996 erfolgte die Verlegung des Vorkommandos unter dem Namen AUSLOG/IFOR (*Austrian Logistics / Implementation Force*) in den Einsatzraum – insgesamt wurden 10 Kontingentsrotationen durchgeführt. Am 10.2.1996 folgte schließlich der Großteil des vorgesehenen Truppenkontingents. AUSLOG I setzte sich damals aus rund 300 Soldaten zusammen. Grundlage war die Ministerweisung 147/95 vom 15.12.1995. Insgesamt nahmen 36 Länder an der Mission SFOR teil – darunter alle NATO-Staaten außer Island, das keine Streitkräfte besitzt. Dem Ministerratsbeschluss vom 6.6.2000 zufolge wurde die Mission in Bosnien-Herzegowina von Österreich zunächst mit März 2001 aufgelöst, da sich damals Österreich an der neu entstehenden EU-Krisenbewältigungstruppe mit rund 2.000 Soldaten einmeldete.

Der Kommandant der SFOR (COMSFOR) war ein US-General. Er unterstand dem Befehlshaber des NATO-Regionalkommandos Süd in Neapel, dieser wiederum dem NATO-Oberbefehlshaber Europa (SACEUR). Der COMSFOR führte drei multinationale Großverbände, die ihre Hauptquartiere in Tuzla, Banja Luka und Mostar hatten. Die SFOR hatte den Auftrag, die militärische Absicherung des Friedensvertrages von Dayton/Ohio sicherzustellen, die Volksgruppen von Feindseligkeiten abzuhalten und die Bewegungsfreiheit eigener Kräfte, internationaler Organisationen und Nicht-Regierungsorganisationen zu gewährleisten. Darüber hinaus überwachte SFOR die Einhaltung der Rüstungskontrollabkommen für Bosnien-Herzegowina und unterstützte das Internationale Kriegsverbrechertribunal bei seiner Arbeit. Die Sicherheitslage in Bosnien-Herzegowina ist zwar ruhig, ein sich selbst tragender Friede ist jedoch noch immer nicht in Sicht. Für den Fall, dass sich innere Spannungen zwischen den Volksgruppen wieder gewaltsam entladen, muss auch die EU-Krisenbewälti-gungstruppe in Bosnien-Herzegowina, die am 2.12.2004 von der SFOR die Operation übernommen hat, über eine hinreichende Abschreckung und robuste Fähigkeiten zur Selbstverteidigung verfügen. Die Verhinderung der Wiederaufnahme von Feindseligkeiten kann in Bosnien-Herzegowina nur erfüllt werden, wenn dazu militärische Mittel bereit stehen. Insgesamt nahmen an der Mission 2.000 Soldaten des Bundesheeres teil. Zwischen 1.1.2002 und 27.6.2004 wurden zu SFOR nur noch Stabsmitglieder entsandt.

Ein größeres österreichisches Kontingent AUCON1/SFOR traf erst wieder am 28.6.2004 im Camp Butmir (Sarajewo) ein – es setzte sich aus einem kompaniestarken Infanteriekontingent zusammen (Infanteriekompanie mit ergänzenden Führungs-, Sondereinsatz-, Informationsgewinnungs- und Versorgungselementen, mit insgesamt max. 150 Personen). AUCON1/SFOR war bis 2.12.2004 anberaumt. Der Einsatz in Bosnien-Herzegowina stützte sich auf die UNO-Resolution 1551 vom 9.7.2004 (Fortsetzung SFOR) und auf einen Beschluss der österreichischen Bundesregierung. Die Bundesheersoldaten waren Teil einer MSU (*Multinational Specialized Unit*) – gemeinsam mit slowenischen und italienischen Armeeangehörigen. Die Aufgaben der MSU waren:

- Durchführung von Exekutivaufgaben der Polizei (inklusive kriminalistischer Untersuchungen) zur Unterstützung oder in Vertretung der örtlichen Polizei, um die Sicherheit und die öffentliche Ordnung wieder herzustellen und bis zur Übertragung der Verantwortung auf die Zivilbehörden der Bevölkerung ein Gefühl der Sicherheit zu vermitteln,
- Unterstützung und Überwachung der örtlichen Polizei bei der Wiederaufstellung und Reorganisation gemäß den internationalen demokratischen Polizeistandards, und die
- Unterstützung der Rückkehr von Flüchtlingen.

Für Österreich ist die PfP und somit der Planungs- und Überprüfungsprozess jenes Instrument, dass es dem Bundesheer ermöglicht, nicht nur mit allen Partnerländern der NATO zwischen Vancouver und Wladiwostok sowie mit Staaten Lateinamerikas und arabischer Länder sowie mit Australien und Neuseeland zusammenzuarbeiten, sondern auch effizient mit den 26 NATO-Mitgliedern der Europäischen Union. Die EU ist weiterhin auf NATO-Mittel und Fähigkeiten zur Durchführung von Krisenmanagementoperationen auf der Grundlage der *Berlin-Plus*-Vereinbarungen von 2003 angewiesen. So bleibt die NATO das wesentliche sicherheitspolitische Forum der Zusammenarbeit in Europa. Österreich wird im Rahmen seiner politischen und militärischen Möglichkeiten auch weiterhin die Kooperationen innerhalb der PfP wahrnehmen. Österreichs ehemaliger Verteidigungsminister Günther Platter erklärte, dass Österreich trotz seiner Neutralität *„alle Möglichkeiten hat, bei friedenserhaltenden und auch friedens-*

schaffenden internationalen Operationen mitzumachen".[60] Das Partnerschaftsprogramm der NATO bilde dabei für Österreich einen geeigneten Rahmen.

Innerhalb der PfP hatte sich Österreich allein bis 2002 mit 5.000 Teilnehmern an über 70 Übungen beteiligt, dazu hatten zwischen 1997 und 2002 mehr als 120.000 Soldaten in mehr als 42.000 Transporten Österreich überquert. Allein während dieser Zeit fanden 91.000 Überflüge von ausländischen Militärflugzeugen über Österreich statt.[61] Insgesamt 10.000 Bundesheer-Soldaten wurden seit 1995 zu verschiedenen Aktivitäten der PfP entsandt. Mit fast 600 Soldaten im Kosovo nehmen fast die Hälfte aller im Auslandseinsatz stehenden österreichischen Soldaten an einer von der NATO geführten Operation (KFOR) teil. Ende Oktober 2004 übernahm Österreich als NATO-Partner die Leitung eines *Trust Fund*-Projekts zur Zerstörung von Landminen in Serbien-Montenegro – gemeinsam mit Kanada. So hatte sich auch erstmals ein NATO-Partner für ein derartiges Projekt zur Verfügung gestellt: „*Unsere Mitarbeit in der PfP entkräftet die Vorwürfe all jener, die sagen, wir seien in der internationalen Sicherheitspolitik nur Trittbrettfahrer*", betonte Andreas Khol in seiner Funktion als Nationalratspräsident.[62]

2005 jährte sich die Mitgliedschaft Österreichs in der PfP – also als Partner der Nordatlantischen Allianz – zum zehnten Mal. Für ein Land wie Österreich sei es wichtig, dass es „*möglichst nah an der NATO sei*", betonte der Generalsekretär der Nordatlantischen Allianz, Jaap de Hoop Scheffer, am 18.11.2004 während seines Besuches in der österreichischen Landesverteidigungsakademie: „*Wien muss so früh wie möglich in Entscheidungen des Bündnisses in jenen Fragen einbezogen werden, bei denen Österreich im Rahmen der Partnerschaft für den Frieden selbst mitmacht, Bosnien und Kosovo zum Beispiel.*"[63] Die Neutralität sei dabei ausschließlich eine Entscheidung Österreichs. Die NATO, so de Hoop Scheffer, sei „*nur daran interessiert, dass Österreich ein geschätzter Partner der Allianz bleibt*".[64] Innerhalb der transatlantischen Sicherheitsgemeinschaft verhält sich Österreich bereits wie ein Mitglied – unter Berücksichtigung auf seine verfassungsrechtlich-neutralitätspolitische Situation.[65]

---

60 Aus: NATO-Partnerschaft, Khol: „Wir sind keine Trittbrettfahrer", in: Die Presse, 15.3.2005, 5.

61 Quelle: Bundesministerium für Landesverteidigung.

62 Aus: NATO-Partnerschaft, Khol: „Wir sind keine Trittbrettfahrer", in: Die Presse, 15.3.2005, 5.

63 Aus: „Allianz muss wieder politischer werden", Die Presse, 19.11.2004, 9.

64 Ebenda.

65 So Österreichs ehemaliger Verteidigungsminister Werner Fasslabend während eines Vortrages zum Thema „*Experiences of Austria as a Member of Partnership for Peace*", veranstaltet am 27.10.2004 von der NATO-Kontaktbotschaft Slowenien in Wien.

Die Strategische Partnerschaft NATO-Russland

Am 27.5.1997 erfolgte die Einleitung der Strategischen Partnerschaft zwischen der Nordatlantischen Allianz und Russland. Diese Partnerschaft bildet die Grundlage für eine enge politische und militärische Zusammenarbeit mit breiten Spektren an Kooperationsfeldern.[66] Als institutioneller Rahmen diente zunächst bis 2002 der „*Ständige gemeinsame Rat*" (*Permanent Joint Council* – PJC). Die NATO und Russland stellten damals fest, dass sich beide Seiten nicht mehr als Gegner betrachten, sondern vielmehr durch die Entschlossenheit zum Bau eines stabilen, friedlichen und ungeteilten, geeinten und freien Europas, verbunden sind. So hat die NATO keine Absicht, Nuklearwaffen im Hoheitsgebiet neuer Mitgliedstaaten zu stationieren. Bei der Entsorgung von Waffen und bei der Bekämpfung der Umweltproblematik im Nordmeer (Stichwort: Entsorgung nicht mehr benötigter Atom-U-Boote) hat die Nordatlantische Allianz wesentliche Unterstützung eingeleitet. Durch das *Nunn-Lugar*-Programm erfolgten seitens der USA Anfang der neunziger Jahre Maßnahmen gegen die Abwanderung von hochspezialisierten Nuklearexperten in Staaten des Nahen und Mittleren Ostens sowie nach Ostasien. Ende der neunziger Jahre waren in Russland über 3.000 Nukleartechniker arbeitslos. Aufgrund des *Nunn-Lugar*-Programms wurde in Moskau das *Internationale Zentrum für Wissenschaft und Technik* gegründet, das eine Abwanderung von hochspezialisierten Wissenschaftern und Technikern verhindern soll bzw. bereits auch verhindert hat. Seit 1995 fördern sowohl die EU als auch die USA dieses Wissenschaftszentrum. Es beschäftigt ca. 30.000 Techniker und Wissenschafter aus Russland und andern Staaten der Gemeinschaft Unabhängiger Staaten. Von diesem Personenkreis wurden bzw. werden seither ca. 1.150 zivile Projekte bearbeitet. Bis 2001 haben die EU und die USA dafür 315 Millionen US-Dollar zur Verfügung gestellt. Es erfolgte auch die Einrichtung eines ähnlichen Wissenschaftszentrums in der Ukraine eingerichtet, für 6.500 Wissenschafter wurden bis 2001 mehr als 40 Millionen US-Dollar bereitgestellt.[67] Innerhalb der ersten zehn Jahre des *Nunn-Lugar*-Programmes erfolgte die Entfernung von 6.212 ehemaligen sowjetischen Gefechtsköpfen aus Raketen, des Weiteren wurden u.a. zerstört: 520 Interkontinentale Ballistische Rake-

---

[66] Grundakte über gegenseitige Beziehungen, Zusammenarbeit und Sicherheit – Founding Act on Mutual Relations, Cooperation and Security, am 27.5.1997 in Paris unterzeichnet.

[67] Für die nukleare Rüstungskontrolle Russlands wurden seitens des Nunn-Lugar-Programms zwischen 1992 und 2002 sechs Milliarden US-Dollar bereitgestellt. Allein die EU hatte zwischen 1992 und 2001 insgesamt 550 Millionen Euro für derartige Programme in der Gemeinschaft Unabhängiger Staaten zur Verfügung gestellt, zudem noch weitere 309 Millionen Euro für die Zerstörung nuklearer Waffen, 88 Millonen Euro für die Zerstörung von C-Waffen und 4 Millionen Euro für infrastrukturelle Maßnahmen. Aus: Günter F.C. Forsteneichner, Neue Formen der Bedrohung der internationalen Sicherheit, Terrorismus-Proliferation-Organisierte Kriminalität-Migration, IAP-Sonderheft, Bonn im Oktober 2001, 17.

ten und 451 Silos für diese Raketen, 122 strategische Bomber, 624 nukleare *Cruise Missiles*, 445 Kurzstreckenraketen, 27 strategische Raketen-U-Boote und 194 nukleare Testtunnels. Belarus, Kasachstan und die Ukraine sind seither nuklearwaffenfrei.[68] Für 2004 wurden allein an die 451 Millionen US-Dollar für das *Nunn-Lugar*-Programm bereitgestellt, dieser Betrag beinhaltete auch 200 Millionen US-Dollar für die Zerstörung chemischer Waffen, vor allem von Nerven- und Giftgas.[69]

Die Bekämpfung der Proliferation bzw. der Aneignung von Material zur Herstellung von Massenvernichtungswaffen oder so genannten *„schmutzigen Bomben"* bleibt auch in Russland weiterhin Priorität. So fanden Anfang Dezember 2003 zwei Einbrüche in entlegene Leuchttürme nahe Murmansk statt, ihre Energie bezogen die Leuchttürme von radioaktiven Batterien – von Radioisotopen-Thermal-Generatoren (RTG), in denen Strontium-90 zerfällt und Wärme freisetzt wird, die wiederum in Elektrizität umgewandelt wird.[70] Diese RTGs sind begehrte Bestandteile von *„schmutzigen Bomben"*, bei denen radioaktive Quellen mit herkömmlichem Sprengstoff kombiniert werden und ganze Städte verstrahlen könnten. Insgesamt gab es in Russland Anfang 2004 noch ca. 1.000 RTGs, die alle in den siebziger Jahren in Dienst gestellt wurden. Das Militär weiß jedoch ausschließlich von jenen RTGs Bescheid, von denen noch Akten vorhanden sind. Auch in den USA wurden unbemannte Außenposten in Alaska mit RTG-Strom versorgt – insgesamt mit 134 Batterien. Von 47 RTGs ist der Aufenthalt noch bekannt, stellten Atomspezialisten vom *Los Alamos National Laboratory* fest, die im Rahmen eines „Waisen-Programms" über 30.000 „verlorene" Strahlenquellen suchen.[71]

Am 28.5.2002 haben die NATO-Staaten und Russland auf einem Luftwaffenstützpunkt bei Rom mit der Erklärung *„NATO-Russland-Beziehungen: Eine neue Qualität"* den NATO-Russland-Rat als Nachfolge des *„Ständigen gemeinsamen Rates"* ins Leben gerufen. Die wesentliche Neuerung dabei war, dass Beratungen und Entscheidungen nicht wie zuvor NATO+1 (= Russland) fallen, sondern alle NATO-Mitgliedstaaten und Russland gleichberechtigt in folgenden Bereichen agieren: Terrorbekämpfung, Krisenmanagement, Verhinderung der Verbreitung von Massenvernichtungswaffen, Rüstungskontrolle, Luftverteidigung am Gefechtsfeld, Militärreform und zivile Notsituationen. Die russische

---

68 Remarks by United States Senate Foreign Relations Committee Chairman Richard G. Lugar to the 10th Anniversary Symposium of the Chemical and Biological Arms Control Institute, Washington D.C., November 19, 2003.

69 Ebenda.

70 Die RTGs haben ein hohes radioaktives Inventar – am Beginn ihrer „Lebenszeit" zwischen 30.000 und 180.000 Curie, bei der Reaktorkatastrophe von Tschernobyl/Ukraine 1986 wurden 40.000 Curie Strontium-90 freigesetzt. Aus: Radioaktiver Unfall besorgt Russland, in: Die Presse, 6.12.2003, 38.

71 Ebenda.

Führung könnte seither ihr keineswegs genehme Entscheidungen mit einem Veto blockieren. Die NATO-Staaten könnten wiederum Fragen, in denen keine Einigkeit zu erzielen ist, von der Tagesordnung des Rates nehmen und wieder untereinander – also ohne Russland – entscheiden. Das allgemeine Vetorecht hätte Russland somit in sämtlichen internen Bereichen der NATO nicht erreicht. Der NATO-Russland-Rat ist als Mechanismus für Konsultation, Konsensfindung, Kooperation, gemeinsame Entscheidungen und Aktionen in einem weiten Spektrum von Sicherheitsangelegenheiten gedacht.

Die russischen Staatsführungen haben bis 2001 die Aufnahme der ehemaligen sowjetischen Republiken im Baltikum – Estland, Lettland und Litauen – vehement abgelehnt. Russische Vertreter verlangten bei der Sitzung des NATO-Russland-Rates am 19.7.2002 ein Mitspracherecht bei der NATO-Osterweiterung. Dies wurde Russland jedoch nicht gewährt. Russlands Präsident Wladimir Putin betonte schließlich im Vorfeld des Prager NATO-Gipfels im November 2002 sowie kurz danach bei einem Treffen mit US-Präsident George W. Bush in St. Petersburg, dass die NATO-Osterweiterung bis zu den russischen Grenzen sowie die Aufnahme der drei baltischen Republiken in die Nordatlantische Allianz die russischen Sicherheitsinteressen nicht gefährden. Konsens und Vertrauensbildung sollten seither die Beziehungen zwischen der NATO und Russland stärken. Putin kritisiert seit einigen Jahren im Widerspruch zu 2002 jedoch, dass die NATO-Erweiterung doch wieder eine Bedrohung für russische Interessen darstelle.

Russland befindet sich derzeit in einem Prozess der Restrukturierung seiner Streitkräfte, die eine Reduktion von Truppen beinhaltet. Um aus dem Militär entlassene Personen in das zivile Leben rückzuführen, ihre Rechte als Zivilpersonen bewusst zu machen und in ein späteres Berufsleben zu integrieren, wurde am 2.7.2002 in Moskau ein NATO-Russland-Zentrum offiziell eröffnet. Insgesamt stehen für diese Aufgaben über 100 Betreuer in ganz Russland zur Verfügung. Rolf Welberts, damaliger Direktor des NATO-Informationsbüros in Moskau, betonte, das dieses Projekt einen direkten Beitrag der NATO zum Prozess der Streitkräftereform in Russland darstelle: *„It is an example of how we are moving from talk to concrete action in our co-operation with the Russian Federation"*.[72]

Zwischen 3. und 5.8.2004 waren NATO-Experten eingeladen, die russische Militärübung *Avaria 2004* im Raum Olenegorsk/Region Murmansk zu beobachten. Ziel der Übung war es, Nuklearwaffenkonvois auf der Straße und auf Schienen gegen terroristische Angriffe zu schützen und abzuwehren. Die Terroristen waren bestrebt, sich die Atomwaffen anzueignen. *Avaria 2004* war Teil des festgelegten Arbeitsprogramms des NATO-Russland-Rates. Insgesamt nah-

---

[72] Vgl. Assisting discharged military personnel in Russia, 2.7.2002, aus: http://www.nato.int/docu/update/2002/0701/e0702b.htm .

men an dieser Übung 50 Experten aus 17 NATO-Ländern und NATO-Hauptquartieren teil, die erstmals eine russische Militärübung dieser Art beobachteten. In die Übung selbst waren über 1.000 Personen einschließlich 700 Soldaten beteiligt genauso wie Vertreter des russischen Ministeriums für Katastrophenschutz und der Nationalen Atomenergiebehörde.[73]

Die erste Verfahrensübung der 27 Mitglieder des NATO-Russland-Rates fand vom 28. bis 30.9.2004 statt und hatte zum Ziel, die politischen Aspekte der Konzeptplanung und Führung von gemeinsamen friedenserhaltenden Einsätzen zwischen der NATO und Russland zu entwickeln und auszuwerten. Das Szenario für diese Übung – es nahmen daran keine Truppen, jedoch zivile und militärische Vertreter teil – war hypothetisch und beinhaltete eine gemeinsam koordinierte Reaktion auf eine fiktive internationale Krise.[74]

Die Charta über eine besondere Partnerschaft NATO-Ukraine

Die Charta über eine ausgeprägte Partnerschaft zwischen der NATO und der Ukraine (*Charter on a Distinctive Partnership between the North Atlantic Treaty Organization and Ukraine*) sieht Konsultationen auf Gebieten wie Konfliktverhütung, Krisenmanagement, friedensunterstützende Maßnahmen und humanitäre Operationen sowie Zusammenarbeit bei zivilen Notfallplanungen, Unglücksfällen außergewöhnlichen Umfangs, bei der ukrainischen Verteidigungsreform sowie in wissenschaftlichen, technologischen und ökonomischen Aspekten der Sicherheit vor.

Die Ukraine hat als wesentlicher Stabilisator der Region eine regionale Sicherheitsinitiative (GUAM – Georgien, Ukraine, Aserbaidschan und Moldawien) als Kooperations- und Konsultationsforum in den Bereichen friedenserhaltende Einsätze, Sicherheit in Bezug auf Energieressourcen und deren Transport, Streitkräftekontrolle sowie Kontrolle der konventionellen Bewaffnung begründet.

Sowohl die *Grundakte über gegenseitige Beziehungen, Zusammenarbeit und Sicherheit* als auch die *Charta über eine ausgeprägte Partnerschaft zwischen der NATO und der Ukraine* tragen der besonderen Rolle der NATO und der Ukraine Rechnung, können aber Beschlüsse der Allianz nicht durch ein Veto behindern.

Die Ukraine ist bestrebt, verstärkt in die transatlantischen Sicherheitsstrukturen integriert zu werden: Als Ende Mai 2002 der neue NATO-Russland-Rat eingerichtet wurde, antwortete die Ukraine – mit fast 50 Millionen Einwohnern zählt die Ukraine zu den größten Ländern Europas – mit der Ankündigung,

---

[73] Aus: Nuclear weapons accident response exercise held in Murmansk region, NATO Update, Last Update 11 August 2004 16:55 hours, http://www.nato.int/docu/update/2004/08-august/e0803a.htm

[74] NATO and Russia to conduct a procedural exercise on 28-30 September 2004, www.nato.int .

selbst der NATO beitreten zu wollen. Die Ukraine hatte es zunächst vermieden – vor allem aus Rücksicht auf das heikle Verhältnis zu Russland –, einen direkten Beitrittswunsch zu äußern. Die ukrainische Führung sah vorerst die Aufnahme ihres Landes in die NATO in 5 bis 10 Jahren und hatte zum Ziel, beim Prager NATO-Gipfel im November 2002 konkret darzulegen, wie sich die ukrainische politische Führung eine engere, effiziente und längerfristige Kooperation mit dem Bündnis vorstelle.[75] Die Mitgliedschaft bei der NATO ist und bleibt die jeweilige Entscheidung eines Staates. Aufgrund der NATO-Skepsis großer Teile der ukrainischen Bevölkerung, vor allem im russisch-sprachigen Osten des Landes, erscheint eine Aufnahme in das Bündnis derzeit als nicht realistisch.

Als einziges Nicht-NATO-Staatsoberhaupt nahm der neue ukrainische Präsident Viktor Juschtschenko erstmals am NATO-Gipfel der Staats- und Regierungschefs in Brüssel (22.2.2005) teil. Die Aufnahme der Ukraine in die NATO bleibt, so Juschtschenko, weiterhin ein außenpolitisches Ziel seiner Regierung. Im Mai 2002 verkündete zwar die ukrainische Regierung, langfristig eine Mitgliedschaft in der NATO anzustreben. Der damalige Präsident Leonid Kutschma ließ als Präsident im Sommer 2004 – während des Wahlkampfes – jedoch überraschend die ukrainische Militärdoktrin ändern: Die Aufnahme des Landes in die euro-atlantischen Strukturen der EU und NATO war seither nicht mehr Ziel der ukrainischen Regierung. Interpretiert wurde dieser Schritt als Reaktion auf die Entscheidung der NATO-Ukraine-Kommission während des NATO-Gipfels von Istanbul im Juni 2004, dem osteuropäischen Land keinen höheren Status der Beziehungen zu gewähren.[76]

Die ukrainische Bevölkerung – insbesondere die russischsprachige, die überwiegend im Donbass lebt – steht einer Aufnahme des Landes in die NATO äußerst skeptisch gegenüber. Das Thema „NATO-Beitritt“ war deshalb innerhalb der Bevölkerung – vor allem in Hinblick auf die Parlamentswahlen im Frühling 2006 – kaum Gegenstand größerer Debatten. Die Ukraine ist nach wie vor politisch gespalten, zudem lehnen die Medien im russischsprachigen Ostteil des Landes die NATO als Sicherheitsorganisation ab. Die Ukraine hat zudem noch einen Vertrag mit Russland, der bis zum Jahr 2017 den Verbleib der russischen Schwarzmeerflotte in der ukrainischen Stadt Sewastopol (Krim) sichert. Des Weiteren existiert ein militärisch-industrieller Komplex zwischen Russland und der Ukraine. Mit Russland gemeinsam werden noch bis zu 80 Prozent der militärischen Erzeugnisse produziert.

---

75 Vgl. Burkhard Bischof, Kiew will aus Europas neuer Grauzone heraus, in: Die Presse, 7.6.2002, 6.

76 Aus: Kathrin Singer: Ukraine sucht sanfte Annäherung an das Transatlantische Bündnis, in: Die Presse, 21.2.2005, 2.

Während seines Besuches im Brüsseler NATO-Hauptquartier am 14.9.2006 betonte der neue ukrainische Premierminister, Viktor Janukowitsch, dass derzeit die Ukraine eine Mitgliedschaft in die NATO nicht anstrebe, jedoch sei es für die Ukraine sehr wichtig „ ... *to participate in the creation of the new system of European security, and such an opportunity is given to us today with the Intensified Dialogue with NATO and cooperation with NATO.*“[77] Es gibt demnach keine Alternative für die Ukraine zu den Beziehungen mit der NATO. Da in der Ukraine die Mitgliedschaft in die NATO lediglich von einer Minderheit der Bevölkerung gewünscht wird, hatte Janukowitsch deshalb in Brüssel eine *Pause* beim Weg der Ukraine in die Allianz angekündigt. Die Zeit für eine Entscheidung sei noch nicht reif. Am langfristigen Ziel eines EU-Beitritts hält die ukrainische Regierung fest. Janukowitsch stellte klar, dass die Ukraine vorerst eine *Brücke* zwischen Russland und der EU bauen wolle.[78]

Die NATO und die Ukraine arbeiten im Bereich der Katastrophenhilfe und bei Rüstungskontrollmaßnahmen eng zusammen. In Donetsk hat die NATO am 10.7.2002 gemeinsam mit der Ukraine ein Programm ins Leben gerufen mit dem Ziel, das Landminenpotenzial der Ukraine zu reduzieren. Innerhalb eines Jahres wurden 400.000 Antipersonenminen – circa 7 Prozent des ukrainischen Potenzials – zerstört und in Plastikspielzeug recycelt. Kein Teil dieser zerstörten Minen kann jemals in seiner ursprünglichen Verwendung benützt werden. In diesem Zusammenhang wurde auch die chemische Fabrik in Donetsk, die diese Antipersonenminen zerstört, gemäß den internationalen Standards für derartige Prozesse modernisiert. Dieses Projekt war Teil des Treuhandfonds der NATO-Partnerschaft für den Frieden, der im November 2000 begründet wurde mit dem Zweck, die NATO-Partnerstaaten in der gefahrlosen Zerstörung von Waffen und Munition zu unterstützen. Das Programm geht auf eine Initiative der kanadischen und der ukrainischen Regierung zurück, Finanzmittel dafür werden von Kanada, den Niederlanden, Polen und Ungarn bereitgestellt.

Innerhalb dieses *NATO Partnership for Peace Trust Fund* wurde auch mit der Ukraine ein Projekt initiiert mit dem Ziel, überzählige Munition, kleine und leichte Waffen (*Small Arms and Light Weapons* – SALW) und tragbare Luftverteidigungssysteme (*Man-Portable Air Defence Systems* – MANPADS) zu zerstören – insgesamt 133.000 Tonnen Munition und 1,5 Millionen SALW. Das Material wird zum Teil offen gelagert und stellt eine Bedrohung für die öffentliche Sicherheit dar, zudem soll dadurch das Proliferationsrisiko eliminiert wer-

---

[77] Aus: Ukraine Prime Minister visits NATO, NATO Update, Last update: 14-Sep-2006 16:52, http://www.nato.int/docu/update/2006/09-september/e0914b.htm , ausgedruckt am 16.9.2006.

[78] Ebenda, und: Thomas Roser, Kiew legt Pause beim Weg in die NATO ein, in: Die Presse Online, 16.9.2006, http://www.diepresse.com/textversion_article.aspx?id=585566, ausgedruckt am 16.9.2006.

den. Dieses Projekt ist derzeit die bisher größte Demilitarisierungsinitiative und definiert sich als Beitrag zur ukrainischen Verteidigungsreform. Das Programm wird seit 2005 in vier Phasen innerhalb von zwölf Jahren durchgeführt.[79] Die Phase I hat – erstmals als *lead nation* in einem *NATO-PfP Trust Fund*-Projekt – die USA übernommen. Die Kosten für die ersten drei Jahre werden ca. 7 Millionen Euro betragen. Im NATO-Verbindungsbüro in Kiew wurde ein Vertrag zwischen dem ukrainischen Verteidigungsminister und der NAMSA (*NATO Maintenance and Supply Agency*) unterzeichnet, der die größte jemals stattfindende Demilitarisierungsoperation einleitete. Dieser Vertrag sah die Zerstörung von 1.000 tragbaren Boden-Luft-Raketen (*Man-portable Air Defence Missiles – MANPADS*) vor und galt als erstes Element des *NATO Partnership for Peace Trust Fund*-Projekts zur Vernichtung von 1,5 Millionen überzähligen Klein- und Leichtwaffen und 133.000 Tonnen überschüssiger Munition in der Ukraine. Die Zerstörung der MANPADS erfolgte nahe der Stadt Schostka im Nordosten der Ukraine.

Als ein Erbe des Kalten Krieges besitzt die Ukraine noch mehr als sieben Millionen überzählige Klein- und Leichtwaffen und mehr als zwei Millionen Tonnen an überschüssiger Munition. Die Präsenz derartiger großer Bestände an Waffen und Munition erweist sich als sehr gefährlich und bedeutet eine direkte Bedrohung für die Sicherheit der ukrainischen Bevölkerung. Allein während der letzten Jahre explodierten drei Munitionsdepots. Die Situation wird sich umso mehr verschlimmern, je älter die Lagerbestände werden.

Das Projekt selbst wird – beantragt von der ukrainischen Regierung – von den USA geleitet. Die Bereitstellung finanzieller Unterstützung erfolgt aus der Europäischen Union und aus folgenden 12 NATO- und Partnerstaaten: Bulgarien, Deutschland, Großbritannien, Kanada, Litauen, Luxemburg, den Niederlanden, Norwegen, Österreich, der Schweiz, der Slowakei, und der Türkei.

Der *PfP Trust Fund* wurde im September 2000 geschaffen, fünf Projekte wurden bisher durchgeführt. Für die Ukraine ist dies das zweite Projekt dieser Art. Innerhalb des ersten Projekts wurden 2002 und 2003 in der Ukraine 400.000 Antipersonen-Landminen (APL) vernichtet. Insgesamt erfolgte durch verschiedene *Trust Fund*-Projekte in Albanien, Moldawien, in Tadschikistan und in der Ukraine die Zerstörung von insgesamt über zwei Millionen APL.[80] Ursprünglich wurde der Trust Fund als Mechanismus zur Unterstützung der Partnerländer bei der sicheren Vernichtung von Antipersonenminen-Beständen geschaffen. Mittlerweile werden auch über den Trust Fund die Vernichtung von Klein- und Leichtwaffen umgesetzt.

---

[79] NATO/PfP Trust Fund project to destroy surplus weapons and ammunition in Ukraine, NATO Press Release (2005)021, 19 February 2005.

[80] Ebenda.

Trust Fund-Projekte werden auch zunehmend in der Region Südkaukasus realisiert. Im NATO-Hauptquartier erfolgte am 28.10.2003 die Unterzeichnung eines Finanzunterstützungsübereinkommens mit Georgien – im Rahmen des *Trust Fund*-Projektes. Dieses Projekt beinhaltete die Vernichtung von über 300 Boden-Luft-Raketen, die auf den ehemaligen Militärstützpunkten Ponichala und Chaladidi gelagert wurden, und die Aufräumung von Blindgängern auf einem ehemaligen militärisch genutzten 3.600 Hektar umfassenden Areal in Vaziani. Mit der Verwirklichung dieses Programms soltel die Sicherheit in der Region erhöht und einer Verseuchung der Umwelt entgegengewirkt werden. *Lead Nation* war Luxemburg, erstmals wurde ein derartiges Projekt am Kaukasus realisiert. Die Kosten für dieses Programm betrugen insgesamt ca. 800.000 Euro, die georgische Regierung hatte einen nicht unerheblichen Teil der dazu benötigten Gelder bereitgestellt. Mit der Ausführung des Projektes wurde die *NATO Maintenance and Supply Agency* (NAMSA) beauftragt, deren Sitz befindet sich in Capellen/Luxemburg.[81]

Der Dialog mit MENA und den Ländern der ICI

Seit dem Fall der Eisernen Vorhanges und der Auflösung der Sowjetsysteme in Europa wurden seitens der EU und der NATO nicht nur Maßnahmen gesetzt, um die neuen Demokratien Mittel- und Osteuropas und die Nachfolgestaaten der UdSSR politisch, wirtschaftlich und sicherheitspolitisch in den euro-atlantischen Integrationsprozess mit einzubinden, sondern auch beschlossen, im Sinne von Frieden und Stabilität einen „Mittelmeer-Partnerschaftsdialog" mit Staaten des Mittleren Ostens und Nordafrikas (***Middle East** and **North** Africa* – MENA) zu begründen.

Das Mittelmeer ist als Sicherheitsregion nach dem Kalten Krieg ins Zentrum der Aufmerksamkeit aller europäischen Institutionen gerückt. Derzeit leben an die acht Millionen Emigranten aus den Maghreb-Staaten[82] in EU-Mitgliedstaaten, hauptsächlich in Frankreich, Italien und Spanien. Insgesamt 22 Staaten mit 350 Millionen Menschen auf drei Kontinenten mit drei monotheistischen Religionen grenzen an das Mittelmeer, diese Region ist deshalb charakterisiert von enormem religiösem, kulturellem und wirtschaftlichem Pluralismus. Handelspolitisch ist diese Region ebenso von großer Bedeutung, so stellen der Suez-Kanal und die Meerenge von Gibraltar die Verbindungen zum Indischen Ozean und zum Atlantischen Ozean her. An die 30 Prozent aller in See befindlichen Schiffe dieser Welt befahren das Mittelmeer.

Der Nahe Osten und die Mittelmeerregion gehören zu den größten Erdölregionen der Welt, allein die Industrienation Japan importiert 90 Prozent des Erdöls aus dieser Region. Ägypten ist der wichtigste Produzent von Erdgas. Mit Erdgas

---

[81] Financial Management Agreement for Trust Fund Project with Georgia Signed Today, PR/CP (2003)127, 28.10.2003.

[82] Algerien, Libyen, Marokko, Mauretanien und Tunesien.

werden auch Länder wie Jordanien, der Libanon und Syrien versorgt. Libyen besitzt ebenfalls große Erdöl und Erdgasfelder, die von internationalen Konzernen genutzt werden. 65 Prozent der europäischen Öl- und Gasimporte sowie über 3.000 Schiffe täglich passieren die Mittelmeerregion.[83] Wichtige Pipelines verbinden Libyen mit Italien sowie Marokko mit Spanien. Derzeit wird begonnen, die Energiereserven in den Kaukasusländern und in Zentralasien zu öffnen, die Mittelmeerländer wären somit Transitländer für Öl und Gas. Im Rahmen einer „Energie-Sicherheit" haben nicht nur die westlichen Staaten Interesse an einem sicheren und stabilen Umfeld, sondern auch die Energieproduzenten in den Mittelmeerländern.

Ein weiteres Problemfeld stellt die Migration aus den Ländern des Nahen Ostens und Afrikas dar: Seit 1986 ist das Pro-Kopf-Einkommen dieser Staaten jährlich um zwei Prozent gefallen. Im gleichen Zeitraum beträgt das Bevölkerungswachstum 2,5 Prozent pro Jahr. Die hohe Arbeitslosenrate, vor allem unter der politikverdrossenen jüngeren Generation, verstärkt die Bereitschaft, ihre Heimat zu verlassen. Derzeit befinden sich sechs Millionen Immigranten aus der Mahgreb-Region in der Europäischen Union.[84] Gemeinsam mit der EU ist es wichtig, die sicherheitspolitische und wirtschaftliche Kooperation – auch im Sinne des Barcelona-Prozesses der Union – zu intensivieren. Der Dialog NATO-Mittelmeer soll sich – so der damalige NATO-Generalsekretär Lord Robertson – zu einer Kooperation im Sinne einer „variablen Geometrie" nach dem Vorbild des Prinzips der Selbstdifferenzierung der Partnerschaft für den Frieden entwikkeln.[85]

Im Jahr 1991 wurde im Strategischen Konzept der NATO festgehalten, dass die NATO-Mitgliedstaaten „*also wish to maintain peaceful and non-adversarial relations with the countries in the Southern Mediterranean and Middle East.*"[86] Demnach sind die Stabilität und der Friede „*der Länder an der südlichen Peripherie Europas für die Sicherheit der Allianz bedeutend, wie dies der Golfkrieg 1991 veranschaulicht hat.*"[87] In dieser Region könnten Militärmächte die Sicherheit der Nordatlantischen Allianz gefährden – durch die Verbreitung und Herstellung von Massenvernichtungswaffen und ihrer Trägersysteme sowie durch die Entwicklung ballistischer Raketen.[88]

---

83 Vgl. NATO and the Mediterranean – Moving from Dialogue Towards Partnership. Speech by NATO Secretary General, Lord Robertson, at the Royal United Services Institute, London, 29. April 2002, aus: www.nato.int/docu/speech/2002/s020429a.htm.

84 Ebenda.

85 Ebenda.

86 North Atlantic Council – Heads of State and Government, S-1(91)85, para. 12, Rome, 7.-8.11.1991.

87 Ebenda.

88 Ebenda.

Seither ist es Ziel der NATO – ausgehend von den Beschlüssen der NATO von Athen vom 10.6.1993[89] und von Istanbul vom 9.6.1994[90], den Dialog mit den betroffenen Ländern auszubauen – im Sinne der gegenseitigen Vertrauensbildung.[91] Aus diesem Grund wurde seitens der NATO-Außenminister am 1.12.1994 in Brüssel festgelegt, den Nordatlantischen Rat mit der Festlegung der Schwerpunkte für den vorgeschlagenen Dialog zu beauftragen.[92] Dadurch wurde der Mittelmeerdialog seitens der NATO begründet, die Einleitung eines nichtständigen Dialoges erfolgte 1995 mit den Mittelmeerländern Ägypten, Israel, Marokko und Tunesien sowie mit Mauretanien. 1995 wurde der Gesprächsprozess auf Jordanien, in der ersten Jahreshälfte 2000 auf Algerien ausgeweitet.

Die NATO-Außenministertreffen im portugiesischen Sintra beschlossen am 29.5.1997, unter der Aufsicht des Nordatlantischen Rates einen neuen Ausschuss zu schaffen, dem die Verantwortung über den Mittelmeerdialog übertragen werden soll. Die Treffen finden seither vor allem im Rahmen eines „NATO-Mitgliedstaaten + 1"-Forums statt.[93] Die Gruppe „Mittelmeer-Kooperation" wurde seitens der Staats- und Regierungschefs aus den NATO-Mitgliedstaaten am 8.7.1997 in Madrid ins Leben gerufen.[94] Zu diesem Zweck kam in der zweiten Jahreshälfte 1997 auch ein Arbeitsprogramm über sicherheitspolitische Bereiche mit den Mittelmeerstaaten zustande. Auf dem NATO-Außenministergipfel von Luxemburg vom 28.5.1998 wurde die Etablierung von NATO-Kontaktbotschaften in den Ländern des Mittelmeerdialogs beschlossen.[95] Die NATO zielte auch auf die Vertiefung der militärischen Beziehungen mit den betroffenen Ländern, so arbeit(et)en drei Dialogpartner – Ägypten, Jordanien und Marokko – im Rahmen der IFOR/SFOR in Bosnien-Herzegowina mit der NATO militärisch zusammen. Die Mittelmeerpartner haben auch die Möglichkeit, Militärmanöver der NATO zu beobachten. Der Mittelmeerdialog ist somit

---

89 North Atlantic Council – Foreign Ministers Meeting, M-NAC-1(93)38, para. 11, Athens, 10.6.1993.

90 North Atlantic Council – Foreign Ministers Meeting, M-NAC-1(94)46, para. 29, Istanbul, 9.6.1994.

91 North Atlantic Council – Heads of State and Government, M-1(94)3, para. 22, Brussels, 10.-11.1.1994.

92 Ebenda.

93 North Atlantic Council – Foreign Ministers Meeting, M-NAC-1(97)65, para. 6, Sintra, 29.5.1997.

94 North Atlantic Council – Heads of State and Government Meeting, M-1(97)81, para. 13, Madrid, 8.7.1997.

95 North Atlantic Council – Foreign Ministers Meeting, M-NAC-2(97)155, para. 8, Luxemburg, 28.5.1998.

ein integraler Teil in den sicherheitspolitischen Beziehungen der NATO geworden.[96]

Im Bereich der Wissenschaft können die Dialogpartner an Treffen teilnehmen, die unter der Leitung des NATO-Wissenschaftsausschusses abgehalten werden – sowie an von der NATO geförderten Seminaren und Konferenzen. An der NATO-Schule in Oberammergau stehen den Dialogpartnern verschiedene Kurse offen, wie Kurse über Friedenserhaltung, Zivilschutzplanung, Rüstungskontrolle, Verantwortung des Militärs im Umweltschutz und über europäische Sicherheitszusammenarbeit. Im Rahmen der „Kooperativen Wissenschafts- und Technologie-Subprogramme" (*Cooperative Science and Technology Sub-Programme*) sind Wissenschafter bzw. Forscherteams von Mittelmeerdialogländern eingeladen, mit Kollegen aus NATO-Ländern in gemeinsamen Projekten zusammenzuarbeiten.

Dem 1994 bzw. 1997 eingeleiteten NATO-Mittelmeerländerdialog wird gerade nach den Terroranschlägen gegen die USA vom 11.9.2001 zunehmende Bedeutung beigemessen. Der damalige NATO-Generalsekretär Lord Robertson hat den Zweck der NATO in diesem Zusammenhang während einer Rede in London Ende April 2002 wie folgt beschrieben: „*We realised early on that NATO is more than a collective defence organisation – that it is a framework for shaping the strategic environment in a broader sense.*"[97] Dem NATO-Mittelmeerdialog gehören heute folgende Länder an: Algerien, Ägypten, Israel, Jordanien, Mauretanien, Marokko und Tunesien. Primäres Ziel dieses Dialogs ist es, mit Transparenz und Informationszusammenarbeit sowie durch Zusammenarbeit „in Bereichen des gemeinsamen Interesses" vertrauensbildende Maßnahmen zwischen der NATO und diesen Ländern zu schaffen bzw. zu intensivieren. Die „Bereiche des gemeinsamen Interesses" sind in einem jährlichen Arbeitsprogramm aufgelistet und beinhalten vor allem Kurse, Seminare und andere Aktivitäten in den Bereichen zivile Notstandsplanung, Krisenmanagement, Wissenschaft & Umwelt, Verteidigungspolitik und Strategie sowie der Bereich Klein- und Leichtwaffen. Die NATO ist bestrebt, die auf der NATO-Konferenz im portugiesischen Sintra 1997 beschlossene militärische Zusammenarbeit – in ausgewählten Bereichen – zu intensivieren.

Länder des NATO-Mittelmeerdialogs werden auch zu militärischen Übungen als Beobachter eingeladen – so z.B. zur „*Cooperative Poseidon*" zwischen 8. und 11.5.2002, einer Übung, die zum Ziel hatte, Sicherheitsverfahren zur Verminderung von Unfallrisiken bei U-Booten zu erproben. Staaten aus dem südli-

---

96 North Atlantic Council – Heads of State and Government Meeting, Washington Summit Communiqué, NAC-S(99)64, para. 29, Washington, 24.4.1999.

97 Vgl. NATO and the Mediterranean – Moving from Dialogue Towards Partnership. Speech by NATO Secretary General, Lord Robertson, at the Royal United Services Institute, London, 29. April 2002, aus: www.nato.int/docu/speech/2002/s020429a.htm .

chen Mittelmeerraum werden seitens der NATO vermehrt eingeladen, sich an Militärübungen des Bündnisses direkt mit Soldaten oder auch als Beobachter zu beteiligen.

Nachdem die NATO seit längerer Zeit mit Israel und anderen südlichen Mittelmeerstaaten zusammenarbeite, wird seitens des Bündnisses ein Friedenseinsatz in Israel/Palästina ernsthaft in Erwägung gezogen. Der derzeitige NATO-Generalsekretär Jaap de Hoop Scheffer sagte, es sei zwar derzeit nicht sinnvoll, am Nahost-Friedensprozess teilzunehmen. Nach der Unterzeichnung eines Friedensabkommens zwischen der palästinensischen Führung und der israelischen Regierung sei es „*logisch*", dass die NATO eingeladen werde, friedenserhaltend zu operieren.[98] Die NATO könne nur auf Anfrage der Beteiligten aktiv werden: „*Wenn der Ruf an die NATO ergeht, müssen wir bereit sein, positiv zu reagieren*", forderte der Generalsekretär.[99] Er gehe davon aus, dass bei der Absicherung des Friedens sowohl europäische als auch US-Soldaten beteiligt sein werden. Die NATO verfüge über lange Erfahrung im Bereich friedensunterstützender Maßnahmen. Ziel ist es, auch mit den Ländern des Mittelmeerdialoges Friedenseinsätze durchzuführen. Aus diesem Grund wurden im November 2004 erstmals seitens der NATO die Generalstabschefs der Länder des NATO-Mittelmeerdialogs – Ägypten, Algerien, Jordanien, Marokko, Mauretanien, Tunesien und Israel – eingeladen. Sie vereinbarten eine umfangreiche Zusammenarbeit im Bereich der militärischen Ausbildung. Geplant ist auch, den Austausch von nachrichtendienstlichen Informationen über terroristische Aktivitäten mit den südlichen Mittelmeeranrainerstaaten zu intensivieren. Die Mittelmeerpartner wurden eingeladen, sich an Manövern, an internationalen Operationen und an der Seeraumüberwachung im Mittelmeer zu beteiligen. Marokko ist innerhalb von NATO-Friedensoperationen ziemlich engagiert und stellt seit den neunziger Jahren Soldaten (Anzahl: ca. 600) für NATO-Operationen in Nachfolgestaaten des ehemaligen Jugoslawien.[100] Diese bedeutende Rolle Marokkos strich Jaap de Hoop Scheffer hervor, der am 17.2.2005 als erster NATO-Generalsekretär dieses Land besuchte. Zuvor erfolgten *Koordinationsgespräche* in Algerien und Jordanien. Am 24.2.2005 stattete de Hoop Scheffer als erster NATO-Generalsekretär Israel einen Besuch ab und traf sich mit Premierminister Ariel Sharon, Außenminister Silvan Shalom, Verteidigungsminister Shaul Mofaz und den israelischen Generalstabschef – Generalleutnant Moshe Jaalon. Themen der Gespräche waren die vertiefte Kooperation in militärischen Bereichen, so vor

---

98 Wolfgang Greber: „Schröder Surprise": Vorstoß ins Leere, in: Die Presse, 14.2.2005, 3.

99 Aus: Struck: Bundeswehr bereit zu Friedenseinsatz in Israel, in: FAZ.NET vom 12.2.2005, Onlinedienst der Frankfurter Allgemeinen Zeitung.

100 Wolfgang Greber: „NATO-Einsatz im Nahen Osten realistisch", Interview mit dem Vorsitzenden des NATO-Militärausschusses Harald Kujat, in: Die Presse, 14.2.2005, 3.

allem beim Kampf gegen den Terrorismus und bei der Verhinderung von Proliferation von Massenvernichtungswaffen.

Auf dem NATO-Gipfel von Istanbul Ende Juni 2004 wurde von den Staats- und Regierungschefs die Istanbuler Kooperationsinitiative (*Istanbul Cooperation Initiative – ICI*) ins Leben gerufen. ICI zielt auf die Schaffung langfristiger globaler und regionaler Sicherheitszonen durch Programme bilateraler praktischer Kooperationen für Staaten im erweiterten Mittleren Osten (*broader Middle East region*). Die verstärkte Zusammenarbeit zwischen der NATO und arabischen Staaten am Persischen Golf beinhalten insbesondere den Kampf gegen den Terrorismus sowie die Verhinderung der Proliferation von Massenvernichtungswaffen. Zu den bilateralen Bereichen der Zusammenarbeit im Rahmen der ICI zählen auch Beratungen in der Reform des Verteidigungssektors, die Verteidigungsplanung, die zivil-militärische Zusammenarbeit, militärische Übungen zur Erreichung von Interoperabilitätszielen für künftige gemeinsame friedensunterstützende Operationen, Grenzschutz sowie zivile Notfallsplanung und Katastrophenschutz. Bis Sommer 2005 haben sich der Großteil der Länder des Golfkooperationsrates – Bahrain, Katar, Kuwait und die Vereinigten Arabischen Emirate – der ICI angeschlossen. Oman und Saudi-Arabien bekundeten jedoch ihr Interesse, an der ICI mitzuwirken.[101] Die Vereinigten Arabischen Emirate sind bereits mit Soldaten an der von der NATO geleiteten KFOR im Kosovo präsent. NATO-Kontaktbotschaften wurden inzwischen in den ICI-Ländern eingerichtet. Auf Wunsch der Europäer sollten alle Staaten der Region in eine umfassende Kooperation mit der NATO einbezogen werden, so auch der Iran und Syrien.[102]

Ziel der NATO ist es vor allem, den Dialog zwischen Europa und den islamischen Ländern zu verbessern. In diesem Zusammenhang standen die Auswirkungen rund um die Veröffentlichung von Karikaturen über den islamischen Propheten *Mohammed* in vor allem dänischen und französischen Zeitungen im Jahr 2005 beim Treffen der NATO-Verteidigungsminister in Taormina (Sizilien) mit sechs Vertretern aus arabischen Mittelmeerdialogstaaten und einem israelischen Repräsentanten im Mittelpunkt. Ursprünglich sollten zu diesem Treffen im Februar 2006 erstmals alle Verteidigungsminister der Mittelmeerdialogstaaten mit jenen der NATO kommen. Von den sieben eingeladenen Ministern der NATO-Mittelmeerdialogländer Ägypten, Algerien, Jordanien, Marokko, Mauretanien, Tunesien und Israel kamen jedoch nur zwei nach Sizilien, fünf Minister schickten ihre Stellvertreter oder niederrangige Beamte. Die *Mohammed*-Karikaturen führten in vielen moslemischen Staaten zu Ausschreitungen gegen diplomatische Einrichtungen von NATO- und EU-Ländern. Die NATO-Minister

---

[101] Quelle: United Arab Emirates to develop cooperation with NATO, aus: NATO Update, 22 June 2005, http://www.nato/int/docu/update/2005/06-june/e0622d.htm .

[102] Aus: Gunther Hauser, Die Ziele des NATO-Gipfels von Istanbul (28-29.6.2004), in: ÖMZ 5/2004, 620-624, 620.

setzten auf Beruhigung der Lage: „*Gewalt ist keine Antwort*“, betonte Generalsekretär Jaap de Hoop Scheffer. Stattdessen sollen Deeskalation und Dialog sowie der gegenseitige Respekt für die Werte und Religion des anderen beitragen, solche Situationen künftig zu vermeiden.[103]

Wenige Tage zuvor, am 7.2.2006, wurden fünf norwegische Soldaten verletzt, als ca. 300 Demonstranten außerhalb des *Provincial Reconstruction Team* (PRT) in Meymaneh im Norden Afghanistans gewaltsam gegen die Präsenz dänischer, deutscher und norwegischer Soldaten im Zusammenhang mit den *Mohammed*-Karikaturen protestierten. Schnelle Eingreiftruppen der ISAF (*Quick Reaction Forces* – QRF) wurden daraufhin von Mazar-i-Sharif nach Meymaneh verlegt, um das Flugfeld zu sichern und das PRT zu schützen. Unterstützung bekam die QRF dabei von der lokalen afghanischen Polizei. In ganz Afghanistan gab es zum Teil gewalttätige Demonstrationen.[104] Der Friedenseinsatz der ISAF gestaltete sich dadurch umso schwieriger. *Taliban*-Führer hatten Mordaufrufe getätigt: 5 Kilogramm Gold für jeden, der einen dänischen, deutschen oder norwegischen ISAF-Soldaten tötet. 100 Kilogramm sollen demjenigen ausgehändigt werden, der die Karikaturisten tötet.

Die NATO ist sehr bemüht, den politischen Dialog mit moslemischen Ländern konstruktiv auszubauen, schon allein deshalb, da der moslemische Anteil in den NATO-Staaten etwa ein Fünftel der Gesamtbevölkerung beträgt.[105] Die Sicherheit der europäischen und jener der Mittelmeerländer ist untrennbar verbunden, die NATO zählt deshalb die Mittelmeerregion und die Region des Mittleren Ostens zu den Regionen des primären NATO-Sicherheitsinteresses. Aufgrund der vielen ungelösten politischen, sozialen und religiösen Fragen bleibt die Mittelmeerregion – besonders im Nahen und Mittleren Osten – ein Sicherheitsrisiko für Europa. Eine effiziente Strategie zur Eindämmung der dortigen Risiken ist deshalb sowohl für die NATO als auch für die südlichen Mittelmeeranrainerstaaten und die Länder des Golfkooperationsrates von großer Bedeutung.

Neue Streitkräfte- und Kommandostrukturen

Im Dezember 1997 folgte der Beschluss, die strategischen Kommanden von drei auf zwei zu reduzieren, das *Allied Command Channel* (ACCHAN) wurde aufgelassen. Somit existierten bis Mitte 2003 das *Allied Command Europe* (ACEUR) im belgischen Mons und das *Allied Command Atlantic* (ACLANT) in Norfolk, Virginia. Beide strategischen Kommanden wurden von amerikanischen Offizie-

---

103 Aus: Bernd Riegert, NATO im Dialog mit Vertretern arabischer Staaten, Deutsche Welle, http://www.dw-word.de/dw/article/0,2144,1899472,00.html , ausgedruckt am 10.2.2006.

104 Aus: Supreme Headquarters Allied Powers Europe (SHAPE), ISAF shows restraint during violent demonstrations in Meymaneh, 7 February 2006, North Atlantic Treaty Organisation, http://www.nato.int/shape/news/2006/02/060207a.htm .

105 Aus: Press Briefing by the Assistant Secretary General for Defence Policy and Planning, John Colston, www.nato.int , 7 February 2006.

ren geführt, in Mons als SACEUR, in Norfolk als SACLANT. Diese Kommandostruktur wurde gemäß den Beschlüssen des Prager NATO-Gipfels der Staats- und Regierungschefs vom November 2002 reformiert: Die gegenwärtige Kommandostruktur beinhaltet zwei Strategische Kommanden (*Strategic Commands*) – eines für operationelle und eines für funktionelle Aufgaben (vgl. dazu den vorletzten und letzten Absatz dieses Teilkapitels).

Am 2.12.1997 kündigten die NATO-Verteidigungsminister die Schaffung einer neueren, moderneren und flexibleren integrierten Kommandostruktur an. Diese neue Kommandostruktur schloß Spanien mit ein, Frankreich aus und verringerte die Zahl der Kommanden von 65 auf 20. Die Anzahl der Kommandohauptquartiere ist bis Herbst 2003 weiter reduziert worden – auf elf.

Einer der Hauptgründe, warum Frankreich nicht beabsichtigt, den militärischen Bereichen der NATO beizutreten, reflektierte aus den französischen Bedingungen, das ACEUR und das AFSOUTH-Kommando in Neapel mit einem europäischen Offizier zu besetzen. Frankreich ist NATO-intern weder Mitglied in der Nuklearplanungsgruppe noch im Verteidigungsplanungsausschuss, nimmt aber an den Verteidigungsministertreffen teil. Aus strategischen Gründen kam es innerhalb der südeuropäischen Staaten zu keiner Einigung, weshalb die USA aufgrund der Uneinigkeit der Europäer das AFSOUTH als Kommando behielt.

Auf Vorschlag von US-Verteidigungsminister Donald Rumsfeld – basierend auf der am 20.9.2002 vorgestellten amerikanischen Sicherheitsdoktrin mit dem Ziel, weltweit Bedrohungen eindämmen zu können – wurden am 23.9.2002 neue NATO-Landstreitkräftekommanden für schnell verlegbare Truppen geschaffen. Jedes Kommando ist in der Lage, bis zu 60.000 Soldaten zu befehligen. Die vier Zentren der Kommanden befinden sich in Münster/Deutschland, Valencia/Spanien, Mailand/Italien und Istanbul/Türkei. Das fünfte Kommando für schnell verlegbare Einheiten bildet das 1994 in Rheindalen/Deutschland gegründete unter britischem Kommando stehende *Allied Rapid Reaction Corps* (ARRC), das sechste Kommando das in Strassburg/Frankreich stationierte *Eurocorps*.[106]

Das Eurocorps hat seine Basis in Straßburg/Frankreich und setzt sich aus Einheiten in der Stärke von ca. 60.000 Soldaten aus Belgien, Deutschland, Frankreich, Luxemburg und Spanien zusammen. Gegründet wurde das Euro-

[106] Am 25.2.2003 wurde in Straßburg das Technische Abkommen Österreichs und Finnlands mit dem *Eurocorps* unterzeichnet. Diese beiden Länder haben dadurch als erste nichtalliierte Mitgliedstaaten der Europäischen Union den Status als *„Entsendestaat"* zum *Eurocorps* erhalten. Dies beinhaltet die ständige Integration von Stabsoffizieren in den Stab des *Eurocorps*. Das Interesse Österreichs an der Mitwirkung an *Eurocorps* liegt an der erweiterten Mitwirkung an internationalen Operationen. Das Kommando des *Eurocorps* könnte im Rahmen EU-geführter Operationen zum Einsatz kommen. Aus: Wolfgang Wosolsobe, Das Eurokorps – ein Schritt nach Europa, in: Truppendienst 2/2003, 141.

corps am 22.5.1992 durch Deutschland und Frankreich auf Grundlage des so genannten *La Rochelle*-Berichts und gilt seit 2002 als schnelle Eingreiftruppe (*rapid deployable corps*) der NATO und auch der EU. Die ISAF VI in Afghanistan war die erste Operation des Eurocorps außerhalb Europas. Bereits zwischen 1998 und 2000 beteiligte sich das Eurocorps an der NATO-geführten SFOR-Mission in Bosnien-Herzegowina. In Kabul stand das Eurocorps ebenfalls unter der politischen und militärischen Autorität der NATO.

Seit November 2006 soll eine 25.000 Soldaten starke *NATO Response Force* entstehen, die weltweit innerhalb von fünf Tagen einsetzbar sein wird, baukastenmäßig aus den bestehenden Einheiten gebildet wird und vor allem Bedrohungen für den euro-atlantischen Raum im Vorfeld eindämmen soll.

Der Prager NATO-Gipfel vom November 2002 beschloss, schlankere, effizientere und besser dislozierbare Kommandostrukturen zur Durchführung operativer Voraussetzungen für das volle Spektrum der NATO-Aufgaben zu schaffen. Das neue Strategische Kommando für Operationen (*Allied Command Operations* – ACO) mit dem Hauptquartier in Europa (Belgien) wird von zwei Gemeinsamen Streitkräftekommanden (*Joint Force Commands* – JFCs) in Brunssum/Niederlande und in Neapel/Italien unterstützt, die in der Lage sind, ein Hauptquartier für ein landgestütztes alliiertes Streitkräftekommando (CJTF) sowie ein robustes, jedoch kleineres ständiges gemeinsames Hauptquartier aufzustellen, aus dem ein seegestütztes *CJTF Headquarter* hergestellt werden kann; ferner auch Land-, und Luftkontingente. Der strategische Kommandeur für Operationen ist für die Vorbereitung und Führung aller Operationen, einschließlich der Verteidigung des NATO-Territoriums, zuständig. Letztere Aufgabe hatte das SACLANT wahrgenommen. Das für die Fragen der Umgestaltung verantwortliche Strategische Kommando für Transformation (*Allied Command Transformation – ACT*) mit dem Hauptquartier in Norfolk/Virginia, in dem sich auch das *US Joint Force Command* befindet, und einer Präsenz in Belgien ist für die Umgestaltung der militärischen Fähigkeiten und die Förderung der Interoperabilität der NATO-Streitkräfte – im Zusammenwirken mit dem Alliierten Kommando für Operationen – zuständig. Konkret ist das ACT u.a. für die Entwicklung von Konzepten und Doktrinen, für die Identifizierung künftiger Anforderungen für die Streitkräfte und für die ständige Beobachtung von militärischer Ausbildung verantwortlich.[107]

Die NATO hat zum Ziel, von der konventionellen Armee wegzukommen und mobile Verbände einzurichten, d.h. die Streitkräfte- und Kommandostrukturen

---

107 Prager Gipfelerklärung der Staats- und Regierungschefs auf dem Treffen des Nordatlantikrates in Prag, 21.11.2002, Press Release (2002)127 vom 22.11.2002, Punkt 4b, sowie Fact Sheet: NATO: Building New Capabilities for New Challenges, The White House, Office of the Press Secretary (Prague, Czech Republic) for Immediate Release, November 21, 2002.

eingehend zu reformieren und den Anforderungen der neuen Sicherheitslandschaft anzupassen. Die mobilen multinationalen Teilstreitkräfte übergreifenden *CJTF Headquarters* werden die NATO in die Lage versetzen, so rasch wie möglich auf Krisen zu reagieren und PfP-Partner und Nicht-NATO-Staaten in gemeinsame Operationen miteinzubeziehen und der WEU Kapazitäten zur Durchführung militärischer Aufgaben zur Verfügung zu stellen. Ziel der CJTF ist die Zusammenstellung flexibler, verlegbarer, multinationaler und teilstreitkraftübergreifender Hauptquartiere. In der Praxis umgesetzt wurden zahlreiche Elemente des CJTF-Konzepts anlässlich der von der NATO geführten IFOR und SFOR in Bosnien-Herzegowina.

Die Öffnung der NATO für neue Mitglieder

Beim Brüsseler NATO-Gipfel von 1994 erklärten die Staats- und Regierungschefs, dass die NATO grundsätzlich bereit sei, sich für neue Mitglieder zu öffnen. Sie betonten, dass eine Erweiterung „*niemanden bedrohe*". Die Kriterien für die Beitrittskandidaten auf Streitkräfteebene definieren sich wie folgt:

- Westliche Standards hinsichtlich der politischen Führung und demokratischen Kontrolle, Einbindung in den Rechtsstaat;
- Interoperabilität mit NATO-Mitgliedern, d.h. Vorhandensein eines geeigneten Kommando- und Kontrollsystems mit entsprechenden Kommunikationseinrichtungen, internationaler Sprachausbildung und Übungen;
- Gut nachbarschaftliche Beziehungen (Bsp. Freundschaftsvertrag zwischen Ungarn und Rumänien, Deutsch-Tschechische Aussöhnung) und die Beseitigung von Grenzstreitigkeiten.

Die NATO-Erweiterung ist das sicherheitspolitische Pendant zur politisch-wirtschaftlichen Integration im Rahmen der EU. Am 12.3.1999 erfolgte die Aufnahme von drei ehemaligen Warschauer-Pakt-Staaten – Polen, Tschechien und Ungarn – in die NATO, die feierliche Zeremonie fand in der *Harry S. Truman*-Bibliothek in Independence/Missouri statt.

Im April 1999 wurde auf dem NATO-Gipfel von Washington der Mitgliedschaftsaktionsplan (*Membership Action Plan* – MAP) verabschiedet; er sieht den Beitritt von Aspirantenstaaten gemäß Artikel 10 des NATO-Gründungsvertrags vor, denen sich dadurch die „*Tür zur NATO-Mitgliedschaft*" öffnet. Der MAP soll den Aspiranten – Albanien, Kroatien, Mazedonien – dabei helfen, „*bündnisfähig*" zu werden. Beim MAP handelt es sich ähnlich wie beim PfP-Programm um eine Liste möglicher Aktivitäten, aus denen ein Land individuell und nach eigenem Ermessen jene auswählen soll, die es für das Erreichen eines Zieles am sinnvollsten erachtet. Es wird von den Aspiranten erwartet, dass sie über finanzielle Mittel verfügen, um die von der NATO geforderten Maßnahmen im Falle einer Aufnahme umsetzen und an den gemeinsamen Ausgaben der Allianz teilhaben zu können.

Auf dem NATO-Gipfel in Prag (21.-22.11.2002) wurde die größte Aufnahme von Staaten in der Geschichte der Nordatlantischen Allianz beschlossen. Die Staats- und Regierungschefs haben sich entschieden, Bulgarien, Rumänien, die Slowakei, die ehemalige jugoslawische Republik Slowenien und erstmals auch drei ehemalige Sowjetrepubliken – Estland, Lettland und Litauen – in das Bündnis aufzunehmen. Seit 2004 umfasst das Bündnis insgesamt 26 Mitgliedstaaten. Die Aufnahme von sieben Staaten in die NATO erfolgte fast zeitgleich mit der Aufnahme von zehn mittel-, ost- und südlichen Staaten in die Europäische Union. Der Prager NATO-Gipfel ging dem EU-Erweiterungsgipfel von Kopenhagen (12.-13.12.2002) voran. Die mögliche Aufnahme der sieben Kandidatenländer geht auf einen Ausspruch von US-Präsident George W. Bush zurück, der in Warschau am 15.6.2001 Folgendes verkündete: *„All of Europe´s new democracies, from the Baltic to the Black Sea and all that lie between, should have the same chance for security and freedom, and the same chance to join the institutions of Europe, as Europe ´s old democracies.*"[108]

Die Europäische Sicherheits- und Verteidigungsidentität (ESVI)

Aufgrund einer Idee von NATO-Generalsekretär Wörner 1990, ein europäisches Sicherheitssystem gemeinsam mit EU, WEU, NATO und OSZE zu verwirklichen, wurde auf dem Brüsseler NATO-Gipfel von 1994 der Aufbau der ESVI beschlossen. Gemäß dem NATO-Ministertreffen von Berlin 1996 sollte die ESVI innerhalb der NATO unter Nutzung des institutionellen Rahmens der WEU aufgebaut werden und der WEU im Wege des CJTF-Konzeptes NATO-Kapazitäten für Operationen unter ihrer Führung zur Verfügung stehen. Die im EU-Vertrag vorgesehene gemeinsame Verteidigungspolitik wird sich auf jeden Fall im engen Zusammenhang mit der NATO entwickeln. Die derzeit 21 NATO-Mitglieder der EU vertreten die Ansicht, dass eine von der NATO völlig abgekoppelte europäische Verteidigungsstruktur weder sinnvoll noch realisierbar erscheint. Dies haben 1997 die damaligen elf NATO-Mitglieder der EU im Vertrag von Amsterdam, der am 2.10.1997 unterzeichnet wurde, ebenso zum Ausdruck gebracht. Die ESVI sollte die Sicherheit der europäischen Staaten mit den Interessen von Nicht-EU-Mitgliedern, voran der USA und der Türkei verbinden. Doppelgleisigkeiten sollen verhindert werden. Die WEU erwies sich als Scharniere zwischen der EU und der NATO. Die Benutzung von NATO-Mitteln durch die WEU sollte demnach *„separable, but not separate"* erfolgen. Die Europäisierung der NATO ist bereits sehr weit fortgeschritten, allein 75 Prozent aller wichtigen militärischen Positionen sind von Europäern besetzt.

1998 wurde das Konzept der ESVI während der ersten österreichischen EU-Präsidentschaft von der Einleitung und Umsetzung einer Europäischen Sicherheits- und Verteidigungspolitik (ESVP) abgelöst. Im Jahr 2001 begann die

---

[108] Paul E. Gallis, NATO Enlargement, CRS Report for Congress, Updated November 4, 2002, 2. http://www.usembassy.at/en/download/pdf/nato_enlarge.pdf .

EU auf der Grundlage der Beschlüsse von Helsinki im Dezember 1999 mit dem Aufbau autonomer militärischer Kapazitäten.

Zuvor wurde beim NATO-Gipfel von Washington klar gestellt, dass die Sicherheit von Europa und Nordamerika unteilbar ist (Washingtoner Kommuniqué vom 23. und 24.4.1999). Der NATO-Gipfel von Washington hat die Unterstützung der NATO für den von der EU eingeleiteten Prozess bekräftigt, dass eine effizientere Rolle der EU bei der Konfliktverhütung und Krisenbewältigung zur Vitalität einer neuen Allianz beitragen wird. Für die künftige Krisenbewältigung bzw. deren Aufgabenteilung sind die am 17.3.2003 unterzeichneten Dauervereinbarungen zwischen der NATO und der Europäischen Union von großer Bedeutung.

Der Konflikt um das Kosovo

Politische Aspekte

Während unter dem Kommando der NATO die UNO-mandatierte SFOR/IFOR nach Bosnien-Herzegowina entsandt wurde, um militärisch das Abkommen von Dayton aus 1995 abzusichern, wurde die nicht-UN-mandatierte militärische Operation im Kosovo (Operation „*Allied Force*")[109] 1999 seitens der NATO angeordnet, um eine massive Verletzung der Menschenrechte und die Vertreibung der albanischen Bevölkerung durch das jugoslawische Militär zu stoppen und die jugoslawische Regierung zu einer politischen Lösung zu zwingen. Kriegsgrund der Koalition aus den damals 19 NATO-Staaten „*war die gemeinsame Überzeugung, dass es keiner Regierung, keinem Präsidenten künftig erlaubt sein sollte, mit „seinem" Staatsvolk zu machen, was ihm beliebt und dabei elementares Menschenrecht zu verletzen.*"[110] Der NATO-Einsatz wurde von allen Mitgliedstaaten unterstützt – trotz der Vorbehalte aus Griechenland und Italien.

Die jugoslawische Führung unter Slobodan Milosevic hatte die Luftangriffe der NATO und den „*Rückzug der internationalen Organisationen aus dem Kosovo (...) dazu benutzt, um bereits bestehende Pläne zur Vertreibung eines Teils der albanischen Bevölkerung „vorzeitig" und mit größerer Geschwindigkeit als geplant in die Tat umzusetzen.*"[111] Bis Ende Mai 1999 - am Höhepunkt der NATO-Luftangriffe, die am 24.3.1999 eingeleitet wurden und die insgesamt über 78 Tage dauerte – betrug die Anzahl der Vertriebenen und Geflüchteten aus dem Kosovo an die 800.000, davon flüchteten ca. 440.000 Menschen nach Albanien, ca. 252.000 Menschen nach Mazedonien und ca. 65.000 Menschen in die damalige jugoslawische Teilrepublik Montenegro.[112]

Ziel der NATO-Operation war es auch, bedingt durch die Migrationswellen eine Ausweitung des Kosovo-Konflikts auf die Nachbarstaaten Jugoslawiens zu verhindern. Die NATO hat in der Folge ein Konsultativforum zu Sicherheitsfragen mit den Anrainerstaaten der Bundesrepublik Jugoslawien geschaffen. Dies alles soll aber nicht darüber hinwegtäuschen, dass der damalige Generalsekretär Javier Solana viel Zeit damit verbrachte, die NATO zusammenzuhalten.

Militärische Lehren

Der Kosovo-Krieg war „*der erste Koalitionskrieg in Europa im Informationszeitalter und ... der erste Krieg überhaupt, der ausschließlich mit den Mitteln*

---

109 Diese Operation wurde im Nachhinein vom UNO-Generalsekretär auch nicht verurteilt.

110 Aus: Klaus Naumann, Kosovo – Modell für die Zukunft?, in: Erich Reiter (Hg.), Der Krieg um das Kosovo, v. Hase & Koehler Verlag, Mainz 2000, 23-38, 23.

111 Aus: Predrag Jurekovic, Die politische Dimension des Krieges im Kosovo und in der BR Jugoslawien: Konfliktentwicklung, politische Initiativen der Staatengemeinschaft, Auswirkungen auf das Umfeld, in: Erich Reiter (Hg.), Der Krieg um das Kosovo, Mainz 2000, 39-80, 61.

112 Ebenda.

des Luftkrieges geführt und gewonnen wurde.“[113] Die Kosovo-Krise hat jedoch erhebliche militärische Mängel der europäischen NATO-Staaten aufgezeigt: Es fehle an Transportkapazitäten, aber auch an dem für größere Einsätze notwendigen Personal. Falls Europa seine Militärausgaben nicht wesentlich erhöht und vor allem koordiniert, bleibt der Aufbau einer ernsthaften europäischen Verteidigungspolitik eine Sache von Kommuniqués. Bei den NATO-Einsätzen gegen die Bundesrepublik Jugoslawien hatten die USA mehr als 70 Prozent der 37.000 Angriffe geflogen. Die Behebung der militärischen Mängel wurde Ziel der NATO, obwohl sich in Zeiten sinkender Verteidigungsbudgets eine Verbesserung der gegenwärtigen Ausrüstung als sehr schwierig erweist. Für die Konfliktnachsorge in Krisengebieten – so wird aus den Friedenseinsätzen in den Nachfolgestaaten des ehemaligen Jugoslawiens verdeutlicht – ist nicht nur die militärische Sicherung zur Vermeidung weiterer Auseinandersetzungen zwischen den Konfliktparteien nötig, sondern es gilt insbesondere, effizient zivile und militärische Mittel für den Wiederaufbau wirtschaftlicher und demokratisch-rechtsstaatlicher Strukturen zu koordinieren.

Rechtliche Konsequenzen: IGH weist Klage gegen NATO-Staaten zurück

Der Internationale Gerichtshof (IGH) in Den Haag hatte am 15.12.2004 eine Klage des Staatenbundes Serbien-Montenegro gegen acht NATO-Staaten wegen des Kosovo-Kriegs von 1999 abgewiesen. Zum Zeitpunkt der Klageerhebung gegen Belgien, Deutschland, Frankreich, Großbritannien, Italien, Kanada, die Niederlande und Portugal sei Serbien-Montenegro kein Mitglied der Vereinten Nationen gewesen, so die Richter des höchsten Gerichts der UNO. Damit sei der IGH nicht zuständig. Daran ändert auch die Völkermordkonvention nichts, die bei Streitigkeiten an den IGH verweist. Serbien-Montenegro ist dieser Konvention erst nach dem Kosovo-Krieg beigetreten. Zudem wollten die NATO-Staaten offensichtlich auch keinen Genozid an die Serben begehen.

Die NATO hatte im Frühjahr 1999 durch einen mehrmonatigen Luftkrieg das Regime von Slobodan Milosevic gezwungen, die Truppen der jugoslawischen Bundesarmee aus dem Kosovo zurückzuziehen. Die Allianz handelte dabei ohne Mandat des UNO-Sicherheitsrates, weil Russland mit einem Veto gedroht hatte, und berief sich unter anderem auf ein „*Recht zur humanitären Intervention*“. Dadurch sollte das damalige jugoslawische Regime gehindert werden, einen Völkermord an den Albanern im Kosovo zu begehen.

Die jugoslawische Regierung hatte die Klage während des Kosovo-Krieges erhoben und Schadensersatz in nicht bezifferter Höhe gefordert. Die beklagten Länder hatten daraufhin vor dem IGH geltend gemacht, Serbien-Montenegro sei zu diesem Zeitpunkt kein Mitglied der UNO gewesen. Die alte Bundesrepublik Jugoslawien sei längst zerfallen gewesen, und Serbien-Montenegro erst später

---

[113] Aus: Klaus Naumann, Kosovo – Modell für die Zukunft?, 2000, 23-38, 23.

der Völkerorganisation neu beigetreten. Mit dieser Argumentation hatten die betroffenen NATO-Staaten Erfolg.

Durch die Abweisung der Klage als unzulässig ersparten es sich die Richter, einige hochumstrittene Völkerrechtsfragen zu klären. Serbien-Montenegro hatte den NATO-Ländern vorgeworfen, mit dem Kosovo-Krieg eine Reihe schwerer Völkerrechtsverletzungen begangen zu haben – wie Verstöße gegen das Gewaltverbot, gegen das Verbot, sich in andere Staaten einzumischen, sowie Verletzungen der Staatensouveränität. Zudem hätten es die NATO-Staaten bei ihrem Luftkrieg gegen die Bundesrepublik Jugoslawien unterlassen, die Zivilbevölkerung zu schonen.

Die Rechtslage ist im Fluss. Gerade deshalb hatte der Internationale Gerichtshof den Fall *„mit spitzen Fingern"* angefasst. Zudem sei Serbien-Montenegro nicht wirklich an einer Verurteilung der NATO-Staaten interessiert gewesen. Demnach hatte Außenminister Vuk Draskovic erklärt, alle Völkermordklagen im Zusammenhang mit den Kriegen auf den ehemaligen Territorien Jugoslawiens sollten zurückgezogen werden.

Die damalige serbisch-montenegrinische Regierung hatte sich schon zum Ziel gesetzt, sich der EU und der NATO anzunähern. Sie hatte offensichtlich die Klage nur deshalb aufrechterhalten, um bei der eigenen Bevölkerung nicht als schwach dazustehen.[114]

---

[114] Aus: Stefan Ulrich, Weltgericht weist Klage gegen NATO-Staaten ab, in: Süddeutsche Zeitung, 15.12.2004, 19:50 Uhr, http://www.sueddeutsche.de/ausland/artikel/821/44777/ .

Die Reaktion der NATO auf den 11. September 2001

US-Präsident George W. Bush hielt am 11.9.2001 nach den Terrorattacken gegen die USA („*Nine-Eleven*", *9/11*) eine Rede an die Nation, die unter anderem folgende Worte beinhaltete: „*Amerika und unsere Freunde und Verbündeten schließen sich mit all jenen zusammen, die Frieden und Sicherheit in der Welt wollen, und wir halten zusammen, um den Krieg gegen den Terrorismus zu gewinnen.*" Am 11.9.2001 abends trat der Nordatlantische Rat zusammen, „*to express its solidarity with the United States of America at this moment of great tragedy and mourning.*" Demnach verurteilen die NATO-Mitgliedstaaten "*unanimously ... these barbaric acts committed against a NATO member state. The mindless slaughter of so many innocent civilians is an unacceptable act of violence without precedent in the modern era. It underscores the urgency of intensifiying the battle against terrorism, a battle that the NATO countries – indeed all civilised nations – must win. All Allies stand united in their determination to combat this scourge.*

At this critical moment, the United States can rely on its 18 Allies in North America and Europe for assistance and support. NATO solidarity remains the essence of our Alliance. Our message to the people of the United States is that we are with you. Our message to those who perpetrated the unspeakable crimes is equally clear: you will not get away with it."[115]

Einen Tag später erklärte NATO-Generalsekretär George Robertson nach dem Treffen des Nordatlantischen Rates: „*If it is determined that this attack was directed from abroad against the United States, it shall be regarded as an action covered by Article 5 of the Washington Treaty.*" Lord Robertson hatte daraufhin UNO-Generalsekretär Kofi Annan informiert, dass der Nordatlantische Rat diese Ansicht teile, was auch die NATO-Verteidigungsminister bei ihrem informellen Treffen am 26./27.9.2001 bestätigten.

Gemäß Artikel 5 des NATO-Gründungsvertrages bestimmt jeder Mitgliedstaat in der NATO selbst, welche Art des Beistandes für erforderlich erachtet wird. Das Strategische Konzept der NATO von 1999 hält fest, das jeder bewaffnete Angriff auf ein Territorium eines NATO-Mitgliedslandes auf Artikel 5 des Washingtoner Gründungsvertrags beruht.

Demnach ist seit dem 11.9.2001 Terrorismus als ein Risiko für die Sicherheitsinteressen der Allianz bewertet. Die NATO hat am 2.10.2001 erstmals Artikel 5 des NATO-Gründungsvertrages aktiviert und damit den Bündnisfall erklärt, wie dies auch anlässlich der *NATO-Ministerials* im Dezember 2001 betont wurde: „*We consider the events of 11 September to be an armed attack not just on one ally, but on us all, and have therfore invoked Article 5 of the Washington*

---

[115] Aus: Statement by the North Atlantic Council, Press Release PR/CP(2001)122, 11 September 2001.

Treaty. ..."[116] Der Nordatlantische Rat entschied deshalb am 5.10.2001 zur Umsetzung von folgenden acht Maßnahmen im Kampf gegen den Terrorismus:

- Verwirklichung der engeren Kooperation der Nachrichtendienste auf bilateraler Ebene und in den entsprechenden NATO-Gremien;
- Unterstützung von Verbündeten und anderer Staaten, die im Zuge ihres Kampfes gegen den internationalen Terrorismus verstärkt Ziel von Anschlägen sein könnten;
- Verbesserung des Schutzes von US-Einrichtungen;
- Nutzung von Tank-Einrichtungen der Verbündeten durch die USA, die zur Unterstützung von Operationen gegen Terroristen benötigt werden;
- Freigabe des Luftraums zum Überflug für Maschinen der USA und anderer Verbündeter, sofern dies für Operationen gegen den Terrorismus nötig ist;
- Genehmigung des Zuganges zu Häfen und Militärplätzen innerhalb der NATO-Staaten;
- Verlegung von Kriegsschiffen in das östliche Mittelmeer, um in dieser Region Präsenz zu zeigen;
- Bereitstellung von AWACS[117]-Flugzeugen.

Ziel der NATO ist es nicht, „*gegen den Islam oder die afghanische Bevölkerung zu kämpfen.*" Die NATO-Mitgliedstaaten sind vielmehr bestrebt, die afghanischen Völker, „*die unter der Herrschaft der Taliban gelitten haben, humanitär zu unterstützen.*"[118] Der Kampf der NATO-Mitgliedstaaten richtet sich gemäß den UNO-Resolutionen 1368 und 1373 „*gegen Terroristen, ihre Netzwerke und jene, die den Terrorismus unterstützen.*"[119] Die NATO-Staaten sehen sich aus diesem Grund veranlasst, „*die nationalen und kollektiven Fähigkeiten zu verstärken, um die Bevölkerungen, Territorien und Streitkräfte von jeder bewaffneten Attacke, inklusiv Terrorattacke, zu schützen.*" Demnach ist die Entwicklung und Verbesserung von Fähigkeiten der NATO innerhalb der *Defence Capabilities Initiative* (*DCI*) ebenso relevant „*mit dem Erfolg möglicher Operationen, die von der Europäischen Union geführt werden.*"[120]

---

[116] Vgl. NATO's Response to Terrorism, Statement issued at the Ministerial Meeting of the North Atlantic Council held at NATO Headquarters, Brussels, on 6 December 2001, Press Release M-NAC-2 (2001)159, 6 December 2001, Punkt 3.

[117] Airborne Warning and Control Systems, vgl.: Nato erfüllt Forderungen Washingtons für Kampf gegen internationalen Terrorismus, in: Die Presse, 6. Oktober 2001, 4.

[118] Vgl. NATO's Response to Terrorism, Statement issued at the Ministerial Meeting of the North Atlantic Council held at NATO Headquarters, Brussels, on 6 December 2001, Press Release M-NAC-2 (2001)159, 6 December 2001, Punkt 4.

[119] Ebenda.

[120] Vgl. Final Communiqué, Ministerial Meeting of the Defence Planning Committee and the Nuclear Planning Group held in Brussels on 18 December 2001, Press Release (2001)170, 18 December 2001, Punkt 5.

Aus Anlass der Terroraktionen vom 11.9.2001 haben sich erstmals die USA gemeinsam mit der Europäischen Union, Russland, China, Indien, Pakistan und nahezu allen islamischen Länder geeinigt, eine weltweite Allianz gegen den Terrorismus zu bilden. Während des Treffens des Ständigen NATO-Russland-Rates am 13.9.2001 hatten beide Parteien beschlossen, ihre Zusammenarbeit im Bereich Terrorbekämpfung zu intensivieren: *„NATO and Russia are united in their resolve not to let those responsible for such an inhuman act to go unpunished.*"[121] Russland hat den NATO-Staaten *„substantielle und bedeutende Kooperation*" im Kampf gegen den Terrorismus angeboten. Diese Zusammenarbeit wurde von beiden Parteien als *„neue Qualität*" in den NATO-Russland-Beziehungen bewertet.[122] Die Beziehungen und Möglichkeiten der Kooperation zwischen der NATO und Russland sollten künftig in einem neuen NATO-Russland-Rat definiert werden, der im Mai 2002 ins Leben gerufen wurde. Darüber hinaus kamen die Verteidigungsminister der NATO-Mitgliedstaaten und Russlands überein, eine NATO-Russland-Konferenz über die Rolle des Militärs in der Bekämpfung des Terrorismus im Februar 2002 abzuhalten.[123]

In seinem Abschlusskommuniqué vom 18.12.2001 hat zudem der NATO-Verteidigungsplanungsausschuss festgehalten, dass die Allianz die Erstellung eines neuen strategischen Rahmens zwischen den USA und Russland sehr unterstützt und dies auch für die Beziehungen zwischen der NATO und Russland sehr förderlich ist, vor allem im Bereich Nuklearwaffen. Die NATO-Staaten unterstrichen in diesem Zusammenhang „ ... *that nuclear forces based in Europe and committed to NATO continue to provide an essential political and military link between the European and North American members of the Alliance.*"[124] Demnach werden auch Abschreckung und Verteidigung, Rüstungskontrolle, Abrüstung und die Verhinderung von Proliferation weiterhin eine bedeutende Rolle für die Erreichung der Sicherheitsziele der NATO innehaben.[125]

Die NATO unterstützt die volle Umsetzung der UNO-Sicherheitsratsresolution 1373 und die Bemühungen der Europäischen Union, der OSZE, der G-8 und der internationalen Finanzinstitutionen im Kampf gegen den Terroris-

---

[121] Aus: Press Statement, Meeting in extraordinary session of the NATO-Russia Permanent Joint Council at Ambassadorial level, 13 September 2001.

[122] Vgl. NATO´s Response to Terrorism, Statement issued at the Ministerial Meeting of the North Atlantic Council held at NATO Headquarters, Brussels, on 6 December 2001, Press Release M-NAC-2 (2001)159, 6 December 2001, Punkt 8.

[123] Vgl. Press Statement, NATO-Russia Permanent Joint Council Meeting at the Level of Defence Ministers held in Brussels on 18 December 2001, 2. Absatz.

[124] Vgl. Final Communiqué, Ministerial Meeting of the Defence Planning Committee and the Nuclear Planning Group held in Brussels on 18 December 2001, Press Release (2001)170, 18 December 2001, Punkt 6.

[125] Ebenda, Punkt 8.

mus.[126] In diesem Kontext – so heißt es – werden die NATO und die EU nach Wegen suchen, um den Terrorismus effektiv zu bekämpfen. So hat sich die NATO zum Ziel gesetzt, bis zum Prager NATO-Gipfel im November 2002 Maßnahmen zu entwickeln, um ihre Kapazitäten und jene der Partnerstaaten – der Mitgliedstaaten der Partnerschaft für den Frieden (PfP) - zu stärken. Der Euro-Atlantische Partnerschaftsrat (EAPR) als Kooperationsforum der PfP wurde seitens der NATO als ein wesentlicher Pfeiler in der internationalen Koalition gegen den Terrorismus bezeichnet.[127]

Der UNO-Sicherheitsrat hat in seiner Sitzung am 9.10.2001 den Luftangriffen der USA und Großbritanniens auf Afghanistan zum Sturz des Taliban-Regimes einstimmig zugestimmt. An diesem Tag wurde von der UNO-Vollversammlung Syrien als neues Mitglied in den Sicherheitsrat gewählt. Bei der auf Antrag der USA und Großbritanniens einberufenen Sitzung des Rates rechtfertigten die beiden Staaten die Luftangriffe auf Afghanistan als *„legitime Wahrnehmung des Selbstverteidigungsrechtes nach Artikel 51 der UNO-Charta"*.[128] Keines der anderen 13 Ratsmitglieder äußerte Bedenken oder Widersprüche gegen diese Interpretation des Völkerrechts. Zudem hatten sich die fünf Ständigen Mitglieder des UNO-Sicherheitsrates auf die Bildung einer multinationalen Schutztruppe für Afghanistan (*International Security Assistance Force – ISAF*) geeinigt, das Mandat dazu hatte der UNO-Sicherheitsrat am 20.12.2001 erteilt. Die Einigung sah vorerst ein Mandat für sechs Monate vor und erlaubt den Einsatz von Gewaltmitteln, wie es insbesondere von Deutschland gefordert wurde. Die ISAF arbeitet getrennt von rein amerikanischen Militäreinsätzen. Die ersten britischen Soldaten für diese multinationale Schutztruppe – 53 Royal Marines – waren bereits am 20.12.2001 auf dem Flughafen Bagram nördlich von Kabul gelandet. Die ISAF unter Führung des britischen Generalmajors McColl umfasste zunächst insgesamt an die 4.500 Soldaten aus 17 Nationen.[129] Truppenkontingente wurden mehrheitlich aus NATO-Ländern

---

[126] Vgl. NATO´s Response to Terrorism, Statement issued at the Ministerial Meeting of the North Atlantic Council held at NATO Headquarters, Brussels, on 6 December 2001, Press Release M-NAC-2 (2001)159, 6 December 2001, Punkt 9.

[127] Vgl. Chairman´s Summary of the meeting of the Euro-Atlantic Partnership Council in Defence Ministers Session, Press Release M-EAPC-2 (2001)175, 19 December 2001, Punkt 2.

[128] Aus: UNO billigt Luftangriffe, warnt vor "Blindgängern", trauert um Mitarbeiter, in: Die Presse, 10.10.2001, 5.

[129] Generalmajor McColl hatte am 4.1.2002 gemeinsam mit dem afghanischen Innenminister Mohammad Yunis Qanouni das Militärisch-Technische Agreement – das Rahmendokument für die Entsendung der ISAF – unterzeichnet. Vgl. auch die Rede des britischen Verteidigungsministers Geoff Hoon vor dem Unterhaus am 19.12.2001, aus: http://news.mod.uk/news/press/news_press_notice.asp?newsItem_rd=1298 und Neue Zür-

wie Belgien, Dänemark, Deutschland, Griechenland, Großbritannien, Italien, den Niederlanden, Norwegen, Portugal, Spanien, der Türkei sowie aus Frankreich entsandt. An der ISAF beteiligten sich in der ersten Phase auch Truppen aus NATO-PfP-Staaten wie Bulgarien, Österreich, Rumänien und Schweden. Neuseeland hatte zu Beginn als einziges Nicht-NATO- bzw. PfP-Land ebenfalls Soldaten für die ISAF zur Verfügung gestellt.

Wie die Praxis verdeutlicht hatte, liegt die führende Rolle bei der Militäraktion gegen die Taliban nach wie vor bei den USA. Weniger als vier Wochen nach den terroristischen Attacken gegen das World Trade Center und den Pentagon begannen die Vereinigten Staaten von Amerika und Großbritannien mit den Luftangriffen auf Afghanistan (Operation *Enduring Freedom*). Die Nordatlantische Allianz hat sich bisher kraft Artikel 5 des NATO-Gründungsvertrages an diesen Militäraktionen u.a. mit der Genehmigung von Überflugsrechten und erstmals mit der Entsendung von fünf AWACS-Flugzeugen für Patrouillenflüge in die USA, um die nach Afghanistan beorderten US-Aufklärer zu ersetzen, unterstützend beteiligt. Am 4.10.2001 sind mit *Active Endeavour* auf Marineebene Unterstützungsmassnahmen für die USA seitens des Nordatlantischen Rates beschlossen worden. Unter der Führung von COMNAVSOUTH aus Neapel wurden vorerst Teile der Marineeinheiten *Standing Naval Force Mediterranean* (*STANAVFORMED*) – insgesamt acht Schiffe – in das östliche Mittelmeer verlegt. Diese Einheit wurde danach durch das *Standing Naval Force Atlantic* (*STANAVFORLANT*) abgelöst. STANAVFORLANT umfasste zwölf Schiffe aus elf Nationen und wurde vom potugiesischen Commodore Fernando Melo Gomes befehligt. Es war geplant, dass sich beide Marineeinheiten bis zum Ende dieser Operation alle drei Monate gegenseitig ablösen.

Was die friedenssichernden Maßnahmen betrifft, wurden bei der ISAF mehrheitlich Truppen aus NATO-Ländern entsandt. Die Führung über die ISAF übernahm zu Beginn für drei Monate der NATO-Staat Großbritannien.

Laut Beobachter hat die Militäraktion gegen die Taliban auf der europäischen Seite der NATO wiederum militärische Defizite verdeutlicht.[130] Weder verfügen die EU-Staaten bzw. die europäischen NATO-Verbündeten über Flugzeuge für strategische Bombardements in weiter entfernten Einsatzregionen noch ausreichend Spezialkräfte für heikle Bodenoperationen: „*Diese Mankos sprachen auch dagegen, die NATO als Ganzes zu engagieren*“, erläuterte Peter Schmidt von der Stiftung Wissenschaft und Politik während einer Konferenz in Wien über sicherheitspolitische Aspekte der EU-Erweiterung. Die EU-Staaten benötigen vor allem effiziente Interventionskräfte und eine wirksame Koordinierung von Spe-

---

cher Zeitung vom 3.1.2002, Internet-Ausgabe: „Bis zu 90 Tote bei Angriff auf afghanisches Dorf“.

[130] Vgl. Burkhard Bischof, Neue Gefahren für das „Europa der Zwerge“, in: Die Presse, 18.12.2001, 4.

zialeinheiten und nachrichtendienstliche Aufklärung, die wiederum innerhalb einer möglichen Arbeitsteilung zwischen NATO und EU bedeutend werden kann.

Auf Druck der USA ist die militärische Intervention gegen die Taliban erst möglich geworden, das EU- und NATO-Land Großbritannien stellte für diese Aktion (*Operation Veritas*) von Beginn an u.a. militärische Spezialkräfte und Tankflugzeuge zur Verfügung. Großbritannien leitete auch von Anfang an die UNO-Friedensmission in Afghanistan, die sich aus Nationen zusammensetzt, die bereit und imstande sind, Soldaten und Militärpersonal für derartige Operationen zu entsenden (*coalition of the willing and able*). Für die friedenssichernden Maßnahmen im Rahmen der ISAF waren vorerst Truppen europäischer NATO- und NATO-PfP-Staaten bereitgestellt. Die Führung über ISAF übernahmen zu Beginn der Operation europäische NATO-Staaten.

Die UNO wurde durch die globale Allianz gegen den Terrorismus kraft ihrer Satzung massiv aufgewertet. Artikel 51 der Satzung der Vereinten Nationen – auf den sich als kollektive Verteidigungsorganisation auch die NATO stützt – hat durch die amerikanisch-britische Militäraktion eine neue Dimension erhalten. Die NATO hat sich zwar mit ihrem „treibenden" Mitglied USA voll und ganz solidarisch erklärt und erstmals den Bündnisfall ausgerufen, deren Einfluss auf die Militäraktion war aber bedeutungslos. NATO- und NATO-PfP-Staaten haben jedoch bei den friedenserhaltenden Maßnahmen eine wichtige Rolle inne. Die USA sahen sich gezwungen, die Operation *Enduring Freedom* – abgesehen von der militärischen Unterstützung Großbritanniens – eigenständig durchzuführen; so lagen die Gründe dafür nicht nur in den eingeschränkten militärischen Ressourcen sowie Defiziten der europäischen NATO-Mitgliedstaaten, sondern auch in der aus amerikanischer Sicht negativen Erfahrungen mit der Schwerfälligkeit kollektiver Entscheidungsprozesse bei der NATO-Militäraktion gegen Jugoslawien, in deren Zielplanungen sich insbesondere der französische Staatspräsident Jacques Chirac massiv eingemischt hatte.[131] Eine effiziente transatlantische Partnerschaft, in der die USA und die europäischen NATO-Partner sowohl Lasten und Verantwortung sowie auch die Führung teilen, war damit in noch weitere Ferne gerückt.[132]

Aus allen nationalen wie in den EU- und NATO-Konzepten geht hervor, dass die Streitkräfte im „Kampf gegen den Terrorismus" eine unterstützende Rolle

---

[131] Ebenda.

[132] So der Wiener Völkerrechtler Hanspeter Neuhold zum Thema „Die Welt nach dem 11. September 2001 – eine Zwischenbilanz", in: Die Presse, 11.1.2002, 2.

haben und nur in einigen offensiven Szenarien in einer – politisch zu entscheidenden – proaktiven Rolle handeln könnten.[133]

Exkurs: Das AWACS-Programm der NATO

Am AWACS-Programm beteiligen sich derzeit folgende 15 NATO-Staaten: Belgien, Dänemark, Deutschland, Griechenland, Italien, Kanada, Luxemburg, die Niederlande, Norwegen, Polen (seit Ende 2006), Portugal, Spanien, die Türkei, Ungarn und die USA. Großbritannien ist ebenfalls im AWACS-Programm strukturiert, die britische AWACS-Flotte untersteht jedoch ihrem eigenen Kommando.

Die AWACS-Flotte setzt sich einerseits aus der NATO E3A-Komponente in Geilenkirchen/Deutschland zusammen, die 17 *Boeing E3A*-Radar- und drei Trainings- bzw. Frachtflugzeuge der Type *Boeing 707-300* sowie Crews aus 13 Nationen (alle oben genannten außer Luxemburg) umfasst. Andererseits beteiligt sich Großbritannien mit dem *Royal Air Force (RAF) Airborne Early Warning Squadron Number 8* (Stützpunkt Waddington, Lincolnshire), dem sieben *Boeing E-3D*-Flugzeuge unterstellt sind. Das AWACS-Flottenkommando befindet sich in Mons/Belgien - am selben Ort wie das *Supreme Headquarters Allied Powers Europe* (SHAPE). Das SHAPE übt die administrative Kontrolle über den AWACS-Bereich aus. AWACS unterhält auch Operationsbasen (*forward operating bases*) in Konya/Türkei, in Preveza/Griechenland und in Trapani/Italien sowie eine *forward operating location* in Oerland/Norwegen. Das AWACS-Programm wird von der *NAEW&C Programme Management Agency* in Brunssum/Niederlande koordiniert. Diese Agentur setzt sich aus Militär- und Zivilpersonal der teilnehmenden Länder zusammen.[134]

Die Besatzung einer jeden *E3A* setzt sich aus 17 hochqualifizierten Personen zusammen. Die *E3A* sind in der Lage, sich ohne Luftbetankung auf einer Höhe von 30,000 Fuß (9,150 Metern) mehr als zehn Stunden im Luftraum nach Einsatzplan zu bewegen. Tieffliegende Luftfahrzeuge können seitens des A-WACS innerhalb von 400 Kilometern aufgespürt werden, Flugzeuge auf mittlerer Höhe bereits innerhalb von 520 Kilometern. Die Antennen für das Radarsystem befinden sich im Rotodom, das auf dem Rumpfdach der *E3A* installiert ist. Das Rotodom rotiert alle 10 Sekunden. Ein Radar der *E3A*, die sich auf 30,000 Fuß befindet, deckt 312,000 Quadratkilometer ab. Drei *E3A* können somit ganz Zentraleuropa überwachen. Zusätzlich zum Überwachungssystem transportiert jede *E3A* auch Systeme wie das *Joint Tactical Information Distribution System* (JTIDS), das eine große Anzahl von strategisch relevanten Informationen über-

---

[133] Aus: Klaus Olshausen, Wo bleibt die Zusammenarbeit zwischen NATO und Europäischer Union? Elf Jahre „Berlin Plus“ – Sackgasse statt Zweibahnstraße?, in: Europäische Sicherheit 3/2007, 48-51, 49.

[134] Aus: AWACS: NATO´s eyes in the sky, Updated: 28-Feb-2005, NATO Onlinedienst, http://www.nato.int/issues/awacs/participants.html

mittelt. Die drei Frachtflugzeuge können sowohl zu reinen Passagierflugzeugen und als auch zu Fracht-/Passagierflugzeugen (Kombi) umgebaut werden.[135]

[135] Ebenda.

Die NATO im Kampf gegen den Terrorismus

Im neuen Strategischen Konzept der NATO, das von den Staats- und Regierungschefs am 24.4.1999 in Washington beschlossen wurde, ist der Terrorismus als potenzielle Gefahr für die NATO erwähnt, bereits in einen Punkt gemeinsam mit Artikel 5 bzw. 6 des Washingtoner Vertrages von 1949: „*Any armed attack on the territory of the Allies, from whatever direction, would be covered by Articles 5 and 6 of the Washington Treaty. However, Alliance security must also take account of the global context. Alliance security interests can be affected by other risks of a wider nature, including acts of terrorism, sabotage and organised crime, and by the disruption of the flow of vital resources. The uncontrolled movement of large numbers of people, particularly as a consequence of armed conflicts, can also pose problems for security and stability affecting the Alliance. Arrangements exist within the Alliance for consultation among the Allies under Article 4 of the Washington Treaty and, where appropriate, co-ordination of their efforts including their responses to risks of this kind.*“[136]

Die NATO rief nach den Terrorattacken gegen die USA erstmals in ihrer Geschichte am 2.10.2001 den Bündnisfall aus und stellte im Rahmen der *Operation Eagle Assist* sieben AWACS-Flugzeuge für Patrouillenflüge über die USA sowie mit *Active Endeavour* zusätzlich Unterstützung auf Marineebene zur Verfügung.[137] Während der Militäraktion der USA und Großbritanniens gegen die Taliban griff die NATO jedoch nicht aktiv ein.

Die USA waren damals auch fest entschlossen, den Kampf gegen den Terrorismus auch gegen andere „Schurkenstaaten“ wie den Irak aufzunehmen. Saddam Hussein, so die US-Führung, sei bereits am Terroranschlag gegen das World Trade Center von 1993 beteiligt gewesen, er unterhalte auch Kontakte zum Terrornetzwerk von Al Quaida und verfüge über biologische Vernichtungswaffen. „Das nächste Ziel nehmen wir mit oder ohne Europäer ins Visier“, betonte der einflussreiche US-Senator John McCain. Diktatoren, die Massenvernichtungswaffen herstellen und Terroristen Unterschlupf gewähren, müssten jetzt wissen, dass allein schon dieses Verhalten den „casus belli“ bedeute, warnte McCain. Selbstverteidigung erfordere Vorsorge, manchmal aber auch vorbeugendes Handeln. In der Terrorbekämpfung gebe es aus US-Sicht nur eine Verteidigung: „Den Krieg zum Feind tragen.“[138]

---

[136] Vgl. Punkt 24 des Strategischen Konzeptes der NATO, beschlossen von den Staats- und Regierungschefs in Washington D.C., 24. April 1999, Press release NAC-S(99)65, 24. April 1999.

[137] Vgl. dazu: Gunther Hauser, Die Reaktion der NATO auf den 11. September 2001, in: ÖMZ 2/2002, 209-212.

[138] Vgl. Ewald König, Kampf gegen Terror: Zwist USA-Europa bei Ziel, Mittel, Methode, in: Die Presse, 4.02.2002, 5.

Der damalige deutsche Verteidigungsminister Rudolf Scharping meinte, der Irak stelle zwar zweifellos ein politisches Problem dar, das mit internationaler Überwachung und mit Druck anzufassen sei „und nicht am falschen Ende beginnen (Anmerkung: werden sollte), nämlich mit militärisch-operativer Planung."[139] NATO-Generalsekretär Lord Robertson betonte in diesem Zusammenhang, dass nur zwanzig Prozent des Kampfes gegen den Terrorismus militärischer Natur sind, der Rest bezieht sich auf Polizei(zusammen)arbeit, Auslieferungsverfahren, Einwanderungsprozeduren und Maßnahmen gegen die Finanzquellen von terroristischen Organisationen.[140]

Der Irak, Nordkorea und der im Kampf gegen den Al Qaida-Terrorismus der internationalen Koalition angehörende Iran gehören laut US-Präsident George W. Bush zur „Achse des Bösen". Deshalb forderte der stellvertretende US-Verteidigungsminister Paul Wolfowitz während der Münchener Konferenz für Sicherheitspolitik (1.-3. Februar 2002) die NATO auf, sich besser auf den Kampf gegen den Terrorismus vorzubereiten.

Laut Aussagen des damaligen NATO-Generalsekretärs, Lord Robertson, hat die NATO bereits begonnen, besondere Fähigkeiten zur Entdeckung und Reaktion auf chemische, biologische und radiologische Angriffe zu entwickeln. Bei der NATO existiert ein Zentrum für Massenvernichtungswaffen, das sich mit der Bekämpfung des Terrorismus auseinandersetzt. Dazu wurde auch ein Sonderkomitee eingerichtet, das Erkenntnisse der zivilen Geheimdienste berücksichtigt. Die NATO plant, vor allem im Bereich der Terrorbekämpfung mehr zu investieren.[141]

Am 30.4.2002 entschied der Nordatlantische Rat aufgrund einer Evaluierung über notwendige Maßnahmen für die US-Sicherheit, die *Operation Eagle Assist* bis 16.5.2002 zu beenden. Erstmals wurde durch die Entsendung von sieben AWACS-Flugzeugen Mittel der NATO für Überwachungsflüge innerhalb der USA als Folge der Terroranschläge gegen das World Trade Center (WTC) und den Pentagon bereitgestellt. Die *Operation Eagle Assist* begann am 9.10.2001 gemäß einer Entscheidung des Nordatlantischen Rates fünf Tage zuvor, Maßnahmen zu treffen, um Artikel 5 des NATO-Gründungsvertrages umzusetzen. Mehr als 830 Crewmitglieder aus 13 NATO-Staaten patrouillierten über den USA über 4.300 Stunden.[142] Ein AWACS-Flugzeug kann in einer Höhe von 9.150m über 312.000 Quadratkilometer überwachen.

---

139 Ebenda.

140 Aus: Fragen an George Robertson, „In der Nato entsteht ein Ungleichgewicht", in: Frankfurter Allgemeine Zeitung, 1.2.2002, 7.

141 Ebenda.

142 Vgl. Statement by the Secretary General on the conclusion of Operation Eagle Assist, 30. April 2002, aus: www.nato.int/docu/update/2002/0429/e0430a.htm .

EAPR – verstärkte Kooperation gegen den Terrorismus

Im Grunddokument des Euro-Atlantischen Partnerschaftsrates (EAPR) – des Beratungsgremiums zwischen NATO-Staaten und den Partnerländern innerhalb der NATO-Partnerschaft für den Frieden[143] – hielten die Teilnehmerstaaten fest, vor allem in den Bereichen Verhinderung des Transports von nuklearen, biologischen und chemischen Waffen, internationaler Terrorismus, zivile Notstandsplanung und Katastrophenschutz verstärkt zusammenzuarbeiten. Am 12.9.2001 wurde seitens des EAPR eine Deklaration angenommen, in welcher alle Mitgliedstaaten ihren Willen in der verstärkten Kooperation im Kampf gegen den Terrorismus zum Ausdruck gaben. Der EAPR ist somit zu einem bedeutenden Gremium zur Bekämpfung des Terrorismus geworden. Basierend auf einer finnisch-schwedischen Initiative hatten die Außenminister der EAPR-Mitgliedstaaten den EAPR-Aktionsplan für 2002-2004 beschlossen, der erstmals neue kooperative Mechanismen im Kampf gegen den Terrorismus beinhaltet.[144] Diese sollten vor allem den intensiven Datenaustausch über Quellen möglicher Terrorbedrohungen, den Erfahrungs- und Informationsaustausch in der Ausbildung von Anti-Terroreinheiten und Rettungsteams, das gemeinsame Vorgehen gegen die Proliferation von Massenvernichtungswaffen und die zivil-militärische Zusammenarbeit auf diesem Gebiet beinhalten. Der Unterstaatssekretär des polnischen Außenministeriums, Adam D. Rotfeld, stellte während eines EAPR-Seminars zur Bekämpfung des Terrorismus, das am 22. und 23.2.2002 in Warschau stattfand, fest: *„Finally, we must be sure, that our objectives against international terrorism are the same. If we need co-operation we need to speak the same language. And we need to remember that protection of civilian population is the most important factor.*"[145]

---

143 Der EAPR wurde beim Außenministertreffen der NATO am 30. Mai 1997 in Sintra geschaffen. Unter den 46 Mitgliedstaaten befinden sich 27 Partnerstaaten. Vgl. dazu: Gunther Hauser, Die NATO – die Grundlage des euro-atlantischen Sicherheitsverbundes, in: Erich Hochleitner (Hg.), Das europäische Sicherheitssystem zu Beginn des 21. Jahrhunderts, Verlag Böhlau Wien, 267-335, 306ff und www.nato.int .

144 Vgl. The role of the EAPC in combating terrorism, Warsaw, 22-23 February 2002, Seminar Concept, aus: www.nato.int/docu/conf/2002/c020222a.htm , sowie: Euro-Atlantic Partnership Council (EAPC), Action Plan 2002-2004, Press Release M-2-EAPC (2001)165, 7.12.2001, in: www.nato.int/docu/pr/2001/p01-165e.htm .

145 Vgl. Closing remarks by Mr. Adam D. Rotfeld, Undersecretary of State, Ministry of Foreign Affairs of Poland, Warsaw, 23 February 2002, NATO Onlinedienst, www.nato.int/docu/speech/2002/s020223a.htm .

Die NATO und die US-Sicherheitsstrategie

Die NATO befindet sich in einer Transformationsphase – mit der Schaffung neuer Kommandostrukturen und neuer militärischer Fähigkeiten. Die NATO soll in die Lage versetzt werden, weltweit Krisenmanagementeinsätze durchzuführen. Keine Nation könne, so die US-Sicherheitsstrategie, eine *„sichere, bessere Welt“* allein aufbauen[146], aus diesem Grund resultiert die Bedeutung von Allianzen und multinationalen Organisationen wie die UNO, die Welthandelsorganisation WTO, die Organisation Amerikanischer Staaten (OAS) und die NATO, die imstande sind, *„die Stärke der freiheitsliebenden Staaten zu vervielfachen“*.[147] Deshalb ist nach Ansicht der USA die Koordination mit den europäischen Verbündeten und internationalen Institutionen wesentlich für die konstruktive Konfliktbewältigung und erfolgreiche Friedensoperationen. Falls jedoch in der Bewältigung einer Bedrohung international kein Konsens entsteht, ist die USA auch bereit, allein oder mit Verbündeten – ohne Mandat durch die Vereinten Nationen – eine Bedrohung einzudämmen: *„We cannot let our enemies strike first.“*[148]

Beim NATO-Gipfel von Prag (21.-22.11.2002) wurden nicht nur sieben neue Mitglieder aufgenommen (Bulgarien, Estland, Lettland, Litauen, Rumänien, Slowakei und Slowenien), sondern es erfolgte seitens der Staats- und Regierungschefs auch der Beschluss, neue militärische Fähigkeiten aufzubauen, die einen weltweiten Einsatz von NATO-Truppen zur Eindämmung von Bedrohungen garantieren sollen. Zu diesem Zweck ist der Ausbau des Lufttransportwesens, des Luftbetankungswesens, die Entwicklung von Präzisionswaffen, der Ausbau der Verteidigung gegen biologische und chemische Waffen und die Verstärkung von Bodenüberwachungsradar von großer Wichtigkeit. Generalsekretär Lord Robertson meinte, je mehr militärische Fähigkeiten man besitzt, umso weniger werden sie benötigt[149]. Die NATO kann – wenn sie sich bereiterklärt – für US-Unterstützung herangezogen werden, muss aber nicht. So wird die USA einmal unilateral handeln, das andere Mal multilateral.

---

[146] *„We are also guided by the conviction that no nation can build a safer, better world alone“*, so US-Präsident George W. Bush in der Einleitung der amerikanischen Sicherheitsstrategie.

[147] *„Alliances and multilateral institutions can multiply the strength of freedom-loving nations“*, ebenda.

[148] Kapitel V der amerikanischen Sicherheitsstrategie *„Prevent Our Enemies from Threatening Us, Our Allies, and Our Friends with Weapons of Mass Destruction“*.

[149] Gemäß einem amerikanischen Spruch: *„We think in capacities, not in areas“*.

Die USA favorisieren eine Stärkung der NATO

Differenzen innerhalb der NATO über die ESVP

Während der Münchener Sicherheitskonferenz im Februar 2002 wurden Differenzen zwischen der USA und den europäischen NATO-Partnern sichtbar: NATO-Generalsekretär Robertson übte Kritik sowohl an den USA als auch an Europa. Die scharfen Drohungen an den Irak, die unterschiedlichen Aufwendungen für die Militärhaushalte, die technologischen Lücken zwischen den USA und Europa und die Frage der Wehrpflicht gehörten zu den strittigen Themen, die mehr als vierzig Außen- und Verteidigungsminister und Sicherheitsexperten aus aller Welt in München behandelten.

Die USA gaben im Jahr 2001 allein 38 Prozent ihres Gesamthaushaltes für das Militär aus; im Gegensatz dazu sanken die Verteidigungsetats der europäischen NATO-Mitglieder und Partner, was wiederum die USA mit Misstrauen erfüllte. Die hohen Verteidigungsausgaben der USA sind zur Erhöhung der Kampfbereitschaft, für Präzisionswaffen, unbemannte Flugzeuge, High-Tech-Ausrüstung für Bodentruppen und Raketenabwehr sowie auch für Kriegsschiffe, Panzer und Kampfflugzeuge bestimmt.[150] Eine Erhöhung der Militärbudgets wie in den USA sei zwar in Europa derzeit nicht denkbar, bei der Beschaffung von Mitteln wären seitens der europäischen NATO-Staaten deshalb Synergien anzustreben. Bei den europäischen NATO-Bündnispartnern existiert eine Reihe von Defiziten, die im Bündnis behoben werden müssen, so unter anderem die Aufklärung am Boden, die Anschaffung von Präzisionsmunition, Schwächen bei den strategischen Transportfähigkeiten. All dies beeinträchtigt das Vermögen, sich an Einsätzen zu beteiligen. Die NATO verfügten 2002 über 6.000 Kampfflugzeuge, lediglich ein Bruchteil von ihnen kann Präzisionsbomben einsetzen. Die europäischen NATO-Streitkräfte umfassten im Jahr 2002 zwei Millionen Soldaten, jedoch bereitete die Zusammenstellung von 30.000 Soldaten, die im Zuge der Rotation alle sechs Monate in das Kosovo geschickt werden mussten, weiterhin Probleme.[151] Wie aus Kreisen des Rates der Europäischen Union verlautet, existierten damals in nicht weniger als 40 militärischen Sektoren noch zum Teil erhebliche Defizite.[152] Die Behebungen dieser Defizite gingen laut NATO-Generalsekretär Lord Robertson „mit der Geschwindigkeit eines Gletschers“ voran.[153]

---

[150] Vgl. Eva Male, US-Budget 2003 erfreut Militärs, erhöht Defizit, spart bei Sozialausgaben, in: Die Presse, 6.2.2002.

[151] Vgl. Fragen an George Robertson, „In der Nato entsteht ein Ungleichgewicht“, in: Frankfurter Allgemeine Zeitung, 1.2.2002, 7.

[152] Vgl. Wolfgang Böhm, EU-Kriseneinsätze: Spezialverträge für 4000 Soldaten, in: Die Presse, 14.05.2002, 6.

[153] Vgl.: Fragen an George Robertson, „In der Nato entsteht ein Ungleichgewicht“, in: Frankfurter Allgemeine Zeitung, 1.2.2002, 7.

Zudem noch wird die technologische Lücke zwischen den USA und den europäischen Partnern immer größer, für eine dauerhafte erfolgreiche Partnerschaft jedoch zu groß. Die Technik sei zu alt, die Truppen zu klein. Geld für Investitionen fehle. Der Ausbau des Transfers von Know-how und Technologie seitens der USA zu den Europäern müsse verbessert werden. Es würde der NATO großen Schaden zufügen, wenn die USA den Hochtechnologie-Anteil und die Europäer ausschließlich „einfache" Aufgaben übernähmen.[154]

Nach dem offiziellen Ende der größeren Kampfhandlungen im Irak – verkündet am 1.5.2003 durch US-Präsident George W. Bush – haben sich die Beziehungen zwischen London einerseits sowie Berlin und Paris andererseits wieder verbessert. Während am 16.10.2003 ein von den USA eingebrachter Resolutionsentwurf zum Irak im UNO-Sicherheitsrat nach langen Verhandlungen einstimmig beschlossen wurde, hatte an diesem Tag der britische Premierminister Tony Blair seinen Widerstand gegen die Bildung eines von Belgien, Deutschland, Frankreich und Luxemburg vorgeschlagenen militärischen Kerns in der EU vorerst aufgegeben. Im Gegenzug verzichteten Frankreichs Präsident Jacques Chirac und Deutschlands Bundeskanzler Gerhard Schröder auf die Forderung, ein eigenes EU-Hauptquartier in Tervuren bei Brüssel zu errichten. Aus diesem Grund gaben die USA erneut ihrer „*Sorge*" Ausdruck, dass sich eine eigenständige EU-Verteidigungsunion bilden und dadurch die NATO geschwächt werden könnte. Blair hatte noch im September 2003 während eines Treffens mit Chirac und Schröder in Berlin angekündigt, die Bildung eines eigenständigen EU-Planungsstabes zu unterstützen, dies hatte er jedoch ein Monat später relativiert. Aufgrund von „*Anfragen*" aus den USA begrüßte Blair nur noch die Schaffung einer EU-Planungszelle innerhalb der NATO.

Nach einem neuerlichen Sondertreffen der Staats- und Regierungschefs Belgiens, Deutschlands, Frankreichs und Großbritannien am Rande des EU-Gipfels von Brüssel am 17.10.2003 zeichnete sich vorerst die Herausbildung einer militärischen Kerngruppe innerhalb der EU ab. Der amerikanische Botschafter bei der NATO, Nicholas Burns, warnte daraufhin offen vor „*der bisher ernstesten Bedrohung für das transatlantische Bündnis.*"[155] Burns hatte daraufhin am 20.10.2003 eine informelle Sitzung im Nordatlantischen Rat einberufen. Dabei wiesen europäische NATO-Staaten Forderungen der USA nach einem amerikanischen Mitspracherecht bei der Planung von EU-Operationsstrukturen zurück. Zu diesem Zeitpunkt gab es diesbezüglich auch noch keine abgestimmten Pläne seitens der EU-Mitgliedstaaten. Bei diesem Treffen waren sich jedoch die NA-

[154] Ebenda.
[155] Wolfgang Böhm: „Eine Bedrohung für das Bündnis", Die Presse, 18.10.2003, 3.

TO-Staaten einig, dass die transatlantische Sicherheits- und Verteidigungsallianz nicht geschwächt werden sollte.[156]

Der Nordatlantische Rat ernannte am 22.9.2003 den damaligen niederländischen Außenminister Jaap de Hoop Scheffer zum neuen NATO-Generalsekretär. Mit 1.1.2004 übernahm De Hoop Scheffer diese Funktion von Lord Robertson of Port Ellen. Besonders die amerikanische Regierung hatte sich für den Niederländer als Nachfolger von Lord Robertson eingesetzt. De Hoop Scheffer galt als Befürworter des US-geführten Krieges gegen das Regime von Saddam Hussein. In einer ersten Stellungnahme betonte der neue NATO-Generalsekretär, er wolle sich für die enge Abstimmung zwischen den USA und den europäischen Verbündeten einsetzen.[157]

Die strategische Partnerschaft von EU und NATO bleibt eine bedeutende Grundlage für Europas Handlungsfähigkeit im Bereich Sicherheit und Verteidigung: *„NATO and the European Union share common strategic interests, and we remain strongly committed to enhancing our cooperation.“*[158] Durch ein Mitte März 2003 abgeschlossenes Rahmenabkommen hat die Europäische Union die Möglichkeit, auf NATO-Mittel/Fähigkeiten zurückzugreifen (*„Berlin-plus-*Prozess“[159]). Demnach hat die EU jederzeit und ohne vorherigen Beschluss des Nordatlantischen Rates Zugang zu NATO-Planungskapazitäten. In der am 12.12.2003 verabschiedeten Europäischen Sicherheitsstrategie heißt es dazu: *„Die Dauervereinbarungen zwischen der EU und der NATO, insbesondere die Berlin-Plus-Vereinbarung, verbessern die Einsatzfähigkeit der EU und bilden den Rahmen für die strategische Partnerschaft zwischen beiden Organisationen bei der Krisenbewältigung. Dies spiegelt unsere gemeinsame Entschlossenheit wieder, die Herausforderungen des neuen Jahrhunderts anzugehen.“*[160] So war die EU in der Lage, die Operation *Concordia* in Mazedonien durchzuführen (31.3.-15.12.2003), die mit Rückgriff auf NATO-Mittel/Fähigkeiten erfolgte. Die EU übernahm dadurch die Nachfolge der NATO-Mission *„Allied Harmony“* in der ehemaligen jugoslawischen Teilrepublik, diese erste militärische EU-Operation umfasste ca. 350 Soldaten. Die EU nahm für diese Operation Pla-

---

[156] NATO um Ausgleich im Streit über EU-Verteidigung bemüht, REUTERS, 20.10.2003, 20:08 Uhr.

[157] ORF Online, 23.9.2003.

[158] Ministerial Meeting of the North Atlantic Council held at NATO Headquarters, Brussels, on 4 December 2003, PR/CP (2003)152, para. 15.

[159] Die Bezeichnung *„Berlin-plus“* geht auf ein 1996 in Berlin durchgeführtes Treffen des Nordatlantischen Rats zurück.

[160] Aus: Europäische Sicherheitsstrategie „Ein sicheres Europa in einer besseren Welt“, Brüssel, 12.12.2003, Kapitel III „Auswirkungen auf die Europäische Politik“, 13. Absatz.

nungskapazitäten der NATO in Anspruch, der Oberbefehlshaber war, Admiral Rainer Feist. Für den Notfall standen NATO-Kräfte zur Evakuierung bereit.[161]

Auf der Grundlage der UNO-Sicherheitsratsresolution 1484 (2003) – abgeleitet vom Kapitel VII der Charta der Vereinten Nationen – führte die Europäische Union zwischen Mitte Juni und 1.9.2003 in der Demokratischen Republik Kongo (Bunia, Region Ituri) eine militärische Operation (Operation *Artemis*) durch. Es handelte sich dabei um die erste EU-geführte militärische Operation ohne Rückgriff auf NATO-Mittel/Fähigkeiten. Die NATO wurde bei dieser Operation entsprechend den EU-NATO-Dauervereinbarungen vom März 2003 über einen Informations- und Konsultationsprozess einbezogen.[162] An der Operation *Artemis* nahmen neben Drittstaaten wie Kanada erstmals auch Staaten außerhalb der euro-atlantischen Strukturen wie Brasilien oder Südafrika teil.

Auf dem Europäischen Rat von Kopenhagen (Dezember 2002) hatte die EU ihre Bereitschaft bekundet, unter Rückgriff auf NATO-Mittel/Fähigkeiten „*die Führung bei einer militärischen Operation in Bosnien in der Nachfolge der SFOR zu übernehmen.*“ Für eine derartige Operation ist seitens der EU weiterhin eine enge Abstimmung mit der NATO sowie mit den USA erforderlich. Die Außenminister der NATO-Mitgliedstaaten beschlossen auf deren Herbsttagung, dass EU und NATO Konsultationen über eine mögliche EU-Operation in Bosnien-Herzegowina, die noch vor Ende 2004 eingeleitet werden könnte, aufnehmen werden. Am 1.12.2003 erfolgte der Beschluss der NATO-Verteidigungsminister, die Truppenstärke der SFOR – zum Zwecke der Abschreckung (als *deterrent force*) – von ca. 11.900 bis Juni 2004 auf ca. 7.000 Soldaten zu reduzieren.[163] Die Reduktion der Truppenstärke wurde nicht nur aufgrund der verbesserten Sicherheitslage in Bosnien-Herzegowina vollzogen, sondern auch wegen der Verfügbarkeit von so genannten „*Over The Horizon Forces*“, also von Reserveeinheiten der NATO, die – falls notwendig – schnell nach Bosnien-Herzegowina verlegt werden können (*rapidly deployable*).[164] Beim Verteidigungsministertreffen wurde auch eine mögliche Beendigung der SFOR „*by the end of 2004*“ in Erwägung gezogen sowie deren Übergang in eine neue militärische NATO-Verbindungs- und Beratungsmission (*NATO military liaison and advisory mission*, neues NATO HQ Sarajevo) und in eine EU-geführte Mission im Rahmen der EU-NATO-Dauervereinbarungen (*Berlin plus arrangements*).[165]

---

[161] Auswärtiges Amt der Bundesrepublik Deutschland, Die Europäische Sicherheits- und Verteidigungspolitik, Stand: Dezember 2003.

[162] Ebenda.

[163] Final Communiqué, Meeting of the North Atlantic Council in Defence Ministers Session held in Brussels on Monday, 1 December 2003, PR/CP (2003)148, para. 6.

[164] SFOR plans future force structure, NATO Update, 17.12.2003, NATO Onlinedienst http://www.nato.int/docu/update/2003/12-december/e1217b.htm .

[165] Final Communiqué, Meeting of the North Atlantic Council in Defence Ministers Session held in Brussels on Monday, 1 December 2003, PR/CP (2003)148, para. 6.

Die NATO-geführte KFOR im Kosovo wird, so die NATO-Verteidigungsminister, weiterhin eine bedeutende Rolle für die Sicherheit und Stabilität dieser Region wahrnehmen: KFOR wird zwar restrukturiert, deren Truppenstärke sollte nicht unter 17.500 Soldaten betragen.[166]

Mit Hilfe des „Europäischen Aktionsplanes zu den Fähigkeiten" (*European Capability Action Plan* – ECAP) werden noch bestehende Defizite im Hinblick auf das Leitziel von Helsinki abgebaut. Der ECAP sieht vor, nationale Bemühungen stärker zu koordinieren und durch Synergieeffekte eine höhere Effizienz zu erreichen. Die Entwicklung militärischer Fähigkeiten wird dabei eng mit der NATO abgestimmt. Die NATO organisiert multinationale Projekte zur Verbesserung des strategischen Lufttransports, des strategischen Seetransports und des Luftbetankungssystems – unter deutscher, norwegischer und spanischer Leitung. Die Unterzeichnung eines Multinationalen Implementierungsübereinkommens betreffend den strategischen Seetransport (*Multinational Implementation Arrangement on Strategic Sealift*) erfolgte am 1.12.2003.[167]

Erstmals fand zwischen 19. und 25.11.2003 eine gemeinsame NATO-EU-Krisenmanagementübung statt: Im Rahmen dieser CME/CMX 03 wurde die Planung einer EU-geführten Krisenbewältigungsoperation (*Petersberg*-Aufgaben) – mit NATO-Mitteln/Fähigkeiten – auf strategischer politisch-militärischer Ebene geübt.[168] Darin waren alle EU-Mitgliedstaaten involviert, genauso wie die dafür relevanten Institutionen im Rat der EU, der Hohe Vertreter der Gemeinsamen Außen- und Sichehreitspolitik – Javier Solana –, die Europäische Kommission und das EU-Satellitenzentrum in Torrejón.[169] Auf der NATO-Seite waren ebenfalls alle Verbündete eingebunden und auch das SHAPE (*Supreme Headquarters Allied Powers Europe*).

Fazit: Die Europäische Sicherheits- und Verteidigungspolitik (ESVP) der Europäischen Union soll die NATO nicht ersetzen, sondern ergänzen und durch ein handlungsfähigeres Europa zur strategischen Partnerschaft von EU und NATO beitragen. Die ESVP soll vor allem den europäischen Pfeiler der NATO stärken. EU und NATO haben oft betont, dass v.a. diejenigen Mitglieder, die sowohl der EU als auch der NATO angehören, aus politischen und finanziellen Gründen („*single set of forces*") auf „*eine enge Abstimmung der Streitkräfteentwicklungen in NATO und EU achten werden*".[170] Dadurch wird sichergestellt,

---

[166] Ebenda, para. 7.

[167] Statement on Capabilities issued at the Meeting of the North Atlantic Council in Defence Ministers Session held in Brussels on Monday, 1 December 2003, PR/CP (2003)149, para. 4.

[168] First Joint EU-NATO Crisis Management Exercise (CME/CMX 03), Press Release (2003)133, 11.11.2003.

[169] Ebenda.

[170] Auswärtiges Amt der Bundesrepublik Deutschland, Die Europäische Sicherheits- und Verteidigungspolitik, Stand: Dezember 2003.

dass sich die in EU und NATO vorgenommenen Verbesserungen militärischer Fähigkeiten gegenseitig koordiniert verstärken – im Sinne der Interoperabilität von amerikanischen und europäischen Streitkräften. Dies gilt insbesondere gemäß dem Kommuniqué des Prager NATO-Gipfels vom 21.11.2002 auch für die Etablierung der weltweit innerhalb von fünf Tagen einsatzfähigen *NATO Response Force* (NRF) und die entsprechenden Arbeiten im Rahmen des Planziels der Europäischen Union: *„The NRF and the related work of the EU Headline Goal should be mutually reinforcing while respecting the autonomy of both organisations.*“[171] Die ersten Elemente der NRF demonstrierten bei einer Übung in der Türkei am 20.11.2003 ihre Fähigkeiten in einer Krisenerwiderungsoperation (*crisis response operation*): Eliteeinheiten aus elf NATO-Ländern wurden über den Luft-, See- und Landweg verlegt mit dem Auftrag, von Terroristen und feindlichen Soldaten bedrohten UNO-Personal und Zivilisten in einem Land außerhalb des euro-atlantischen Bereiches zu Hilfe zu kommen.[172] Die klassische NRF-Rotation besteht aus sechs Monaten Vorbereitungszeit und zwei weiteren Zeiträumen „*Stand-by*“ oder „*Ready Period*“ von jeweils einem halben Jahr. Der multinationale Charakter der NRF erfordert taktische Gefechtsübungen (*Live Exercises* – LIVEX), um die Interoperabilität auf dieser Ebene sicher zu stellen.[173] Zudem mmuss die weltweite Verlegefähigkeit geübt werden.

EU-Sicherheit – gemeinsam mit der NATO

Die USA standen einigen Plänen der EU sehr skeptisch gegenüber, v.a. der Einführung der EU-Beistandspflicht sowie der Schaffung eigenständiger militärischer EU-Planungs- und Kommandostrukturen. Der damalige US-Verteidigungsminister Donald Rumsfeld warnte am 1.12.2003 auf dem Weg nach Brüssel zum NATO-Verteidigungsministergipfel vor einer Gefährdung des Nordatlantischen Bündnisses.[174] Die Außenminister der EU hatten sich zuvor am 28.11.2003 in Neapel im Grundsatz auf eine eigenständige EU-Verteidigung geeinigt. Die EU plante, den bestehenden Generalstab, der rund 150 Strategen umfasst, um planerische Kapazitäten zu erweitern. Zu diesem Zeitpunkt war um eine dafür vorgesehene Aufstockung von 30 zusätzlichen Militärs die Rede. Europa sollte nach Meinung der USA jedoch keine operativen Ressourcen außer-

---

[171] Statement on Capabilities issued at the Meeting of the North Atlantic Council in Defence Ministers Session held in Brussels on Monday, 1 December 2003, PR/CP (2003)149, para. 2.

[172] Response Force demonstrates capability in first exercise, NATO SHAPE News, http://www.nato.int/shape/news/2003/11/i031121a.htm .

[173] So in den Bereichen Fernmeldemittel und –verbindungen, gemeinsame Einsatzverfahren – Standing Operational Procedures (SOP), Koordinierung von Bewegungen nach Raum und Zeit, aus: Gerhard W. Back, Ausbildung und Übungen für das Herstellen der Einsatzbereitschaft der NATO Response Force, in: Europäische Sicherheit 8/2006, 9-13, 10.

[174] Andreas Schnauder und Burkhard Bischof, Pentagon kritisiert EU-Verteidigungsplan, Die Presse, 2.12.2003, 8.

halb der NATO aufbauen.[175] Das amerikanische Mißtrauen gegenüber einer Vertiefung der ESVP blieb aufrecht, trotz der mehrmaligen Betonung seitens der EU, die NATO bleibe Fundament der kollektiven Verteidigung, und der Ersetzung des Reizwortes des *„europäischen Hauptquartiers"* durch eine allgemeinere *„Kapazität zur Planung und Führung von Operationen"*, die sich auf die Zusammenarbeit der großen Hauptquartiere in Europa – in London, Paris und Potsdam – stützt.[176] Die USA lenkten wenig später ein, die EU konnte mit 1.1.2007 somit eine eigene – von der NATO unabhängige – jedoch personell klein gehaltene Operationszentrale erhalten. Bei der Krisenintervention der EU sollte stets gemeinsam mit den nationalen Hauptquartieren vorgegangen werden.

Wenig Schwierigkeiten bereitete Rumsfeld das zweite militärische Standbein der EU: Für Einsätze, bei denen auf NATO-Fähigkeiten zurückgegriffen wird (*„Berlin-plus"*), soll die EU eine permanente militärische Planungszelle beim SHAPE erhalten. Diese Zelle dient auch als Informationsstelle für die USA über europäische Aktionen.[177] Bis dato wurden zu diesem Zweck provisorische Kommanden errichtet, wie im Fall der EU-Operation *Concordia* in Mazedonien.

Der damalige NATO-Generalsekretär, Lord Robertson, äußerte sich ebenso „besorgt" über die britisch-deutsch-französische Initiative – d.h. über eine mögliche Duplizierung der militärischen Mittel und eine daraus resultierende Konkurrenz zur NATO. Deutschlands damaliger Verteidigungsminister Peter Struck entgegnete, der Plan der EU *„dient dem Ziel, den europäischen Pfeiler in der NATO zu stärken"*, all *„dies kann und muss im Interesse unserer amerikanischen Freunde liegen."* [178] Der Plan, den existierenden EU-Militärstab um eine operative Komponente zu erweitern, sei *„überhaupt keine Konkurrenzveranstaltung zur NATO"*.[179] EU und NATO befinden sich somit nicht in Konkurrenz. Zudem hätte die britische Regierung *„dem Plan kaum zugestimmt, wenn sie sich nicht vorher in Washington rückversichert hätten"*, meinte ein EU-Diplomat.[180] Premierminister Tony Blair hat demnach innerhalb der EU die Aufgabe, die politische Balance zwischen der EU und den USA zu halten. In persönlichen Gesprächen mit US-Präsident George W. Bush handelte Blair eine Lösung aus, mit der auch die amerikanische Führung einverstanden ist.[181] Militärische Operationen müssen künftig von allen Mitgliedern der Union beschlossen werden.

Einigungsbedarf innerhalb der europäischen Staaten gab es auch bei der EU-Beistandspflicht. Artikel 40 (7) Absatz 2 des EU-Verfassungsentwurfes aus

---

175 Ebenda.

176 Katja Ridderbusch: USA gegen EU-Militärpläne, Berliner Morgenpost Online, 2.12.2003.

177 Aus: Verteidigungsunion aus der Taufe gehoben, Die Presse Online, 13.12.2003.

178 Katja Ridderbusch: USA gegen EU-Militärpläne, Berliner Morgenpost Online, 2.12.2003.

179 Ebenda.

180 Ebenda.

181 Aus: Verteidigungsunion aus der Taufe gehoben, Die Presse Online, 13.12.2003.

2003 sah die gegenseitige Hilfe im Falle eines bewaffneten Angriffs – jedoch nur im Fall einer engeren Zusammenarbeit von Staaten – vor.[182] Der Vorschlag der italienischen Ratspräsidentschaft vom 25.11.2003 lautete: „*If a Member State is the victim of armed aggression on its territory, the other Member States shall give it aid and assistance by all the means in their power, military or other, in accordance with Article 51 of the United Nations Charter. Commitments and cooperation in this area shall be consistent with commitments under NATO, which, for those States which are members of it, remains the foundation of their collective defence.*"[183] Deutschland, Frankreich und Großbritannien präsentierten in Neapel am 28.11.2003 einen Vorschlag, der wie folgt lautete: „*In the event that a Member State is subject to armed aggression on its territory, the other Member States must provide it with aid and assistance, employing all means in their power, in compliance with the provisions of Article 51 of the United Nations Charter. Commitments and co-operation in this field remain in compliance with commitments made within NATO, which remains, for the States which are members of it, the foundation of their collective defence and the instance of its implementation.*"[184]

Die vier neutralen und bündnisfreien Staaten Finnland, Irland, Österreich und Schweden vertraten die Auffassung, dass die in Neapel präsentierte britisch-deutsch-französische Formulierung sie zu stark an einen Beistand binden würde. In einem Brief an die EU-Präsidentschaft hatten sie deshalb vorgeschlagen, die Beistandsverpflichtung durch ein Recht, andere Mitgliedstaaten um Hilfe zu bitten, zu ersetzen.[185] Die Außenminister der Vier wollten nur zugestehen, dass ein angegriffener Mitgliedstaat von den anderen Hilfe und Unterstützung fordern kann. Geeinigt haben sich die Staats- und Regierungschefs am 12.12.2003 beim Europäischen Rat von Brüssel auf eine Kompromissformel, der den besonderen Vorbehalten und verfassungsrechtlichen Bedenken der neutralen und bündnisfreien Staaten Rechnung trägt, ohne aber die Beistandsverpflichtung an sich völlig zu verwässern: „*Wenn der Ernstfall eintritt, ist das kein Problem*", sagte Deutschlands damaliger Außenminister Joschka Fischer und gab sich überzeugt,

---

[182] Bei der Umsetzung der engeren Zusammenarbeit im Bereich der gegenseitigen Verteidigung arbeiten, so Artikel 40 (7) Absatz 2 des EU-Verfassungsentwurfes, arbeiten die beteiligten Staaten eng mit der NATO zusammen.

[183] Zitiert aus: Unsere Sicherheit Europa, Newsletter des Österreichischen Instituts für Europäische Sicherheitspolitik, Ausgabe 3/03, 4.

[184] In: Agence Europe vom 3.12.2003, zitiert aus: Unsere Sicherheit Europa, Newsletter des Österreichischen Instituts für Europäische Sicherheitspolitik, Ausgabe 3/03, 4.

[185] Zuerst präsentierten Finnland und Schweden einen Alternativvorschlag mit dem Recht auf Beistand. Österreich schloss sich dieser Initiative an. Aus: Unsere Sicherheit Europa, Newsletter des Österreichischen Instituts für Europäische Sicherheitspolitik, Ausgabe 3/03, 4, und: Neutrale wollen Abschwächung der Beistandsklausel, Frankfurter Allgemeine Zeitung, 9.12.2003, 5.

dass die EU-Mitgliedstaaten es dann für selbstverständlich halten würden, im Fall eines bewaffneten Angriffs einander nach besten Kräften zu helfen.[186] In der EU existieren – im Gegensatz zur NATO – nach wie vor unterschiedliche Sicherheitspolitiken von so genannten „neutralen“ und „bündnisfreien“ Staaten und mehrheitlich NATO-Mitgliedsländern.

Im Gegensatz zum EU-Verfassungsentwurf aus 2003, der in Artikel 40 (7) Absatz 2 eine enge Zusammenarbeit mit der NATO im Bereich Verteidigung vorsah, beinhaltete der von der italienischen Präsidentschaft in Neapel präsentierte Vorschlag eine für alle Mitgliedstaaten verbindliche Beistandsklausel, wobei ausdrücklich seitens der NATO-Mitglieder eine Vereinbarkeit dieses Beistands mit den Verpflichtungen aus dem NATO-Gründungsvertrag bestand. Auch der britisch-deutsch-französische Vorschlag sah eine allgemein verbindliche Beistandsklausel für alle EU-Mitglieder vor, die NATO-Mitgliedstaaten können demnach ebenso ihre Beistandsverpflichtung innerhalb der Nordatlantischen Allianz verwirklichen.

[186] Aus: Neutrale wollen Abschwächung der Beistandsklausel, Frankfurter Allgemeine Zeitung, 9.12.2003, 5.

Die neuen Beziehungen mit Russland werden definiert

In der isländischen Hauptstadt Reykjavik trafen sich am 14. und 15.5.2002 die Außenminister der NATO und ihrer Partnerstaaten, um unter anderem die künftige Strategie der Nordatlantischen Allianz – vor allem im Hinblick auf deren neue Erweiterung – und die verstärkte Einbindung Russlands in das Bündnis zu diskutieren. Als Ergebnis wurde – basierend auf der Initiative der NATO-Außenminister vom 7.12.2001 - am 14.5.2002 der neue Abschnitt der Zusammenarbeit zwischen der NATO und Russland beschlossen: Der 1997 ins Leben gerufene gemeinsame Ständige NATO-Russland-Rat[187] soll nun durch einen NATO-Russland-Rat ersetzt werden, in dem die NATO-Staaten und Russland *„als gleiche Partner in Bereichen des gemeinsamen Interesses“*[188] wie Terrorismus, Nichtverbreitung von ABC-Waffen, Krisenmanagement, Katastrophenschutz Rüstungskontrolle und Abrüstung kooperieren. Russland erhält dadurch – ohne formelle Mitgliedschaft bei der NATO – die Möglichkeit, wichtige Entscheidungen gemeinsam mit dem Bündnis zu treffen. Die Unterzeichnung dieses Dokuments erfolgte im Rahmen eines Treffens der Staats- und Regierungschefs der NATO-Mitgliedstaaten und Russlands am 28.5.2002 in Rom.

Parallel dazu gab US-Präsident Bush am 13.5.2002 eine Einigung bei der seit langem geplanten atomaren Abrüstung bekannt. Die atomaren Gefechtsköpfe sollen bis 2012 von mehr als je 6.000 auf je 1.700 bis 2.200 Stück reduziert werden. Dieser Vertrag (SORT) – er wurde Ende Mai 2002 in Moskau von den Präsidenten George W. Bush und Wladimir Putin unterzeichnet – *„wird das Erbe des Kalten Krieges zu den Akten legen.“*[189]

Am 27.5.2002 wurde die NATO-Militärmission in Moskau – anlässlich des fünfjährigen Jubiläums des Inkrafttretens der NATO-Russland-Gründungsakte – offiziell eröffnet. Diese Mission hat zum Ziel, die militärische Zusammenarbeit zwischen der Nordatlantischen Allianz und Russlands zu koordinieren. Das Team der Mission setzt sich aus NATO-Offizieren sowie aus zwei russischen Offizieren zusammen.

---

[187] Die NATO und Russland stellten damals gemeinsam fest, dass sich „beide Seiten nicht mehr als Gegner betrachten“, sondern vielmehr durch die Entschlossenheit „zum Bau eines stabilen, friedlichen und ungeteilten, geeinten und freien Europas“ verbunden sind. Die NATO erklärte auch in der NATO-Russland-Gründungsakte von 1997, keine nuklearen Waffen im Hoheitsgebiet neuer Mitgliedstaaten zu stationieren.

[188] Press Statement, NATO-Russia Permanent Joint Council Meeting at the Level of Foreign Ministers Held in Reykjavik on 14 May 2002, 2. Absatz, NATO Onlinedienst, www.nato.int/docu/pr/2002/p020514e.htm .

[189] So US-Präsident George W. Bush; Vgl. Nato, Russland, USA: „Ende des Kalten Krieges“, in: Die Presse, 14.05.2002, 1.

Der Irak-Krieg 2003 spaltete die NATO

Im Hinblick auf einen militärischen Angriff gegen den Irak warnten britische und amerikanische Generäle sowie der UNO-Generalsekretär Kofi Annan die USA vor einem Alleingang. Ein Sturz des von US-Präsident George W. Bush geforderten irakischen Regimes sowie eine eventuelle Militärintervention hätten demnach ausschließlich mit Bündnispartnern zu erfolgen. Einem US-Schlag gegen Saddam Hussein hat vorerst die Mehrheit der EU-Außenminister – darunter 10 NATO-Staaten – bei ihrem Treffen im dänischen Helsingör am 31.8.2002 eine Absage erteilt. Großbritanniens Premierminister Tony Blair unterstützte zwar anfänglich die Politik von George W. Bush, distanzierte sich jedoch wenig später vom Vorhaben des amerikanischen Präsidenten unter der Bedingung, dass Saddam Hussein Waffeninspektoren in den Irak lasse.[190] Wenig später ließ Premierminister Tony Blair wissen: *„Ich hasse Krieg. Jeder sensible Mensch tut das. Aber manchmal ist dies der richtige Weg.“*[191] Großbritannien sei bereit, einen *„blutigen Preis“* zu zahlen, meinte der britische Premierminister in einem Interview mit der BBC.[192] Blair befürwortet einen Krieg gegen Saddam Hussein damit, dass der irakische Staatschef eine *„echte Bedrohung für die Region und den Rest der Welt ist“*.[193] Der britische Premier und US-Präsident Bush haben demnach Beweise, dass der Irak an der Produktion von Massenvernichtungs- bzw. Atomwaffen – stützend auf einen Bericht der Internationalen Atomenergiebehörde IAEO – arbeite. Anfang September 2002 hatte bereits die neue niederländische Mitte-Rechts-Regierung unter Premier Jan Peter Balkenende sowie eine große Mehrheit im Haager Parlament im Fall eines Irak-Krieges der USA ihre Unterstützung zugesichert, wenn notwendig auch militärisch. Ein neues Mandat für einen derartigen Militärschlag wäre nach Ansicht des niederländischen Außenministers Jaap de Hoop Scheffer *„wünschenswert, aber nicht notwendig“* gewesen.[194] Die – bis auf Großbritannien – zunächst einheitliche Front der EU-Länder und EU-NATO-Länder gegen einen US-Militärschlag begann wenige Tage nach dem Treffen der EU-Außenminister in Helsingör zu bröckeln. Nach Meinung der meisten europäischen NATO-Länder, die der EU angehören, mußten seitens des Irak die betreffenden elf Resolutionen des UNO-Sicherheits-

---

[190] So der britische Außenminister Jack Straw, vgl. dazu: Irak-Krieg: Bush laufen Verbündete davon, Die Presse, 2.9.2002, 1.

[191] Aus: „Ich hasse Krieg, aber ...“ – Blair schwenkt voll auf Bushs Linie ein, in: Die Presse, 5.9.2002, 10.

[192] Vgl. Martin Peter, Blair und Bush halten Kriegsrat in Camp David, in: Die Presse, 7.9.2002, 7.

[193] Aus: „Ich hasse Krieg, aber ...“ – Blair schwenkt voll auf Bushs Linie ein, in: Die Presse, 5.9.2002, 10.

[194] Vgl. Helmut Hetzel, „Deutschland ist kein zuverlässiger Partner mehr“, in: Die Presse, 7.9.2002, 7.

rates umgesetzt werden.[195] Während die USA versucht hatten, die europäischen NATO-Alliierten für einen Militärschlag gegen den Irak zu gewinnen, betonten die europäischen Bündnispartner in diesem Zusammenhang die Notwendigkeit der Entscheidung des UNO-Sicherheitsrates. Am 12.9.2002 hatte Präsident Bush vor der UNO-Vollversammlung eine neue UN-Resolution gefordert, die Saddam Hussein zwingen soll, u.a. auf Massenvernichtungswaffen zu verzichten. Ansonsten, so Bush, drohe ein Militärschlag. Die USA zielte demnach auf eine Ausarbeitung einer entsprechenden Resolution mit dem UNO-Sicherheitsrat. Der französische Außenminister Dominique de Villepin sagte, Bushs Position stimme mit der Haltung Frankreichs überein, die französische Verteidigungsministerin Alliot-Marie erklärte, dass Frankreichs Armee *„für den Fall einer Entscheidung des UN-Sicherheitsrates für einen Militärschlag gegen den Irak“* gerüstet sei.[196] Die Irak-Rede von Präsident Bush am 12.9.2002 hatte bei den NATO-Verbündeten in Europa großteils positives Echo hervorgerufen. So betonte NATO-Generalsekretär Lord Robertson einen Tag zuvor: *„We must also be ready to confront the threat of weapons of mass destruction, which give terrorists and rogue regimes the capacity to wreak even greater horror on our people.*”[197] UNO-Generalsekretär Kofi Annan stellte dazu fest: “*Individual States may defend themselves, by striking back at terrorist groups and the countries that harbour or support them ... But only concerted vigilance and cooperation among all States, with constant, systematic exchange of information, offers any real hope of denying terrorists their opportunities.*”[198]

Die USA war im Hinblick auf die Durchsetzung möglicher Militäraktionen die *„driving force.*“ Im Fall des möglichen Militärschlages gegen den Irak wurde zwischen den USA und Europa der gemeinsame Nenner gefunden: Entscheidung durch den UNO-Sicherheitsrat. Falls es aber dazu nicht komme, sei Bush fest entschlossen, den Irak anzugreifen. Mit europäischen Partnern. Wie die Operation *„Enduring Freedom“* gegen die Taliban und Al-Quaida bewiesen hat, setzt die USA zur Durchführung derartiger Aktionen auf *Ad-hoc*-Koalitionen.

---

[195] Aus: ORF-Text, 1.9.2002, 122.

[196] Vgl. Reinhold Smonig, Französischer Symbolismus: Startschuß für Aufrüstungsprogramm am 11. September, in: Die Presse, 12.9.2002, 6.

[197] Vgl. Speech by NATO Secretary General, Lord Robertson at the September 11th Commemoration, NATO Headquarters, 11 September 2002, NATO Onlinedienst, http://www.nato.int/docu/speech/2002/s020911a.htm .

[198] Vgl. Annan stresses vital role of multilateral institutions in address to UN Assembly, http://www.un.org/apps/news/story.asp?NewsID=4684&Cr=annan&Cr1=terror, 13 September 2002.

NATO-Erweiterung – „On the road to Prague“

Insgesamt gab es 2002 neun Staaten („*Vilnius-Gruppe*“), die um die Aufnahme in die NATO angesucht haben: Präsident George W. Bush hatte vorerst davon gesprochen, dass es eine „*robuste*“ Erweiterung geben soll und dass kein Land zwischen Ostsee und Schwarzem Meer aufgrund seiner Geografie und Geschichte ausgeschlossen werden soll.[199] Beim NATO-Außenministergipfel in Reykjavik Mitte Mai 2002 wurden noch keine konkreten Namen von Staaten genannt, die in die Nordatlantische Allianz aufgenommen werden würden. In NATO-Kreisen war zu dieser Zeit von einer Einladung an Bulgarien, Estland, Lettland, Litauen, Rumänien, Slowakei und Slowenien die Rede. In den Kreis der offiziellen NATO-Aspiranten bzw. in den *Membership Action Plan* (MAP) erfolgte in Reykjavik die Aufnahme von Kroatien, das im Mai 2000 Mitglied der Partnerschaft für den Frieden wurde.[200] Zu den Aspiranten gehörten bereits Albanien und Mazedonien. Der so genannte MAP wurde auf dem NATO-Gipfel von Washington im April 1999 verabschiedet; er sieht den Beitritt von Aspirantenstaaten gemäß Artikel 10 des Nordatlantischen Vertrags von 1949 vor, denen sich dadurch die „*Tür zur NATO-Mitgliedschaft*“ öffnet. Der MAP soll den Aspiranten dabei helfen, „bündnisfähig“ zu werden, kann aber nicht als Kriterienliste für eine Mitgliedschaft betrachtet werden, sondern ist lediglich eine „*practical manifestation of the Open Door*“[201]. Beim MAP handelt es sich ähnlich wie beim PfP-Programm um eine Liste möglicher Aktivitäten, aus denen ein Land individuell und nach eigenem Ermessen jene auswählen soll, die es für das Erreichen eines Zieles am sinnvollsten erachtet. Es wird seitens der NATO von den Aspiranten erwartet, dass sie über finanzielle Mittel verfügen, um die von der Nordatlantischen Allianz geforderten Maßnahmen im Falle einer Aufnahme umzusetzen und an den gemeinsamen Ausgaben der Allianz teilhaben zu können.[202]

Der damalige US-Botschafter bei der NATO, Nicholas Burns, definierte die Aufnahmekriterien wie folgt: Die neuen Mitglieder sollen in der Lage sein, ihr Militär den Streitkräfte- und Kommandostrukturen des Bündnisses anzupassen und in Fragen des Rechtsstaates und der Menschenrechte „*das eigene Haus in Ordnung zu bringen*“. Letztlich werden einem Beitrittswerber zwei Fragen gestellt: „*Werden sie uns militärisch stärken oder werden sie uns zur Last fallen,*

---

[199] Vgl. Burkhard Bischof: „Meciar wäre ein Hindernis für Nato-Beitritt“. Der amerikanische Botschafter bei der Nato, Nicholas Burns, nimmt im „Presse“-Gespräch zur geplanten Erweiterung der Allianz Stellung. Von den europäischen Verbündeten und Partnern fordert er höhere Verteidigungsausgaben. In: Die Presse, 20.6.2002, 3.

[200] Vgl. Final Communiqué, Meeting of the North Atlantic Council in Defence Ministers Session held in Brussels on 6 June 2002, Press Release (2002)072, 6 June 2002, aus: http://www.nato.int/docu/pr/2002/p02-072e.htm .

[201] Vgl. Membership Action Plan, Press Release NAC-S(99)66, 24.4.1999, 1.

[202] Ebenda.

wenn sie der Allianz beitreten? Und: Können sich die Allianzmitglieder sicher sein, dass die Verpflichtung des Kandidaten zu Demokratie und Rechtsstaat felsenfest und beständig ist?" Dies wäre im Falle einer Wiederwahl von Wladimir Meciar zum slowakischen Ministerpräsidenten jedoch nicht möglich gewesen: Wäre die Bewegung für eine Demokratische Slowakei unter Meciar tatsächlich im September 2002 zurück an die Macht gekommen, wäre dies – so Burns – ein „*fundamentales Hindernis*" für einen Beitritt der Slowakei in die NATO gewesen.[203]

[203] Vgl. Burkhard Bischof: „Meciar wäre ein Hindernis für Nato-Beitritt". Der amerikanische Botschafter bei der Nato, Nicholas Burns, nimmt im „Presse"-Gespräch zur geplanten Erweiterung der Allianz Stellung. Von den europäischen Verbündeten und Partnern fordert er höhere Verteidigungsausgaben. In. Die Presse, 20.6.2002, 3.

Der Gipfel von Prag und die neuen Aufgaben der NATO

Die Erweiterung der NATO auf 26 Mitgliedstaaten

Die gegenwärtigen „*ernsthaften neuen Bedrohungen und tief greifenden Sicherheitsherausforderungen*"[204] machen eine neue Aufgabendefinition der Nordatlantischen Allianz notwendig. Aus diesem Anlass wurde in Prag ein Gipfel der Staats- und Regierungschefs der NATO-Mitgliedstaaten (21.-22.11.2002) abgehalten, um weitreichende Maßnahmen zu beschließen. Prag ist als richtungsweisend und als Symbolkraft des Umbruchs zu verstehen, es erfolgte dort am 30.6.1991 die Selbstauflösung des Warschauer Pakts.[205] Ein Treffen der NATO-Verteidigungsminister, bei dem die neue NATO-Streitkräfte und –Kommandostruktur festgelegt wurde, fand bereits Ende September 2002 genau an jenem Ort in Warschau statt, an dem am 14.5.1955 das kommunistische Bündnissystem gegründet wurde. Die NATO soll nun erneut einem Transformationsprozess unterzogen werden – mit neuen Mitgliedern, neuen Verteidigungsfähigkeiten einschließlich effizienteren und schlankeren Kommandostrukturen sowie neuen Beziehungen zu den NATO-Partnern. Am 21.11.2002 beschlossen die Staats- und Regierungschefs, mit folgenden sieben Staaten Gespräche im Hinblick auf eine Aufnahme in die Allianz einzuleiten: Bulgarien, Estland, Lettland, Litauen, Rumänien, die Slowakei und Slowenien.[206] Das Bündnisgebiet wurde somit erstmals auch auf ehemalige sowjetische Republiken und auf eine frühere jugoslawische Teilrepublik ausgedehnt. Mit der geplanten Aufnahme von sieben Staaten wurde in Prag die fünfte und somit größte Erweiterung in der Geschichte der NATO vorbereitet. Die NATO-19 sollte auf 26 Mitgliedstaaten erweitert werden.[207] Der Ratifikationsprozess konnte in der Folge so zum Abschluss gebracht werden, dass diese Staaten der NATO spätestens im April 2004 – nach der Durchführung der noch ausstehenden Reformen in den Kadidatenländern – beitreten konnten. Diesbezüglich wurde während des Gipfels in Prag das 1999 in die NATO aufgenommene Mitglied Ungarn mit dem Vorwurf konfrontiert, nicht genug Finanzmittel für die Modernisierung seiner Streitkräfte investiert zu ha-

---

[204] Prager Gipfelerklärung der Staats- und Regierungschefs auf dem Treffen des Nordatlantikrates in Prag, 21.11.2002, Press Release (2002)127 vom 22.11.2002, Punkt 1, http://www.nato.int/docu/other/de/2002/p02-127d.htm .

[205] Gründungsstaaten des „*Vertrags über Freundschaft, Zusammenarbeit und gegenseitigen Beistand*" (Warschauer Vertrag): Albanien, Bulgarien, DDR, Polen, Rumänien, Sowjetunion, Tschechoslowakei und Ungarn. 1961 brach Albanien die diplomatischen Beziehungen zur UdSSR aufgrund ideologischer Meinungsverschiedenheiten ab und trat 1968 aus dem Warschauer Pakt aus. Die Mitgliedschaft der DDR endete am 3.10.1990, als Ostdeutschland mit der Bundesrepublik Deutschland vereinigt wurde.

[206] Prager Gipfelerklärung der Staats- und Regierungschefs, 21.11.2002, Punkt 2.

[207] 1952: Aufnahme von Griechenland und der Türkei in die NATO; 1955: Die Bundesrepublik Deutschland tritt der NATO bei. 1982 folgte Spanien, 1999 Polen, die Tschechische Republik und Ungarn.

ben: „*Ungarn war nicht fähig, seine Versprechungen einzuhalten und ... das Problem zu erkennen*“ erklärte Ungarns Verteidigungsminister Ferenc Juhasz und beschuldigte die Vorgängerregierung unter Viktor Orban, die Modernisierung der ungarischen Armee unterlassen zu haben.[208]

Nach Plan ist die Aufnahme der sieben Staaten in die NATO fast zeitgleich mit dem Beitritt von 10 mittel-, ost- und südlichen Staaten in die EU erfolgt. Der NATO-Erweiterungsgipfel von Prag (21.-22.11.2002) ging dem EU-Erweiterungsgipfel von Kopenhagen (12.-13.12.2002) voran. Die Aufnahme der sieben Kandidatenländer geht auf einen Ausspruch von US-Präsident George W. Bush zurück, der in Warschau am 15.6.2001 Folgendes verkündete: „*all of Europe´s new democracies, from the Baltic to the Black Sea and all that lie between, should have the same chance for security and freedom, and the same chance to join the institutions of Europe, as Europe´s old democracies.*”[209]

Albanien und Mazedonien fanden als Aspirantenländer „*bei der Überlegung über eine zukünftige Mitgliedschaft weiter Berücksichtigung.*“ Beide Länder wurden ermutigt „*ihre Reformanstrengungen zu verdoppeln.*“[210] Kroatien wird als Aspirantenland „*bei den Überlegungen über eine zukünftige Mitgliedschaft ebenfalls Berücksichtigung finden.*“[211] Die Fortschritte dazu hängen demnach von den weiteren Reformbemühungen Kroatiens und der Erfüllung aller seiner internationalen Verpflichtungen, auch gegenüber dem Internationalen Strafgerichtshof für das ehemalige Jugoslawien, ab.

Die NATO und der Kampf gegen den Terrorismus

Der Terrorangriff fanatischer muslimischer Selbstmordattentäter auf New York und Washington glich, wie die damalige Sicherheitsberaterin von Präsident George W. Bush – Condoleeza Rice – formuliert hatte, einem Erdbeben, das „*die tektonischen Platten der internationalen Politik*“ deutlich und dauerhaft verschoben hat. Von derart schweren Erschütterungen bleibt auch die NATO nicht verschont.[212] Diese Terrorattacken bewirkten erstmals die Inkraftsetzung von Artikel 5 (kollektiver Beistand) des NATO-Gründungsvertrages vom 4.4.1949. So wurde seitens der NATO ein umfassendes Maßnahmenpaket auf der Grundlage des Strategischen Konzepts gebilligt, um „*... Fähigkeiten zu stärken, den Herausforderungen für die Sicherheit unserer Streitkräfte, unserer Bevölkerung und unseres Territoriums zu begegnen, aus welcher Richtung diese*

208 Christophe Chatelot, Sermonnée par l´Alliance, la Hongrie fait son mea culpa, Le Monde, 23.11.2002.

209 Paul E. Gallis, NATO Enlargement, CRS Report for Congress, Updated November 4, 2002, 2, http://www.usembassy.at/en/download/pdf/nato_enlarge.pdf .

210 Prager Gipfelerklärung der Staats- und Regierungschefs, Punkt 6.

211 Ebenda.

212 Horst Bacia, Die schwere Geburt einer neuen Nato, Frankfurter Allgemeine Zeitung, 20.11.2002, 6.

Herausforderungen auch kommen mögen. ..."[213] Diese Herausforderungen betreffen vor allem auch „*die Bedrohung, die vom Terrorismus sowie der Weiterverbreitung von Massenvernichtungswaffen und ihrer Trägermittel ausgeht.*"[214] Die Umgestaltung und Anpassung der NATO ist aber „*... von keinem Land und keiner Organisation als eine Bedrohung anzusehen (...), sondern vielmehr als Zeichen unserer Entschlossenheit, unsere Bevölkerung, unser Territorium und unsere Streitkräfte vor jedem bewaffneten Angriff zu schützen, der aus dem Ausland geführt wird, auch vor Terroranschlägen. ... und zwar in Übereinstimmung mit dem Washingtoner Vertrag und der Charta der Vereinten Nationen.*"[215] Der Versuch, am 28.11.2002 eine startende israelische Passagiermaschine des Typs *Boeing 757-300* am Flughafen von Mombasa mit zwei aus russischer Produktion stammenden SA-7-Raketen abzuschießen, ist ein Warnzeichen dafür, dass Terroristen planen, auch mobile Flugabwehrraketen gegen Zivilflugzeuge einzusetzen.

Neue Streitkräfte- und Kommandostrukturen, Prager Fähigkeitsziele und die Maßnahmen gegen die aktuellen Bedrohungen

Die NATO soll künftig Streitkräfte einsetzen, die in der Lage sind, schnell dorthin verlegt werden zu können, „*wo sie nach Entscheidung durch den Nordatlantikrat benötigt werden und die Fähigkeit besitzen, Operationen über Zeit und Raum zu führen – auch in einem potenziellen nuklearen, biologischen und chemischen Bedrohungsumfeld – und ihre Ziele zu erreichen.*"[216] Die einsatzstarken militärischen Kräfte gelten als wesentlicher Teil der gesamtpolitischen Strategie der NATO. So wurden in Prag folgende Entscheidungen getroffen:

- Schaffung von NATO-Reaktionskräften (*NATO Response Force* – NRF), die sich aus zunächst maximal 21.000 Soldaten – aus hochmodernen, flexiblen, dislozierbaren, zur Interoperabilität tauglichen und durchhaltefähigen Truppenteilen – zusammensetzen. Die NRF untersteht im Einsatz einem CJTF[217] Hauptquartier (HQ) und umfasst Land-, See- und Luftkontingente, die demnach innerhalb von 7 bis maximal 30 Tagen bereitstehen. Zusammengesetzt werden die Landstreitkräfte in Brigadegröße, die Stärke der Seestreitkräfte soll jene der *NATO Standing Naval Force* umfassen. Der Rotationszeitraum umfasst 6 Monate. Die erste Stufe ihrer Einsatzfähigkeit sollte bis spätestens Oktober 2004 erfolgen, die volle Einsatzfähigkeit war mit spätestens Oktober 2006 anberaumt. Die Krisentruppe der EU in der Stärke von 60.000 Soldaten und die NRF sollen komplementär und kompatibel, jedoch nicht in Konkurrenz zueinander

213 Prager Gipfelerklärung der Staats- und Regierungschefs, Punkt 3.
214 Ebenda.
215 Ebenda, Punkt 4.
216 Ebenda.
217 CJTF: Combined Joint Task Force – teilstreitkräfteübergreifendes Kommando.

stehen: „*Die Arbeiten zu den NATO-Reaktionskräften und die entsprechende Arbeit im Rahmen des Planziels der EU sollten sich gegenseitig stärken und der Autonomie beider Organisationen Rechnung tragen.*"[218] Der französische Präsident Jacques Chirac betonte, dass Frankreich nur an der NRF teilnehmen wird, solange diese „*kompatible Modalitäten*" mit der EU-Krisenbewältigungstruppe entwickelt habe und den eigenen „*Status*" der EU-Truppen respektiere.[219]

- Schaffung einer schlankeren, effizienteren und besser dislozierbaren Kommandostruktur zur Durchführung operativer Voraussetzungen für das volle Spektrum der NATO-Aufgaben. Diese Struktur stützt sich auf das Dokument der Militärischen Mindestforderungen für die Führungsvorkehrungen der Allianz. Sie soll zu einer wesentlichen Verkleinerung der Zahl der Hauptquartiere (HQ) sowie der kombinierten Luftangriffs- und Luftverteidigungsgefechtsstände führen. Die neue Kommandostruktur löste jene gewohnte ab, als 2 NATO-Kommandeure die Verantwortung für Operationen zwischen Europa und dem atlantischen Bereich aufteilten. So beinhaltet seit Mitte 2003 die Kommandostruktur 2 strategische Kommandos (*Strategic Commands*) – eines für operationelle und eines für funktionelle Aufgaben. Das strategische Kommando für Operationen mit dem HQ in Europa (Belgien) wird von zwei Gemeinsamen Streitkräftekommandos (*Joint Force Commands*) unterstützt, die in der Lage sind, ein HQ für ein landgestütztes alliiertes Streitkräftekommando (*Combined Joint Task Force – CJTF*) sowie ein robustes, jedoch kleineres ständiges gemeinsames HQ aufzustellen, aus dem ein seegestütztes CJTF HQ hergestellt werden kann. Der strategische Oberbefehlshaber für Operationen ist seit Mitte 2003 für die Vorbereitung und Führung aller Operationen, einschließlich der Verteidigung des NATO-Territoriums, zuständig. Letztere Aufgabe hatte zuvor das SACLANT (*Strategic Allied Commander Atlantic*) wahrgenommen. Das für die Fragen der Umgestaltung verantwortliche strategische Kommando (*Allied Command Transformation – ACT*) mit dem HQ in Norfolk/Virginia und einer Präsenz in Belgien (SHAPE – *Supreme Headquarters Allied Powers Europe*) „*wird für die weitere Umgestaltung der militärischen Fähigkeiten und die Förderung der Interoperabilität der NATO-Streitkräfte, wo angezeigt im Zusammenwirken mit dem Alliierten Kommando für Operationen, verantwortlich sein.*"[220] Konkret ist das ACT u.a. für die Entwicklung von Konzepten und Doktrinen, für die Identifizierung künftiger Anforderungen für die

---

218 Prager Gipfelerklärung der Staats- und Regierungschefs, Punkt 4a.

219 Laurent Zecchini, Au sommet de l'OTAN, la France fait entendre sa différence sur l'Irak et la Force de réaction, Le Monde, 23.11.2002.

220 Prager Gipfelerklärung der Staats- und Regierungschefs, Punkt 4b.

Streitkräfte und für die ständige Beobachtung von militärischer Ausbildung verantwortlich.[221] Das ACT hat seit Sommer 2003 in Norfolk gemeinsam mit dem bereits bestehenden Kommando aller US-Streitkräfte (*U.S. Joint Forces Command*) seine Basis. Die Staats- und Regierungschefs *„haben dem Rat und dem Verteidigungsplanungsausschuss die Weisung erteilt, ..., die Detailarbeiten an der Struktur zum Abschluss zu bringen, einschließlich geografischer Standorte der HQ und andere Strukturelemente, damit die NATO-Verteidigungsminister im Juni 2003 die endgültigen Entscheidungen treffen können.“*[222]

- Billigung der Prager Verpflichtung zu Verteidigungsfähigkeiten: *„Einzelne Bündnismitglieder haben feste und spezifische politische Verpflichtungen übernommen, um ihre Fähigkeiten in folgenden Bereichen zu verbessern: Abwehr gegen chemische, biologische, radiologische und nukleare Waffen; in der Aufklärung, Überwachung und Zielerfassung; in der Luft-Boden-Überwachung; in Führungs- und Kommunikationssystemen; in der Wirksamkeit im Einsatz, einschließlich präzisionsgelenkter Munition und der Systeme zur Ausschaltung gegnerischer Luftverteidigungssysteme; im strategischen Luft- und Seetransport; in der Luftbetankung; und in Bezug auf verlegefähige Einsatzunterstützungs- und Logistikeinheiten. Unsere Anstrengungen zur Verbesserung der Verteidigungsfähigkeiten durch die Prager Verpflichtung sowie die Anstrengungen der Europäischen Union zum Ausbau europäischer Fähigkeiten durch den „Europäischen Aktionsplan zu den Fähigkeiten“ sollten sich gegenseitig verstärken, dabei der Autonomie beider Organisationen Rechnung tragen und im Geiste der Offenheit stattfinden.“*[223] Die erforderlichen Schritte zur Verbesserung der Verteidigungsfähigkeiten *„könnten multinationale Anstrengungen, die Spezialisierung auf Rollen und die Umschichtung von Prioritäten umfassen; ...“*[224] Im November 2002 haben sich 6 NATO-Mitglieder bereit erklärt, gemeinsam in der Entwicklung eines Radars (*Transatlantic Cooperative AGS Radar* – TCAR) mitzuwirken, das eine wesentliches Element der NATO-Bodenüberwachung (*Alliance Ground Surveillance* – AGS) bilden wird. Die nationalen Rüstungsdirektoren Deutschlands, Frankreichs, Italiens, der Niederlande, Spaniens und der USA unterzeichneten dazu ein „*Statement of Intent to Assess a Cooperative Radar Development*“. Dieses Radar soll sowohl der NATO als auch jedem einzelnen

---

[221] Fact Sheet: NATO: Building New Capabilities for New Challenges, The White House, Office of the Press Secretary (Prague, Czech Republic) for Immediate Release, November 21, 2002. http://usinfo.state.gov/admin/020/wwwh02112111.html .

[222] Prager Gipfelerklärung der Staats- und Regierungschefs, Punkt 4b.

[223] Ebenda, Punkt 4c.

[224] Ebenda, Punkt 4c, zweiter Absatz.

Mitgliedsland für Verteidigungszwecke offen stehen.[225] In Prag haben sich einzelne Länder verpflichtet, zum Ausbau militärischer Fähigkeiten der Allianz spezielle Anstrengungen zu unternehmen: Deutschland soll bei der Verbesserung des strategischen Lufttransport die Führungsrolle übernehmen, Spanien wird die Vergrößerung der Lufttankerflotte vornehmen, die Niederlande hat sich bereit erklärt, sich auf den Bereich „*neue Präzisionswaffen*" zu spezialisieren. Die Tschechische Republik ist bestrebt, seine speziellen Erfahrungen bei der ABC-Abwehr einzubringen.[226]

- Billigung des militärischen Konzeptes für die Verteidigung gegen den Terrorismus: Dieses Konzept ist Teil eines Maßnahmenpakets zur Stärkung der NATO-Fähigkeiten im Bereich Terrorismus und inkludiert u.a. Verbesserungen im Austausch nachrichtendienstlicher Erkenntnisse und in den Vorkehrungen zur Krisenreaktion: „*Wir engagieren uns im Zusammenwirken mit unseren Partnern zur vollständigen Umsetzung des Aktionsplans der Zivilen Notfallplanung, um den zivilen Sektor auf mögliche Angriffe mit chemischen, biologischen oder radiologischen Kampfstoffen gegen die Bevölkerung besser vorzubereiten. Wir werden unsere Fähigkeiten ausbauen, um auf entsprechendes Ersuchen nationaler Behörden Unterstützung leisten zu können und ihnen dabei zu helfen, die Folgen von Terroranschlägen, einschließlich chemischer, biologischer, radiologischer und nuklearer Angriffe gegen kritische Infrastruktureinrichtungen zu beheben, wie im Aktionsplan der Zivilen Notfallplanung vorgesehen.*"[227] Ziel und Opfer des Terrorismus sind vor allem Zivilisten.
- Billigung der Umsetzung von 5 Initiativen für die Verteidigung gegen nukleare, biologische und chemische Waffen zur Erweiterung der NATO gegen Massenvernichtungswaffen: ein verlegefähiges ABC-Abwehr-Analyse-Labor als Prototyp; ein Team zur Reaktion auf ABC-Vorfälle als Truppenversuchsmodell; ein virtuelles „*Centre of Excellence*" als Schaltstelle für die ABC-Abwehr; NATO-Lagerbestände zur B- und C-Waffen-Abwehr; und ein Überwachungssystem für Erkrankungen.[228]
- Verstärkung der NATO-Fähigkeiten zur Verteidigung gegen Software-Angriffe.[229]
- Prüfung von Optionen zur effizienten Begegnung der wachsenden Raketenbedrohung für das NATO-Territorium, deren Streitkräfte und den Be-

---

[225] NATO AGS radar cooperation statement of intent, Press Release (2002)136, 21 Nov. 2002, http://www.nato.int/docu/pr/2002/p02-136e.htm .

[226] NATO und EU basteln an Eingreiftruppe, Die Presse, 22.11.2002, 4.

[227] Prager Gipfelerklärung der Staats- und Regierungschefs, Punkt 4d, dritter Absatz.

[228] Ebenda, Punkt 4e.

[229] Ebenda, Punkt 4f.

völkerungszentren des Bündnisses.[230] Am 18.12.2002 hatte US-Präsident George W. Bush den offiziellen Startschuss für den Aufbau eines Raketenabwehrsystems (MD = *Missile Defense*) mit land- und seegestützten Abfangraketen gegeben: Dies sei ein weiterer „*Schritt, um uns gegen die neuen Gefahren zu wappnen, indem wir mit dem Aufbau eines Raketenabwehrsystems beginnen, mit dem wir die Vereinigten Staaten und unsere Freunde und Verbündeten schützen können*", betonte Bush.[231] Ab 2004 sollten zunächst 10 Abfangraketen auf der Armeebasis Fort Greeley in Alaska aufgestellt werden, bis 2006 sollten noch weitere 10 Raketen – voraussichtlich auf dem Luftwaffenstützpunkt Vandenberg in Kalifornien - dazukommen. Um feindliche Raketen bereits in ihrer Startphase („*boost phase*") zerstören zu können, ist die Installierung von bis zu 20 Abfangraketen auf Kriegsschiffen der Aegis-Klasse geplant. Zum gesamten Raketenabwehrsystem gehören auch modernisierte „*Patriot*"-Boden-Luft-Raketen zur Abwehr von Kurz- und Mittelstreckenraketen. Unterstützt werden soll MD von modernen Satellitensystemen und Radaranlagen mit Standorten auf der Fylingdales-Basis/Großbritannien und in Thule / Grönland.[232] Der dänische Ministerpräsident Anders Fogh Rasmussen bezeichnete die geplante Raketenabwehr ein „*Projekt des Friedens*", das im Interesse Dänemarks sei.[233]

Neue Kommandostrukturen für die NATO[234]

Der Aufbau neuer Kommandostrukturen wurde von den Staats- und Regierungschefs der NATO-Mitgliedstaaten auf dem Prager Gipfel der Nordatlantischen Allianz (21.-22.11.2002) beschlossen. Die Vorbereitungen dazu erfolgten bis zum Treffen der NATO-Verteidigungsminister am 12.6.2003 bzw. bis zum Gipfel der NATO-Außenminister eine Woche zuvor. Die neuen Kommandostrukturen sind wie folgt gegliedert:

Das Alliierte Kommando Operationen (*Allied Command Operations* – ACO) wird vom Obersten Alliierten Befehlshaber Europa (*Supreme Allied Commander Europe* – SACEUR) geführt und nimmt die ehemaligen operationellen Aufgaben der Alliierten Kommanden Europa und Atlantik (ACEUR, ACLANT) wahr. Der SACEUR leitet auch weiterhin das *U.S. European Command*. Das ACO-Hauptquartier befindet sich im SHAPE (*Supreme Headquarters Allied Powers Europe*) in der Nähe von Mons/Belgien. Die Anzahl der Hauptquartiere, die dem SHAPE unterstellt sind, wurden mit den neuen Strukturen verringert. Die

230 Ebenda, Punkt 4g.
231 Bush gibt grünes Licht für Aufbau der Raketenabwehr, Die Presse, 19.12.2002, 5.
232 Ebenda.
233 Hannes Gamillscheg, Grönland: Nicht ohne unsere Mitsprache, Die Presse, 19.12.2002, 5.
234 Aus: New NATO Command Structure, North Atlantic Treaty Organisation, NATO Onlinedienst, http://www.nato.int/issues/military_structure/command/index-e.htm .

operationelle Ebene besteht nun aus zwei stehenden *Joint Force Commands* (JFCs) in Brunssum / Niederlande und in Neapel / Italien. Beide JFCs sind in der Lage, Operationen von ihren Basen aus zu führen oder am Boden stationierte teilstreitkräfteübergreifende Hauptquartiere (*Combined Joint Task Forces* – CJTF) zur Verfügung zu stellen. Zusätzlich ist noch ein robustes stehendes *Joint Headquarters* (JHQ) in Lissabon/Portugal eingerichtet, von dem aus ein seegestütztes CJTF-Hauptquartier verlegt werden kann. Die taktische Ebene setzt sich dagegen aus sechs *Joint Force Component Commands* (JFCCs) zusammen, die spezialisiertes Personals in den Bereichen Land, See oder Luft der operationellen Ebene zur Verfügung stellt. Die JFCCs sind einem der beiden JFCs untergeordnet. Das JFC in Brunssum leitet das *Air Component Command* in Ramstein / Deutschland, das *Maritime Component Command* in Northwood / Großbritannien und das *Land Component Command* in Heidelberg / Deutschland. Dem JFC in Neapel ist das *Air Component Command* in Izmir / Türkei, das *Maritime Component Command* in Neapel und das *Land Component Command* in Madrid/Spanien unterstellt. Zu den JFCCs wurden vier stehende *Combined Air Operations Centres* (CAOCs) installiert – in Uedem / Deutschland, Finderup / Dänemark, Poggio Renatico / Italien und in Larissa / Griechenland –, und zwei verlegbare CAOCs – in Uedem und in Poggio Renatico. Den verlegbaren CAOCs steht als Trainingsstätte die Luftwaffenbasis von Torrejón bei Madrid zur Verfügung. Zur Unterstützung ist ein kleinerer *NATO air facility support staff* in Torrejon stationiert.

Das Alliierte Kommando Transformation (*Allied Command Transformation* – ACT) wird vom Oberbefehlshaber des Alliierten Kommandos Transformation (*Supreme Allied Commander Transformation* – SACT) geführt, der auch die Rolle des Oberbefehlshabers des *US Joint Forces Command* einnimmt. Die Inauguration des ACT fand am 19.6.2003 in Norfolk / USA statt. Das ACT ist für die permanente Transformation der NATO-Streitkräfte und –Fähigkeiten verantwortlich. Dazu zählen die Vertiefung der Ausbildung, die Verbesserung der Fähigkeiten, die Gewährleistung der Interoperabilität, die Erprobung und die Entwicklung von Doktrinen und die Durchführung von Experimenten, um neue Konzepte zu bewerten. In Belgien befindet sich ein ACT-Stabselement, dessen Aufgabengebiet die Ressourcen- und Verteidigungsplanung beinhaltet. ACT umfasst folgende Zentren: das *Joint Warfare Centre* in Norwegen, das *Joint Force Training Centre* in Polen und das *Joint Analysis und Lessons Learned Centre* in Portugal. Unter dem Einflussbereich des ACT steht auch das Unterseeforschungszentrum in La Spezia / Italien. In griechenland erfolgte die Einrichtung eines *Maritime Interdiction Operational Training Centre*, das mit dem ACT assoziiert ist. Die neue Kommandostruktur der NATO weist zur ehemaligen folgende Änderungen auf:

- auf strategischer Ebene die Reduzierung von zwei operationellen Kommanden auf eines, jedoch die Schaffung eines funktionellen strategischen Kommandos für Transformation.
- Fünf operationelle regionale Kommanden wurden auf zwei reduziert – ergänzt durch ein mehr limitiertes drittes Kommando. Dazu wurden die 13 operationellen untergeordneten Kommanden auf sechs verringert.
- Dies bedeutet eine Reduktion der Kommandohauptquartiere von 20 auf elf sowie
- eine Verringerung der *Combat Air Operation Centres* (CAOCs) von zehn auf sechs – vier stehende und zwei verlegbare.

Die NATO strebt Verbesserungen ihrer militärischen Kapazitäten an

Die Staats- und Regierungschefs der Nordatlantischen Allianz beschlossen anlässlich des Prager Gipfels (21.-22.11.2002), die militärischen Fähigkeiten zu verbessern. 2002 stellten die damaligen 18 Länder der Integrierten NATO-Militärstruktur rund 240 Brigaden (*combat brigades*) – jede in der Stärke von 5.000 Soldaten - der Nordatlantischen Allianz zur Verfügung.[235] Davon war nur weniger als die Hälfte verlegbar, und somit für weltweite Operationen geeignet. Bei Abzug des amerikanischen Beitrags und jener Truppen, die seitens der NATO als nicht verlegefähig eingeschätzt werden, betrug die Anzahl der Brigaden, die für derartige Aufgaben geeignet sind, weniger als 50. Wenn die Notwendigkeit der Ausbildung, der Rotation und der Bereitschaft der Truppen berücksichtigt wird, konnten als absolutes Minimum seitens der NATO-Staaten – ohne USA und Frankreich - circa 16 Brigaden (80.000 Soldaten) verlegt werden.[236]

Bis Oktober 2004 sollte zunächst eine *NATO Response Force* (NRF) als Hochbereitschaftstruppe in der Stärke von 21.000 Soldaten aufgestellt werden, die weltweit bis Oktober 2006 die volle personelle und technische Einsatzfähigkeit erreichen sollte. Diesem *Head Line Goal* war das Treffen der nationalen Rüstungsdirektoren der NATO-Mitgliedstaaten (*Conference of National Armaments Directors* – CNAD) am 8. und 9.5.2003 gewidmet – unter Teilnahme des Obersten Alliierten Befehlshabers Atlantik (*Supreme Allied Commander Atlantic* – SACLANT), Admiral Ian Forbes, der bis zu diesem Zeitpunkt für die militärische Transformation des Bündnisses verantwortlich war. Themen dieser Konferenz waren eine Bilanz der NATO im Kampf gegen den Terrorismus, das Prager Fähigkeitsziel (*Prague Capabilities Commitment*), die Raketenabwehr und das Bodenüberwachungssystem der Allianz. NATO-Generalsekretär Lord Robertson hob in diesem Zusammenhang die Bedeutung der gezielten Koopera-

---

235 Vgl. "*The West after Iraq: Are the Security Strategies of the US and Europe still Compatible?*", Speech NATO Secretary General, Lord Robertson, at the BMVG-FAZ Forum, Berlin, 24 June 2003.

236 Ebenda.

tion und der Koordination im Rüstungsbereich hervor, um den Sicherheitsrisiken und Bedrohungen wirksam entgegentreten zu können.[237]

Die CNAD ist für die Zusammenarbeit im Rüstungswesen – hier vor allem für die Koordinierung der Bereiche Forschung, Entwicklung und Produktion –, für die materielle Standardisierung und für das Beschaffungswesen zuständig. CNAD leitet eine Struktur von Spezialausschüssen und berichtet direkt dem Nordatlantischen Rat. CNAD trifft sich zweimal jährlich unter dem Vorsitz des NATO-Generalsekretärs. Den permanenten Vorsitz hat jedoch der *Assistant Secretary General for Defence Support* inne. Zu den Treffen selbst kommen die Rüstungsdirektoren der Mitgliedstaaten, die Vertreter des Militärausschusses und jene der Strategischen Kommanden, die Vorsitzenden der CNAD-Hauptgruppen sowie andere zivile und militärische Repräsentanten, die für verschiedene Aspekte der Produktionslogistik verantwortlich sind, zusammen.

Die Repräsentanten der Nationalen Rüstungsdirektoren (NADREPS) führen die Geschäfte und leiten die Arbeiten der jeweiligen Gruppen. Die Struktur der CNAD besteht aus

- Gruppen, Untergruppen und Arbeitsgruppen, die drei *CNAD Main Armaments Groups* unterstellt sind – die *NATO Naval Armaments Group* (NNAG), die *NATO Air Force Armaments Group* (NAFAG) und die *NATO Army Armaments Group* (NAAG) – und aus der *NATO Group on Acquisition Practices*;
- der *NATO Industrial Advisory Group* – NIAG;
- den *CNAD-Ad-hoc*-Gruppen, die für besondere Rüstungsprojekte zuständig sind, diese werden z.B. im im *Alliance Ground Surveillance Steering Committee* koordiniert;
- den CNAD-Partnerschaftsgruppen, wie der Gruppe von Nationalen Direktoren für Qualitätssicherung, der Gruppe von Nationalen Direktoren für Kodifizierung, der Expertengruppe für die Sicherheitsaspekte des Transports und der Lagerung von Munition und Sprengstoff, der Gruppe für die Standardisierung von Material und technischen Verfahrensweisen sowie der Gruppe für Sicherheit und Wartung für Munition und Sprengstoff;
- dem *NATO Conventional Armaments Review Committee* (NCARC), das sich aus Vertretern der Nationalen Rüstungsdirektoren, der Generalstabschefs und dem militärischen Bereich der NATO zusammensetzt. Dem NCARC obliegt die Führung des

[237] Vgl. Armaments directors take stock of NATO´s transformation, 8 May 2003, http://www.nato.int/docu/update/2003/05-may/e0508a.htm .

Konventionellen Rüstungsplanungssystems (*Conventional Armaments Planning System* – CAPS).[238]

Die NATO und der EAPR

Die Staats- und Regierungschefs der NATO beschlossen in Prag auch die Stärkung des politischen Dialogs unter den damals 46 Staaten des Euro-atlantischen Partnerschaftsrates (EAPR) bzw. der Partnerschaft für den Frieden (PfP). Die NATO-Staaten werden – nach Abstimmung mit den weiteren EAPR- bzw. PfP-Ländern – die Einbeziehung der Partnerstaaten in die Planung, Durchführung und Aufsicht über diejenigen Aktivitäten und Projekte erhöhen, an denen sie sich beteiligen und zu denen sie beitragen wollen. Besonders die Partner in den strategisch wichtigen Regionen Kaukasus und Zentralasien werden aufgerufen, die Mechanismen der individuellen Aktionspläne zur Partnerschaft im Hinblick auf die verstärkte Umsetzung von Reformen zu nutzen. Zur Bekämpfung des Terrorismus haben die EAPR- bzw. PfP-Staaten einen Partnerschafts-Aktionsplan verabschiedet, dazu soll u.a. auch die Interoperabilität sowie die verteidigungsbezogenen Aktivitäten gesteigert werden. Der NATO-Gipfel von Prag stellte Bosnien-Herzegowina und der Bundesrepublik Jugoslawien in Aussicht, nach Erzielung der erforderlichen Fortschritte – einschließlich der uneingeschränkten Zusammenarbeit mit dem Internationalen Strafgerichtshof für das ehemalige Jugoslawien – sich an den Arbeiten der PfP und des EAPR zu beteiligen.[239]

Die NATO und die Kooperationen mit Russland, der Ukraine und Weißrussland

Im Prager Dokument wird die Zusammenarbeit zwischen Russland und der NATO sehr begrüßt, vor allem „*als gleichberechtigte Partner*" im NATO-Russland-Rat in folgenden Bereichen: Friedenserhaltung, Verteidigungsreform, Nichtverbreitung von Massenvernichtungswaffen und Trägersystemen, Such- und Rettungsdienst, Zivile Notfallplanung, taktische Raketenabwehr und Kampf gegen den Terrorismus.[240] Was die Raketenabwehr betrifft, gab das russische Außenministerium sein Bedauern bekannt, weil aus Moskauer Sicht die Aufstellung der US-Raketenabwehr ein neues Wettrüsten auslösen und dadurch „*eine neue Phase der Destabilisierung*" anbrechen könnte.[241] In der NATO-Russland-Rat-Schlusserklärung vom 22.11.2002 wurde Moskau versichert, dass die tags zuvor beschlossene Aufnahme von sieben mittel- und osteuropäischen Staaten – darunter auch drei ehemalige Sowjetrepubliken – keine Bedrohung für Russland

---

238 Vgl. NATO Handbook 2001, Chapter 14, Conference of National Armaments Directors (CNAD), Updated 4 November 2002, North Atlantic Treaty Organisation (NATO), http://www.nato.int/docu/handbook/2001/hb140301.htm .

239 Prager Gipfelerklärung der Staats- und Regierungschefs, Punkt 7.

240 Ebenda, Punkt 8.

241 Bush gibt grünes Licht für Aufbau der Raketenabwehr, Die Presse, 19.12.2002, 5.

darstelle. Die Teilung Europas in Ost und West werde dadurch überwunden, das bedeute das Ende der tristen Hinterlassenschaft des Ribbentrop-Molotow-Paktes sowie von Jalta und Potsdam. Von der russischen politischen Elite wurde damals die Aufnahme der neuen, schwachen mittel- und osteuropäischen Staaten in die NATO als Schwächung des Bündnisses gesehen, nachdem die USA bereits während des Afghanistan-Feldzuges gezeigt hätten, dass sie die NATO für rasche, dezidierte Aktionen nicht mehr in Anspruch nehmen wollten.[242]

Am 9.12.2002 erfolgte die Abhaltung der zweiten gemeinsamen Terrorismuskonferenz[243] zwischen Russland und der NATO im Moskauer Verteidigungsministerium. Gegenstand der Diskussion war die Rolle des Militärs in der Terrorbekämpfung. Eine Modernisierung der Streitkräfte, um den Terrorbedrohungen wirksam entgegentreten zu können, sei unbedingt erforderlich, so die Teilnehmer der Konferenz: „*The military forces of yesterday – huge arsenals of battle tanks, static headquarters and inflexible soldiers – are not only useless in meeting these new threats, they also divert scarce defence resources away from urgent and pressing modernisation*", betonte der damalige NATO-Generalsekretär Lord Robertson in diesem Zusammenhang.[244]

Russland soll künftig die Tür für einen Beitritt zur NATO offen stehen, wenn es dies auch wolle. Bereits im Sommer 2001 habe US-Präsident George W. Bush Russland eine mögliche NATO-Mitgliedschaft in Aussicht gestellt, als Präsident Wladimir Putin das Interesse seines Landes für diesen Schritt bekundet hatte.[245] Grundsätzlich unterstrich Russlands Außenminister Igor Iwanow, dass die NATO durch die Reformierung ihrer aus dem Kalten Krieg stammenden Militärstrategie „*kein Gegner Russlands mehr ist, sondern ein Partner.*" Eine Mitgliedschaft Russlands in der NATO sei jedoch derzeit „*kein Gegenstand unserer Diskussionen.*"[246]

Was das Verhältnis zur Ukraine betrifft, wird im Prager Dokument deren Entschlossenheit zur Kenntnis genommen, „*die vollständige euro-atlantische Integration weiter anzustreben*". Die Ukraine wird ermutigt, „*alle erforderlichen Reformen, einschließlich der Durchsetzung der Exportkontrollen, umzusetzen, um dieses Ziel zu erreichen.*"[247] Der neue NATO-Ukraine-Aktionsplan umfasst u.a. politische, wirtschaftliche und militärische Bereiche, in denen die Ukraine

---

[242] Betonte Nüchternheit in Moskau zur Nato-Erweiterung, Neue Zürcher Zeitung, 21.11.2002.

[243] Die erste derartige Konferenz fand im Februar 2002 in Rom statt.

[244] Transforming the military to fight terrorism, 9 Dec. 2002, NATO Onlinedienst, http://www.nato.int/docu/update/2002/12-december/e1209a.htm .

[245] Paul E. Gallis, NATO Enlargement, CRS Report for Congress, Updated November 4, 2002, 2. http://www.usembassy.at/en/download/pdf/nato_enlarge.pdf

[246] Burkhard Bischof, Rußland und die Nato: Vom Dauer-Problemfall zum gelobten Partner, Die Presse, 23.11.2002, 5.

[247] Prager Gipfelerklärung der Staats- und Regierungschefs, Punkt 9.

weitere Reformschritte erzielen muss. Trotz der Worte der Kooperation zwischen der NATO und der Ukraine war der damalige ukrainische Präsident Leonid Kutschma ein ungebetener Gast am Prager Gipfel. Seine Regierung wurde verdächtigt, zugelassen zu haben, dass ein Luftverteidigungssystem an den Irak geliefert wird und damit UNO-Sanktionen verletzt werden. Außenminister Anatoli Slenko dementierte diesen Vorwurf.

Weißrussland steht aufgrund seiner politischen Verhältnisse weiterhin unter misstrauischem Blick der NATO. So verweigerte die Tschechische Republik dem weißrussischen Präsidenten Alexander Lukaschenko ein Visum, das Lukaschenko die Teilnahme am EAPR-Gipfel ermöglicht hätte. Dennoch beabsichtige die weißrussische Führung, im Rahmen der PfP weiterhin mitzuarbeiten und seine Kooperationen mit der NATO zu intensivieren.[248]

Die NATO-Zusammenarbeit mit der Europäischen Union

Beim Europäischen Rat von Brüssel (24.-25.10.2002) konnte eine mögliche Einigung zwischen der EU und NATO in Aussicht gestellt werden: Griechenland gab seinen Widerstand gegen die Beteiligung von europäischen NATO-Mitgliedern, die nicht der EU angehören, auf. Die Türkei sollte nun als „EU-Kandidatenstaat“ gemäß den Schlussfolgerungen des Europäischen Rates von Helsinki (Dezember 1999) verstärkt in den EU-Integrationsprozess eingebunden werden. Auf dem Gipfel des Europäischen Rates von Kopenhagen (12.-13.12.2002) wurde deshalb die Aufnahme der EU-Beitrittsverhandlungen mit der Türkei „*ohne Verzögerung*“ – d.h. für frühestens Januar 2005 – festgelegt, nachdem im Dezember 2004 überprüft wurde, ob die Türkei den EU-Erweiterungskriterien von Kopenhagen 1993 entspricht.

Schon während des Europäischen Rates von Brüssel Ende Oktober 2002 erhielt der Hohe Beauftragte für die Gemeinsame Außen- und Sicherheitspolitik (GASP), Javier Solana, ein Mandat, sobald wie möglich Dauervereinbarungen zwischen der EU und der NATO auszuverhandeln. Auf dem Gipfel des Europäischen Rates von Nizza (Dezember 2000) wurde bereits vereinbart, permanente Konsultationen mit europäischen Ländern, die nicht der EU angehören, in den Bereichen Sicherheit, Verteidigung und Krisenmanagement durchzuführen, nach dem Prinzip 15+6, d.h. 15 EU-Staaten und die 6 betroffenen NATO-Staaten Island, Norwegen, Polen, Tschechische Republik, Ungarn und die Türkei. Zur Vorbereitung einer militärischen EU-Operation erfolgte die Schaffung eines Ausschusses der beitragenden Staaten (*Committee of Contributors*), er bildet das Schlüsselgremium vor und während einer EU-Militäroperation. Die Einigung für EU-NATO-Dauervereinbarungen wurden schließlich auf dem Gipfel des Europäischen Rates von Kopenhagen (12.-13.12.2002) erzielt: NATO-Generalsekretär Lord Robertson erhielt am 13.12.2002 einen Brief vom Hohen Beauf-

---

[248] Burkhard Bischof, Russland und die Nato: Vom Dauer-Problemfall zum gelobten Partner, Die Presse, 23.11.2002, 5.

tragten für die Gemeinsame Außen und Sicherheitspolitik (GASP) der Europäischen Union, Javier Solana, mit der Aussage, dass nun alle EU-Mitgliedstaaten und auch die Türkei die Vereinbarung über die Teilnahme von Nicht-EU-Staaten bei künftigen EU-Kriseneinsätzen umsetzen könnten.

Aus diesem Grund haben sich in Kopenhagen die EU-Mitgliedstaaten bereit erklärt, sobald wie möglich die Militäroperation in Mazedonien von der NATO zu übernehmen. Die Operation „*Amber Fox*" in Mazedonien wurde mit 16.12.2002 abgeschlossen, jedoch einigten sich die NATO-Mitgliedsländer auf Anfrage der mazedonischen Regierung, ab Mitte Dezember 2002 für eine begrenzte Zeit eine NATO-Präsenz mit einer „*wesentlich kleineren Truppe*" als „*Amber Fox*" zu erhalten, um zur weiteren Stabilisierung beizutragen.[249] Die NATO-Staats- und Regierungschefs nahmen die Erklärung der EU „*zur Kenntnis, die militärische Operation in der ehemaligen jugoslawischen Republik Mazedonien unter geeigneten Voraussetzungen übernehmen zu wollen.*"[250] Ursprünglich sollte das Mandat für „*Amber Fox*" nicht verlängert werden. Als abzusehen war, dass die EU für die beabsichtigte Übernahme des Auftrags nicht bereit war. Weil sich die Erwartungen für eine schnelle Einigung mit der Türkei nicht erfüllten, fasste der Nordatlantische Rat eine Verlängerung der Mission mit einem veränderten Mandat und einer geringeren Anzahl von Soldaten ins Auge. Diesem schriftlich ausgearbeiteten Beschluss verweigerte Frankreich Mitte November 2002 die Zustimmung. Bei Sitzungen des NATO-Rates am 18. und 19.11.2002 verlangte Frankreichs politische Führung eine Klausel, die nach zwei Monaten eine Überprüfung der NATO-Mission und damit eine vorzeitige Beendigung von „*Amber Fox*" vorsieht. Damit sollte offensichtlich eine Übernahme durch die EU der Weg gebahnt werden, auch ohne Abkommen zwischen der EU und der NATO.[251]

Des Weiteren hat die Union ihren Willen bekundet, die Militäroperation in Bosnien-Herzegowina als Nachfolger der von der NATO geleiteten SFOR (*Stabilization Force*) zu leiten. Bis Februar 2003 sollten dafür die gesetzlichen Rahmenbedingungen geschaffen werden, dazu wurde vereinbart, bis zu diesem Termin Konsultationen u.a. mit der Verwaltung in Sarajevo, den Hohen Repräsentanten Lord Ashdown und mit der NATO abzuschließen.

Die Gemeinsame Erklärung zwischen der EU und der NATO – sie wurde am 16.12.2002 formell angenommen – öffnet seither den Weg für engere politische und militärische Kooperationen in den Bereichen Krisenmanagement und Konfliktprävention. Diese Erklärung beinhaltet die politischen Bedingungen für derartige Kooperationen und gibt der EU gesicherten Zugang zu den Planungs- und

---

249 Ebenda, Punkt 13.

250 Horst Bacia, Die schwere Geburt einer neuen Nato, Frankfurter Allgemeine Zeitung, 20.11.2002, 6.

251 EU streitet über Mazedonien-Einsatz, Frankfurter Allgemeine Zeitung, 20.11.2002, 7.

Logistikkapazitäten der NATO. Detaillierte Arrangements sollten bis 1.3.2003 festgeschrieben werden.

Die Dominanz der NATO liegt jedoch weiterhin bei den USA, die vor allem in der Modernisierung der Streitkräfte ein Tempo vorliegen, dem die europäischen Partner – insbesondere aus finanziellen Gründen – bei weitem nicht gewachsen sind. Zudem schätzt Washington keine Einmischung in sicherheitspolitische Entscheidungen, schon gar nicht in die operativ-taktische Feinabstimmung.[252] Die europäischen NATO-Partner gaben 2002 – gemessen am Bruttoinlandsprodukt (BIP) – deutlich weniger für die Verteidigung aus als die USA. In den Jahren 1992 bis 2002 belief sich dieser Anteil auf 60 Prozent. Die Europäer investierten nur etwa ein Viertel in Forschung in Entwicklung. Der Anteil der Personalausgaben bei der Finanzierung der nationalen Streitkräfte lag zu dieser Zeit in den meisten europäischen NATO-Staaten um die 60 Prozent, d.h. fast doppelt so hoch wie in den USA.[253] Der damalige NATO-Oberbefehlshaber für Europa, General Joseph W. Ralston[254], unterstrich die Mängel der europäischen Fähigkeiten: Die *US Air Force* hat etwa 1.400 Kampfflugzeuge, von denen alle für die Luftunterstützung vorgesehenen Maschinen über Präzisions- und Abstandswaffen verfügen. Sie können daher Ziele am Boden aus sicherer Höhe und mit großer Präzision treffen, weil Bomben oder Raketen mit Hilfe der Laserstrahlen oder Koordinaten des Satellitennavigationssystems GPS ins Ziel gelenkt werden können. Die 2.900 Kampfflugzeuge der anderen Bündnispartner verfügen, laut Ralston, aber nur eine verschwindend kleine Anzahl über derartige Fähigkeiten. Bei diesen Waffensystemen komme immer noch die eigentliche schon überholte, stark witterungsabhängige Lasertechnik zur Anwendung.[255] Bei den Großraumtransportflugzeugen können die US-Streitkräfte auf mehr als 250 Stück zurückgreifen; die anderen Bündnismitglieder haben insgesamt elf. Den etwa 550 amerikanischen Flugzeugen zur Betankung stehen ca. 70 der europäischen NATO-Mitglieder gegenüber. Die USA haben deshalb den europäischen Verbündeten in Prag vorgeschlagen, zwei NATO-Agenturen zu schaffen, die sowohl die verfügbaren Großraumflugzeuge als auch die Tankflugzeuge in einem Pool koordinieren, um sie nach Bedarf für externe Missionen einsetzen zu können. Washington machte den europäischen Verbündeten deshalb das Angebot, *Boeing C-17* Großtransportflugzeuge mittels Kauf oder Miete anzuschaf-

---

[252] Klaus-Dieter Frankenberger, Damit die Nato Bestand hat, Frankfurter Allgemeine Zeitung, 20.11.2002, 1.

[253] Horst Bacia, Die schwere Geburt einer neuen Nato, Frankfurter Allgemeine Zeitung, 20.11.2002, 6.

[254] General Joseph W. Ralston (*US Air Force*) wurde am 17.1.2003 als SACEUR (*Supreme Allied Commander, Europe*) von General James L. Jones (*US Marine Corps*) abgelöst.

[255] Horst Bacia, Die schwere Geburt einer neuen Nato, Frankfurter Allgemeine Zeitung, 20.11.2002, 6.

fen.[256] Großbritannien hatte zu diesem Zeitpunkt bereits vier C-17 geleast, unabhängig jedoch von der Beschaffung des *Airbus A400M*. Die Ukraine bot im Gegenzug den europäischen NATO-Verbündeten den Kauf oder die Miete von *Antonow An-124* Großraumtransportern an.[257] NATO-Generalsekretär Lord Robertson sprach sich innerhalb der Allianz für die Erstellung eines Pools von C-17 aus, ähnlich dem System AWACS.[258] Wenn also die Verbündeten ihre Streitkräfte nicht erfolgreich modernisierten und an die neuen sicherheitspolitischen Herausforderungen anpassten, lautet das Fazit Ralstons, dann seien nur noch die USA in der Lage, auf die gegenwärtigen und künftigen Bedrohungen angemessen zu reagieren. Diese rasch breiter werdende Kluft hat nicht nur für die taktisch-operative Zusammenarbeit innerhalb der NATO Folgen, sondern auch für die politische Solidarität.[259]

Ein Beispiel für die neue koordinierte Zusammenarbeit im Fähigkeitsbereich bildet die am 22.11.2004 erfolgte Unterzeichnung eines *Memorandum of Understanding* (MoU) zwischen der NATO und den Regierungen Frankreichs, Großbritanniens und Italiens für die Inbetriebnahme eines Satellitenkommunikationssystems für die nächsten 15 Jahre – ab 1.1.2005. Dieses neue System – bestehend aus den Systemen SYRACUSE (Frankreich), SICRAL (Italien) und SKYNET (Großbritannien) – wird vorrangig genutzt für die Kommunikationsunterstützung in den Bereichen SHF und UHF für NATO-Streitkräfte *out of area*. Das Programm selbst wird durch ein Büro in Paris koordiniert.[260]

Die NATO und die ISAF-Mission in Afghanistan

Soldaten aus den NATO-Ländern bilden das Rückgrat der internationalen Streitkräfte zur Förderung der Sicherheit in Afghanistan (*International Security Assistance Force in Afghanistan – ISAF*): „*Wir anerkennen den aufeinanderfolgenden Beitrag des Vereinigten Königreichs und der Türkei als ISAF-Führungsnationen und begrüßen die Bereitschaft Deutschlands und der Niederlande, gemeinsam die Nachfolge anzutreten. Die NATO ist übereingekommen, die nachfolgenden Führungsnationen in selektiven Bereichen zu unterstützen und so unser weiteres Engagement unter Beweis zu stellen. Die Verantwortung für Sicherheit sowie Recht und Ordnung in ganz Afghanistan liegt jedoch beim afghanischen Volk selbst.*“[261] Bereits am 17.10.2002 hatte der Nordatlantikrat eine Anfrage Deutschlands und der Niederlande bewilligt, die beiden Nationen

---

[256] Jacques Isnard, Washington dénonce le manque d´avions de transport stratégiques en Europe et propose ses C-17, Le Monde, 22.11.2002.

[257] Ebenda.

[258] Ebenda.

[259] Horst Bacia, Die schwere Geburt einer neuen Nato, Frankfurter Allgemeine Zeitung, 20.11.2002, 6.

[260] Memorandum of Understanding for the Provision of a Satellite Communications Capability Signed, Press Release (2004)162, 23.11.2004.

[261] Prager Gipfelerklärung der Staats- und Regierungschefs, Punkt 14.

bei der gemeinsamen Übernahme und Durchführung des ISAF-Kommandos ab Beginn 2003 in folgenden Bereichen zu unterstützen: Streitkräfteentwicklung, Nachrichtenwesen, Koordination und Informationsaustausch sowie Kommunikation.[262]

Mit 11.8.2003 übernahm die NATO das Kommando über die ISAF, das vorerst auf Kabul eingeschränkt war. Bis Ende 2006 sollte dann die NATO die Gesamtkontrolle ü über Afghanistan übernehmen, darin enthalten ist auch die Aufsicht über die die *Provincial Reconstruction Teams* (PRTs). PRTs sind kleine Teams, die aus zivilen und militärischen Experten gebildet werden. Sie haben den Auftrag, die Sicherheit der Mitarbeiter von Hilfsorganisationen in afghanischen Provinzen zu gewährleisten und an den Aufbauarbeiten mitzuwirken mit folgenden Zielen: Gewährleistung von Sicherheit, Vorantreiben des Wiederaufbaus, Errichtung staatlicher Strukturen, Unterstützung beim Entwaffnungsprozess und die Unterstützung bei der Abhaltung freier Wahlen. Die Formel dazu lautet: Sicherheit x Wiederaufbau = Stabilität.[263] PRTs sind zivil-militärisch kombinierte Elemente, die von einem Entsendestaat geführt werden. Zivile Ministerien sind mit unterschiedlichen Befugnissen in PRTs involviert. PRTs sind internationale Hilfsinstitutionen auf Zeit und besitzen eine Stärke von je 50 bis 500 Personen. Nachteilig wirken sich bei den PRTs der geringe Personalstand und die oftmaligen Rotationen der PRTs aus. Zudem sind für Provinzen zuständig, die wie Badakschan oder Herat oft mehr als 40.000 Quadratkilometer umfassen – also von der Größenordnung her den Staaten Estland oder der Schweiz entsprechen. Zudem mindern die kurzen Einsatzintervalle von drei bis sechs Monaten den Erfolg der ihnen zugedachten Missionen. Weiters sind PRTs uneinheitlich strukturiert und geführt.[264]

Im Feld sind PRTs aktiv als Patrouille, Vermittler, Netzwerkbildner, als Betreiber von Wiederaufbauprojekten, als Armee- und Polizeiausbildner, als Demobilisierungs- und Entwaffnungshelfer sowie als Informationsbeschaffer.[265] PRTs sind derzeit weder geeignet noch dafür konzipiert, den Anbau von Rohopium bzw. Schlafmohn in Afghanistan zu bekämpfen. Seit 2002 nimmt die Opiumproduktion in Afghanistan enorm zu, Afghanistan besaß im Jahr 2007 einen Anteil an der weltweiten Produktion von Rohopium von 93 Prozent.[266]

---

262 NATO to support ISAF 3, 27 Nov. 2002, http://www.nato.int/docu/update/2002/11-november/e1127a.htm .

263 Vgl. zu den PRTs: Markus Gauster, Erfolg für regionalen Wiederaufbau in Afghanistan, in: Der Soldat, 6.12.2006, 7.

264 Ebenda.

265 Ebenda.

266 Bis August 2007 wurden allein in Afghanistan 8.200 Tonnen Opium produziert. Aus: Thomas Seifert, Rauschgift-Rekordernte in Afghanistan, in: Die Presse, 28.8.2007, 1.

Am 19.12.2003 entschied die NATO, ihren Aufgabenbereich im Rahmen der ISAF (*International Security Assistance Force*) zu erweitern, so erfolgte die Übernahme der Leitung des von Deutschland geführten PRT in Kunduz. Diese Übernahme war ein Pilotprojekt für die weitere Expansion von ISAF-Operationen.[267] Erstmals übernahm die NATO in Afghanistan einen Einsatz außerhalb der Hauptstadt Kabul, wo Anfang Januar 2004 seitens der afghanischen Ratsversammlung - der *Loya Jirga* – eine neue Verfassung für das Land angenommen wurde.[268] Diese neue Verfassung bildet den Grundstein für die Schaffung demokratischer Institutionen und gewährleistete 2004 freie Wahlen. Am 9.12.2003 wurde zwischen dem afghanischen Generalstabschef und dem damaligen Kommandanten der ISAF, Generalleutnant Götz F.E. Gliemeroth, ein technisches Übereinkommen über die planerische und logistische Hilfe bei der Rückführung von schweren Waffen (von Panzern, Teile von Artilleriewaffen, Boden-Boden-Raketen- und Raketenabschusssystemen) vom Pansjher-Tal nach Kabul unterzeichnet. Diese Waffensysteme wurden zuvor von bewaffneten Gruppen betrieben. Ohne Genehmigung der ISAF und des afghanischen Verteidigungsministeriums können seither keine dieser Waffen verwendet werden.[269]

Soldaten werden verstärkt immer mehr in Missionen mit zivilen Kräften involviert werden, wie das Beispiel der ISAF verdeutlicht. Insgesamt existierten 2007 in Afghanistan 22 PRTs. PRTS sind Teil einer zivil-militärischen Gesamtstrategie für Afghanistan, die den „Krieg gegen den Terror", die Expansion der ISAF, die Umsetzung des Bonner Prozesses, die Sicherheitssektorreform (SSR) sowie entwicklungspolitisches und diplomatisches Engagement umfasst.[270]

---

267 NATO expands its role in Afghanistan, NATO Update, 6.1.2004, North Atlantic Treaty Organization Homepage http://www.nato.int/docu/update/2004/01-january/e0106a.htm , abgerufen am 8.1.2004 um 18:06 Uhr.

268 Statement by NATO Secretary General Jaap de Hoop Scheffer on the adoption of the new constitution in Afghanistan, North Atlantic Treaty Organization Press Release (2004)001, 5.1.2004, http://www.nato.int/docu/pr/2004/p04-001e.htm , abgerufen am 8.1.2004 um 18:09 Uhr.

269 NATO assists in removal of heavy weapons in Afghanistan, NATO Update, 12.12.2003, http://www.nato.int/docu/update/2003/12-december/e1212a.htm , abgerufen am 8.1.2004 um 19:05 Uhr.

270 Aus: Markus Gauster, Erfolg für regionalen Wiederaufbau in Afghanistan, in: Der Soldat, 6.12.2006, 7.

Die NATO und der Irak

Diplomatisches Taktieren

Im Prager Gipfelstatement über den Irak unterstützen die damaligen 19 Staats- und Regierungschefs die Durchsetzung der Resolution 1441 des UNO-Sicherheitsrates vom 8.11.2002 und appellierten an die irakische Führung, diese Resolution sowie alle anderen relevanten UNO-Resolutionen voll umzusetzen. Die NATO-Verbündeten stehen diesbezüglich vereint in ihrem Vorhaben, „*to take effective action to assist and support the efforts of the UN to ensure full and immediate compliance by Iraq, without conditions or restrictions, with UNSCR 1441.*“[271] Eine Verpflichtung, an der Seite der USA an einem allfälligen Feldzug gegen den Irak teilzunehmen, sah Lord Robertson für die NATO nicht. Sollte Saddam Hussein der Resolution 1441 nicht nachkommen, würden sich die Staats- und Regierungschefs der NATO wieder treffen, um über Aktionen zu beraten. Aus der Sicht Deutschlands hieß dies, dass eine entsprechende Anfrage der USA zur Zusammenarbeit bei einem allfälligen Vorgehen gegen den Irak sorgfältig geprüft wird. Verteidigungsminister Peter Struck schloss in Prag eine deutsche Teilnahme an militärischen Aktionen aus.[272]

Während die USA und Großbritannien schon im Dezember 2002 Vorbereitungen für eine Irak-Invasion trafen[273], häufte sich in diesem Monat vermehrt

---

[271] Prague Summit Statement on Iraq, Issued by the Heads of State and Government participating in the meeting of the North Atlantic Council in Prague on 21 November 2002, Press Release (2002)133, 21 November 2002, http://www.nato.int/docu/pr/2002/p02-133e.htm.

[272] Raul Lautenschütz, Die Nato von der Ostsee bis zum Schwarzen Meer, Neue Zürcher Zeitung, 22.11.2002, http://www.nzz.ch/2002/11/22/al/page-article8JBSV.html .

[273] Ende Dezember 2002 hielten sich 62.000 amerikanische Soldaten in der Golfregion auf. Für eine Irak-Invasion wären nach Angaben von US-Militärplanern 200.000 Soldaten nötig. Mitte Dezember passierte ein US-Militärkonvoi mit 50 Lastwägen voller Waffen die türkisch-irakische Grenze bei Habur. Zudem sollten 500 US-Soldaten und Nachrichtendienstleute im Nordirak stationiert worden sein. Das Kriegsmaterial sollte angeblich kurdischen Milizen im irakischen Norden zur Verfügung gestellt worden sein. Es war über den südtürkischen Luftwaffenstützpunkt Incirlik eingeflogen worden. Des Weiteren begann die US-Armee am 21.12.2002 ihr größtes Manöver in der Golfregion seit dem Irak-Krieg 1991. Tausende Soldaten probten in der kuwaitischen Wüste einen „Vorstoß unter schwerem feindlichen Feuer“. Israel, die Türkei und die USA hielten über Neujahr 2003 gemeinsame Manöver vor der israelischen Mittelmeerküste ab. Am 21.12.2002 wurden 1.000 US-Soldaten nach Israel eingeflogen, gemeinsam mit Abwehrraketen des Typs „*Patriot*“. Insgesamt sind während des Golfkriegs seitens des Irak 41 Scud-Raketen auf Israel abgefeuert worden. Israels Regierung plante, die Armee am 15.1.2003 in höchste Alarmbereitschaft zu versetzen, der Codename für den erwarteten Militärschlag gegen den Irak lautete „Roter Hagel“. Laut „*Sunday Express*“ vom 29.12.2002 sollte der Militärschlag gegen den Irak am 21.2.2003 erfolgen. Obwohl dieser Schritt von Israels Premier Sharon dementiert wurde, galt ein Militäreinsatz für diesen Zeitraum als äußerst wahrscheinlich. Aus: Martin Peter, Saddam Husseins Gegner streiten. Erste US-Truppen im

Widerstand gegen die Kriegspläne der USA und seines europäischen Verbündeten, auch aus dem NATO-Land Belgien: Generalstabschef Willy Herteler erklärte, er sehe keinen Grund für einen Krieg gegen den Irak. Herteler könne deshalb auch seine Soldaten nicht motivieren.[274]

NATO-Partner Russland forderte, dass die konsequente Umsetzung der UNO-Resolution 1441 schließlich zur Aufhebung des Embargos gegen den Irak führen müsse: „*In dem Maße, in dem der Irak mit der internationalen Gemeinschaft kooperiert, müssen die Perspektiven für die Aufhebung der Sanktionen klarer werden.*“[275] Russland hatte sich deutlich gegen einen Krieg ausgesprochen. Außenminister Igor Iwanow erklärte, dass ein Irak-Krieg den nationalen Interessen Russlands entgegengesetzt wäre. Die „*wichtigste Frage*“ sei jetzt, dass der Irak über keine Massenvernichtungswaffen verfüge; „*alle anderen Ziele widersprechen unseren eigenen Interessen.*“[276]

Die USA und auch Großbritannien setzten sich klar für einen Regimewechsel im Irak ein, mehrere Treffen der irakischen Opposition – in sich großteils uneinig - fanden inzwischen in London statt. Die beiden Kurdenorganisationen PUK und KDP, der Irakische Nationalkongress und der Irakische Nationale Einklang versuchten zwar nach außen hin Einigkeit zu demonstrieren, der Konsens war jedoch äußerst dünn: „*Unser gemeinsames Ziel ist es, den Diktator zu stürzen*“, betonten die Abgesandten der irakischen Opposition.[277] Dass aber in London eine Nachfolgeregierung offiziell gegründet wurde, hatte die USA zu verhindern gewusst. Der Irak-Beauftragte des Weißen Hauses, Salmay Khalilsad, führte geheime Verhandlungen über die Gestaltung einer künftigen Regierung in Bagdad. Die USA wäre interessiert gewesen, dem neuen Irak ein militärisches Übergangsregime voranzustellen, das zu gleichen Teilen aus Interventionsmächten, dem landesinternen Widerstand und Politikern im Exil zusammengesetzt wird.[278]

Washington hatte Lücken im irakischen Rüstungsbericht festgestellt: Außenminister Colin Powell warf am 19.12.2002 dem Irak vor, einen „*schweren Verstoß*“ gegen die UNO-Resolution 1441 begangen zu haben, indem es ein völlig unzureichendes Dossier vorgelegt habe. Ein Krieg, so Powell, sei dadurch nähergerückt. Ebenso kritisierte UNO-Chefinspektor Hans Blix die Unzuläng-

---

Nordirak, Die Presse, 17.12.2002, 5, Codename „Roter Hagel“: Israel rechnet Mitte Jänner mit Irak-Krieg, Die Presse, 21.12.2002, 5 und Vorbereitungen für Militärschlag laufen auf Hochtouren, Die Presse, 23.12.2002, 5.

[274] Widerstand gegen die Kriegspläne der Amerikaner wächst, Die Presse, 27.12.2002, 5.

[275] So der russische Vize-Außenminister Jurij Fedotow, vgl. Widerstand gegen die Kriegspläne der Amerikaner wächst, Die Presse, 27.12.2002, 5.

[276] Vorbereitungen für Militärschlag laufen auf Hochtouren, Die Presse, 23.12.2002, 5.

[277] Martin Peter, Saddam Husseins Gegner streiten. Erste US-Truppen im Nordirak, Die Presse, 17.12.2002, 5.

[278] Ebenda.

lichkeiten der Berichte, die vor allem fehlende Angaben über das Nervengas VX, über mindestens 1.260 Kilogramm Nährlösung – mit dem Wachstumsnährboden können an die 26.000 Liter Anthrax hergestellt werden –, über Munition für chemische und biologische Waffen sowie über mobile Biowaffenlabors.[279]

Großbritannien hatte vorgeschlagen, dass der UNO-Sicherheitsrat in einer neuerlichen Resolution über eine militärische Aktion gegen den Irak entscheiden solle. Diese Linie vertraten auch Frankreich, Russland und China. Die USA halten es dagegen nicht für nötig, dass die UNO eigens ein Mandat für den Irak-Krieg erteilt. Frankreichs Premier Jean-Pierre Raffarin bekräftigte am 20.12.2002 den grundsätzlichen Widerstand seiner Regierung gegen eine Irak-Invasion. Nicht einmal, wenn im Irak Massenvernichtungswaffen gefunden würden, sollte dies Anlass für einen Krieg sein, so Raffarin.[280] Zweieinhalb Wochen später rief Präsident Jacques Chirac die Armee auf, sich *„für alle Eventualitäten“* bereitzuhalten. Für Frankreich könnten sich *„leider neue Kriegsschauplätze“* auftun, so Chirac.[281]

Der militärische Druck auf den Irak nahm jedenfalls zu. Präsident Bush beabsichtigte, mit der anfänglichen Stationierung von ca. 130.000 US-Soldaten in der Golfregion seine Bereitschaft zu demonstrieren, Saddam Hussein auf jeden Fall zu entwaffnen. Auch Großbritannien plante, maximal 20.000 Soldaten in die Golfregion zu verlegen, Verteidigungsminister Geoff Hoon gab zudem noch die Mobilisierung von 1.500 Reservisten bekannt.[282] In der Golfregion waren auch Kriegsschiffe und Flugzeugträger aus den beiden Ländern stationiert. Frankreich übernahm mit 1.1.2003 den Vorsitz im UNO-Sicherheitsrat, Deutschland zog als nicht ständiges Mitglied in den UNO-Sicherheitsrat ein, des weiteren übernahm Deutschland den Vorsitz in der Kommission 661, die über Sanktionen gegen den Irak berät. Washington setzte zuvor Berlin unter Druck und warnte Deutschland davor, gegen eine Militäraktion zu stimmen. Washington erhöhte auch den Druck auf Ankara[283], einen Krieg gegen den Irak zu unter-

---

[279] Die Lücken in Bagdads Dossier, Die Presse, 21.12.2002, 5.

[280] Codename „Roter Hagel“: Israel rechnet Mitte Jänner mit Irak-Krieg, Die Presse, 21.12.2002, 5.

[281] London und Paris rüsten für den Krieg, Die Presse, 8.1.2003, 5.

[282] Martin Peter, „USA brauchen Briten für den Krieg nicht“, Interview mit dem britischen Luftmarschall Sir Timothy Garden, Die Presse, 11.1.2003, 4.

[283] Der türkische Regierungschef Abdullah Gül startete vom 4.-7.1.2003 seine diplomatische Offensive für die friedliche Lösung des Irak-Konflikts nach Syrien, Ägypten und Jordanien. Offiziell lehnte die Türkei einen Krieg gegen den Irak ab – dafür sollte ein UN-Mandat vorliegen. Die USA plante, mit 80.000 US-Soldaten von der Türkei aus den Irak anzugreifen, Großbritannien hatte angekündigt, dafür 10.000 Soldaten bereitzustellen. Für diesen Fall hätte die Türkei 20.000 Soldaten in den Nordirak verlegt, um eine zu erwartende Flüchtlingswelle vor der türkischen Grenze aufzuhalten. 2.000 türkische Soldaten

stützen. Deutschland und die Türkei lehnten zu diesem Zeitpunkt einen Militärschlag gegen den Irak entschieden ab.

Im NATO-Land Ungarn erhiellten seit Mitte Januar 2003 an die 1.000 irakische Oppositionelle Ausbildungskurse in den Bereichen Militär-, Polizei- und auch Administrationswesen im Beisein von 1.000 US-Soldaten.[284] Washington bat weiters Tschechien und die Slowakei um Hilfe. Die Tschechische Republik sollte befristet US-Soldaten beherbergen, Überflüge über ihr Territorium ermöglichen und auch Spezialeinheiten zur Verfügung stellen, die in Afghanistan US-Truppen ersetzen würden. Die tschechische ABC-Waffenabwehreinheit bestehend aus 251 Mann war schon seit März 2002 in Kuwait stationiert.[285]

Während am 31.12.2002 UNO-Generalsekretär Kofi Annan betonte, dass es aufgrund der ungehinderten Zusammenarbeit mit dem Irak bis *„zum jetzigen Zeitpunkt“* nichts gebe, was einen Angriff rechtfertigen könnte[286], bemängelte Chefinspektor Hans Blix am 9.1.2003 vor dem UNO-Sicherheitsrat – basierend auf dem Zwischenbericht[287] der UNO-Waffeninspektoren – erneut und in stärkerer Form das Fehlen von Informationen über die biologischen und chemischen Waffenprogramme des Irak. Dazu gehörten auch Angaben über den Verbleib von 6.000 Giftgasbomben. Die Inspektoren, so Blix, haben jedoch trotz dieser fehlenden Informationen keine Beweise für Massenvernichtungswaffen vorgefunden. Nach dem UN-Zwischenbericht fühlten sich viele europäische Politiker in ihrer Skepsis gegenüber einem Krieg im Irak bestätigt: *„Ohne Beweis wäre es schwierig, einen Krieg zu beginnen“* betonte *„Mr. GASP“* Javier Solana.[288]

Spannungen zwischen den NATO-Partnern Türkei und USA

Die Beziehungen zwischen Ankara und Washington waren während der Vorbereitungen für den Krieg gegen Saddam Hussein sehr gespannt gewesen. Die Türkei hatte den USA vor Kriegsbeginn die Stationierung von mehr als 60.000 Soldaten im Grenzgebiet zum Irak verwehrt und dadurch den Aufbau einer Nordfront verhindert. Die amerikanische Regierung hatte im Gegenzug den türkischen Streitkräften den Einmarsch in den Irak während des Krieges untersagt und somit die Entwaffnung der kurdischen Peschmerga verhindert. Zuvor waren Verhandlungen über eine mögliche finanzielle Entschädigung der Türkei für die Genehmigung von US-Stützpunkten an der Höhe der Forderung der türkischen

---

befanden sich bereits Mitte Januar im Nordirak. Jan Keetman, Türkischer Preis für Militärhilfe: Ansprüche im kurdischen Nordirak, Die Presse, 9.1.2003, 5.

284 Peter Bognar, Feinschliff für Exil-Iraker in Ungarn, Die Presse, 9.1.2003, 5.

285 Hans-Jörg Schmidt, USA bitten Tschechien um Beistand gegen Saddam Hussein, Die Presse, 10.1.2003, 5.

286 ORF-Text, 1.1.2003, 127 und 128.

287 Datum des endgültigen Zwischenberichts: 27.1.2003. Vgl. dazu auch „Blix bekräftigt vor UN-Sicherheitsrat Kritik am Irak“, Die Presse, 10.1.2003, 5.

288 Transatlantischer Bruch zwischen Europa und den USA in Irak-Frage, Die Presse, 11.1.2003, 4.

Regierung gescheitert. Der US-geführte Krieg gegen das Regime von Saddam Hussein heizte in der Türkei die anti-amerikanische Stimmung weiter an, eine Beruhigung hatte sich seither kaum eingestellt.[289]

Anfang Juli 2003 hatten amerikanische Soldaten elf Mann der türkischen Armee – drei Offiziere und acht Unteroffiziere – sowie 13 Zivilisten im kurdisch-irakischen Suleimania für drei Tage gefangengenommen, anschließend nach Kirkuk und danach zum Verhör nach Bagdad gebracht.[290] Die US-Führung behauptete basierend auf nachrichtendienstlichen Berichten, die türkischen Soldaten hätten den Auftrag gehabt, einen Anschlag auf den neuen Gouverneur in Kirkuk geplant zu haben. Ankara dementierte. Es hatte dem Vernehmen nach zweier Telefonate mit US-Vizepräsident Richard Cheney bedurft, bis der türkische Ministerpräsident Recep Tayyip Erdogan die Freilassung der elf Soldaten erreichte. Erdogan wurde mit der Warnung an Cheney zitiert: *„Ihr seid dabei, einen sehr wertvollen Verbündeten zu verlieren.“*[291] Der damalige türkische Außenminister Abdullah Gül sprach zudem mehrmals mit seinem amerikanischen Kollegen Colin Powell, und der damalige türkische Generalstabschef Hilmi Özkök setzte sich mit dem Vorsitzenden der Vereinigten Stabschefs, Richard Myers, und dem NATO-Oberbefehlshaber für Europa und Kommandeur der US-Streitkräfte in Europa, General James L. Jones, in Verbindung. Unter den Freigelassenen befand sich laut Berichten des CNN Türk auch ein Oberst, der angeblich schon zweimal von den USA aus dem Irak ausgewiesen wurde.[292] Nach türkischen Darstellungen drangen etwa 100 amerikanische Soldaten der 173. Luftlandebrigade und Kämpfer der kurdischen Peschmerga gewaltsam in ein Gebäude ein, in dem sich die elf Mitglieder des türkischen Spezialkräfte-Kommandos und einige irakische Zivilisten aufhielten. Nach türkischen Angaben befand sich dieses Kommando seit 1997 in Suleimania, um zwischen den miteinander rivalisierenden kurdischen Gruppen, der von Massud Barzani geführten *„Demokratischen Partei Kurdistans“* und der *„Patriotischen Union Kurdistans“* von Jalal Talabani, zu vermitteln. Die Anwesenheit der türkischen Soldaten sei den USA schriftlich bekanntgegeben worden, unterstrich General Özkök. Die Präsenz des türkischen Militärs im Nordirak geschehe auch mit Billigung von Barzani, es soll dadurch verhindert werden, dass PKK-Kämpfer die irakisch-türkische Grenze überqueren, des weiteren sollen im Irak PKK-Ausbildungslager zerstört werden.

---

289 Vgl. Wütende türkische Proteste gegen die USA, Tiefer Riss zwischen den NATO-Partnern. Die Presse, 8.7.2003, 1.

290 Vgl. Türkei: Unser Nationalstolz ist gekränkt. Frankfurter Allgemeine Zeitung, 8.7.2003, 1.

291 Vgl. Schlötzer, Christiane: "USA haben die Ehre der Türkei verletzt". Süddeutsche Zeitung, 8.7.2003, 8.

292 Vgl. Keetman, Jan: Eine langjährige Partnerschaft geht in Brüche. Die Presse, 8.7.2003, 5.

Bei dieser Verhaftungsaktion wurden angeblich Funkgeräte, Computer und andere Einrichtungsgegenstände zerstört. Drei Gebäude der *„Irakischen Turkmenischen Front“*, einer von der Türkei unterstützten Gruppierung, seien ebenfalls gestürmt worden, darunter ein Kulturzentrum und ein Radiosender.[293] Laut Ausführungen der türkischen Zeitung *„Milliyet“* sind die türkischen Offiziere und Soldaten in Handschellen und mit Kapuzen – wie die Häftlinge auf Guantánamo – weggebracht und auch schlecht behandelt worden. Der türkische Generalstabschef Özkök sprach daraufhin am 7.7.2003 von der bisher *„größten Vertrauenskrise zwischen der türkischen und der amerikanischen Armee“*.[294] Türkische Zeitungen brachten Schlagzeilen wie *„Die hässlichen Amerikaner“* oder die *„Rambo-Krise“*, Özkök sprach von einer Verletzung der *„Ehre der Türkei und ihrer Armee“*, die *„wichtiger sei als die türkisch-amerikanischen Beziehungen“*.[295] Die Türkei sperrte vorübergehend den Grenzübergang Habur in den Irak für amerikanische Nachschubverbände, und die türkische Armee zog ihre Verbindungsoffiziere aus dem Hauptquartier des *Central Command* in Tampa / Florida ab.[296]

---

[293] Vgl. Türkei: Unser Nationalstolz ist gekränkt. Frankfurter Allgemeine Zeitung, 8.7.2003, 1 und 2.

[294] Ebenda.

[295] Vgl. Schlötzer, Christiane: "USA haben die Ehre der Türkei verletzt". Süddeutsche Zeitung, 8.7.2003, 8.

[296] Vgl. Türkei: Unser Nationalstolz ist gekränkt. Frankfurter Allgemeine Zeitung, 8.7.2003, 1f.

Die NATO engagiert sich im Mittleren Osten und in Zentralasien, die EU im Kongo

Anlässlich des NATO-Außenministertreffens in Madrid fiel am 3.6.2003 die Entscheidung, das polnische Kontingent bei der Kontrolle des nördlichen Teils des Irak zu unterstützen.[297] Die Republik Polen hatte zuvor ein Ersuchen an die NATO gestellt. Ziel der NATO war es, die von Polen geführten Truppen vor allem in den Bereichen Kommunikation und Logistik zu unterstützen. Logistische Hilfe erhielten die polnischen Einheiten auch aus Russland. Diese Hilfe ähnelt jener im Rahmen der deutsch-niederländisch geführten ISAF (*International Security Assistance Force*) in Kabul/Afghanistan, bei der die NATO Erkenntnisse der Aufklärung zur Verfügung gestellt hatte. Von der über 10.000 Soldaten umfassenden Truppe stellte im Jahr 2003 Italien 2.500 Soldaten, Polen 2.300, die Ukraine 1.800 Soldaten und Spanien 1.300 Soldaten bereit. Spanien wurde dabei von Soldaten aus der Dominikanischen Republik, aus El Salvador, Honduras und aus Nikaragua unterstützt. Im polnischen Sektor nahmen zudem u.a. bulgarische, lettische, litauische, rumänische, slowakische und ungarische Soldaten an der Mission teil sowie Militärs aus den Philippinen und aus Südkorea – insgesamt also zusätzliche 1.000 Soldaten. Im Divisionsstab, dessen größter Teil polnische Stabsoffiziere aus dem deutsch-polnisch-dänischen Nordostkorps stellten, waren alle Länder vertreten, die Truppen in die Schutzzone entsendet hatten. Hinzu kamen NATO-Offiziere, z.B. aus Dänemark. General Andrzej Tyszkiewicz übernahm Anfang September 2003 von den Amerikanern die Besatzungszone südlich von Bagdad. Sie umfasste fünf irakische Provinzen und teilte sich in drei Unterzonen auf, die unter polnischem (Provinzen Kerbela und Babylon), spanischem (Provinzen Nadschaf und Kadisija) und ukrainischem (Provinz Wasid) Befehl standen. Zunächst war geplant, die Schutztruppe für ein Jahr im Irak zu stationieren. Die Soldaten sollten jeweils nach sechs Monaten Dienstzeit durch neue Kräfte abgelöst werden.[298] Polnische Generale betonten, dass dieser Einsatz ein Friedenseinsatz sei, deshalb wurde auf die Mitführung schwerer Waffen verzichtet.[299]

Die Außenminister der NATO-Mitgliedstaaten beschlossen Anfang Juni 2003 in Madrid, mit 11.8.2003 die Führung der UNO-mandatierten ISAF-Mission von Deutschland und den Niederlanden (ISAF III) zu übernehmen. Die NATO übernahm die Bereitstellung von Mitteln und Fähigkeiten für die strate-

---

[297] Vgl. Final Communiqué, Ministerial Meeting of the North Atlantic Council Held in Madrid on 3 June 2003, Press Release (2003)059, Punkt 5.

[298] Vgl. Ablösung im Irak, Polen übernimmt Schutzzone südlich Bagdads. Frankfurter Allgemeine Zeitung, 3.7.2003, 5.

[299] Ebenda.

gische Koordination, das Kommando und die Kontrolle dieser Operation.[300] Der russische Außenminister Igor Iwanow sicherte in diesem Zusammenhang das Engagement seines Landes an der ISAF zu, dies sei, so NATO-Generalsekretär Lord Robertson und Außenminister Iwanow, ein neuer Schritt in den transatlantisch-russischen Beziehungen.[301] Die multinationalen Streitkräfte setzten sich zu Beginn aus circa 4.600 Soldaten von über 20 NATO- und Partnerländern zusammen.[302] Um die Kommandoübernahme vorzubereiten, hatte am 5.7.2003 das *NATO Joint Command Centre* (JCC) in Heidelberg die ersten Soldaten nach Afghanistan entsandt. Am 25.6.2003 hatte der NATO-Oberbefehlshaber für Europa, General James L. Jones, den deutschen Generalleutnant Götz Gliemeroth (Bundeswehr, Landstreitkräfte) – zuvor Kommandant des *NATO Joint Headquarters Centre* in Heidelberg – zum Befehlshaber der neuen NATO-Mission in Afghanistan ernannt. Stellvertretender Kommandant war der kanadische Generalmajor Andrew Leslie, der zuvor in Toronto die Funktion des Kommandanten der *Regular and Reserve Force*-Armeebrigadegruppen der kanadischen Landstreitkräfte „Zentralbereich" (*Canada´s Land Forces Central Area*) ausübte.[303] Als Kommandant für den operationellen Bereich der ISAF-Mission war der Oberbefehlshaber des NATO-Regionalkommandos *Allied Forces North Europe* in Brunssum/Niederlande, General Sir Jack Deverell, ernannt worden. Er leitete den Einsatz von Brunssum aus.

In Fortsetzung an ihr militärisches Engagement in den Nachfolgestaaten Jugoslawiens zeigte sich die NATO bereit, ihr Operationsgebiet auf den Mittleren Osten und auf Zentralasien auszudehnen. Die Globalisierung der Nordatlantischen Allianz war somit eingeleitet. Die weltweite Einsatzbereitschaft europäischer Streitkräfte fand nach den NATO-Operationen in Bosnien-Herzegowina, im Kosovo[304] und in Mazedonien sowie nach der Einleitung des ersten EU-Militäreinsatzes in Mazedonien (EUFOR „*Concordia*") am 31.3.2003 mit dem Beschluss der EU am 5.6.2003 im Rahmen des Justiz- und Innenministertreffens in Luxemburg, EU-Truppen in den Kongo zu entsenden, seine Fortsetzung. Mitte Juni wurden bereits die ersten Soldaten der bis zu 1.500 Mann starken Einheit (Operation „*Artemis*") in die Nordostprovinz Ituri – vor allem in und um die Stadt Bunia – verlegt, um weitere kriegerische Auseinandersetzungen und interethnische Massaker zu verhindern. Während „*Concordia*" noch mit NATO-

---

300 Vgl. Final Communiqué, Ministerial Meeting of the North Atlantic Council Held in Madrid on 3 June 2003, Press Release (2003)059, Punkt 3.

301 Vgl. Nowak, Nikolaus: NATO und EU springen über Grenzen. Die Presse, 5.6.2003, 8.

302 Vgl. NATO Starts Deploying First Troops to Kabul, Press Release, 4 July 2003; http://www.nato.int/shape/news/2003/07/i030704a.htm .

303 Vgl. Commanders for Afghanistan mission appointed, 25 June 2003, NATO Onlinedienst, http://www.nato.int/docu/update/2003/06-june/e0625a.htm .

304 Am 12.6.2003 jährte sich zum vierten Mal der Jahrestag, an dem der NATO-geführte KFOR-Einsatzes im Kosovo eingeleitet wurde.

Unterstützung seitens der EU unter deutsch-französischem Kommando gemeinsam mit dem DSACEUR durchgeführt wurde, bildete „*Artemis*“ unter französischem Kommando den ersten EU-Militäreinsatz, der autonom, also ohne Unterstützung durch die NATO, ausgeführt wurde.

NATO und EU verstärken ihre Zusammenarbeit – auch in Südosteuropa

EU und NATO verbinden mit dem Übereinkommen über die Dauervereinbarungen („*Berlin-plus*") vom 17.3.2003 eine „strategische Partnerschaft".[305] Diese Vereinbarungen ermöglichen es der EU, autonome Operationen durchzuführen – mit Unterstützung von Logistik- und Planungskapazitäten der NATO. Dies bedeutet auch eine Stärkung der Europäischen Sicherheits- und Verteidigungspolitik (ESVP). Innerhalb einer engen Zusammenarbeit soll es der NATO und der EU möglich sein, im gegenseitigen Interesse ihre militärischen Fähigkeiten zu koordinieren – im Rahmen der neu eingerichteten NATO-EU-Fähigkeitsgruppe (*NATO-EU Capability Group*). Dennoch forderte Deutschlands damaliger Außenminister Joschka Fischer eine Debatte um das „*Tabu*" einer „*Euro-Gruppe*" innerhalb der NATO: „*Mag sein, dass man am Ende zu einer Negativposition kommt, nur die Diskussion mit der nordamerikanischen Seite darüber muss begonnen werden*".[306] Fischer begründete diesen Schritt mit folgendem Argument: Mit der Osterweiterung und den „*dramatischen strategischen Veränderungen und Gefahren*", denen sich die NATO ausgesetzt sehe, werde es nötig, die „*NATO neu zu erfinden*", um sie wirksam halten zu können. Die EU verfügten, so Fischer, in einigen Bereichen über Instrumente, die über das hinausgingen, „*was die USA zu bieten haben*". Demnach ist die „*Roadmap*", der Friedensplan für ein Ende des Nahostkonflikts, ein „*europäisches Kind*".[307]

Was Südosteuropa betrifft, teilen sich sowohl die NATO als auch die EU „*gemeinsame Ziele für die Zukunft der Region West-Balkan.*"[308] Die NATO und die EU sind bestrebt, „*Konflikte zu verhüten, Stabilität zu festigen und die betroffenen Länder bei der weiteren Integration in die EU- und NATO-Strukturen zu unterstützen.*"[309] Auf diesen Fakten basierend diskutierten die NATO-Außenminister in Madrid Anfang Juni 2003, konzertiert in der Festigung von Frieden und Stabilität für diesen Staatenkreis vorzugehen. Am 21.6.2003 einigten sich die EU-Staats- und Regierungschefs in Porto Carras/Griechenland, mittels einer gemeinsamen Heranführungsstrategie den Staaten des „West-Balkans" die Aufnahme in die Europäische Union in Aussicht zu stellen.

Im Hinblick auf eine verstärkte sicherheitspolitische Zusammenarbeit haben die fünf Länder des „West-Balkans" – Albanien, Bosnien-Herzegowina, Kroatien, Mazedonien und Serbien-Montenegro – im Rahmen einer am 22. und

---

305 Vgl. Final Communiqué, Ministerial Meeting of the North Atlantic Council Held in Madrid on 3 June 2003, Press Release (2003)059, Punkt 6.

306 Vgl. Fischer fordert Debatte über „Euro-Gruppe" innerhalb der NATO, REUTERS, 5.6.2003, 11:31 Uhr, http://de.news.yahoo.com/030605/71/3h8of.html .

307 Ebenda.

308 Vgl. Joint Press Statement by the NATO Secretary General and the EU Presidency at the NATO-EU Ministerial Meeting, Press Release (2003)056, 3 June 2003.

309 Ebenda.

23.5.2003 in Ohrid/Mazedonien abgehaltenen Konferenz die Bildung einer Gemeinsamen Plattform zur Verbesserung der Sicherheit an ihren Grenzen vereinbart. Diese Plattform wurde von der EU, der NATO und der OSZE unter der Ägide des Stabilitätspaktes entwickelt und setzt in einem *Way Forward Document* eine Anzahl von kurz- bis längerfristigen Zielen sowie von Mechanismen und Verfahren fest, um das Ziel der wirksamen Bekämpfung des organisierten Verbrechens nach EU-Standards erreichen zu können. Das organisierte Verbrechen stellt in dieser Region ein ernstes sicherheitspolitisches Problem dar – vor allem, was den grenzüberschreitenden Drogenhandel, Waffenschmuggel, das Schlepperwesen und den Terrorismus betrifft. Zur Eindämmung dieser grenzüberschreitenden Sicherheitsrisiken wird u.a. mit dem Bukarester Zentrum zur Bekämpfung grenzüberschreitender Kriminalität und mit dem in der kroatischen Hauptstadt Zagreb sich befindenden *Regional Arms Control, Verification and Implementation Assistance Center* (RACVIAC) zusammengearbeitet. Derzeit werden während einer Transformationsperiode, bis der Grenzschutz der völligen Verantwortung durch zivile Kräfte (wie Polizei) obliegt, in einigen Teilen der Region noch militärische Einheiten für die Grenzkontrolle eingesetzt.[310] Seitens der NATO ist u.a. KFOR in diesem Bereich eingesetzt – in Koordination mit UNMIK –, innerhalb der Europäischen Sicherheits- und Verteidigungspolitik (ESVP) waren 2003 EUFOR *Concordia* in Mazedonien und die EU-Polizeimission in Bosnien-Herzegowina (EUPM) in diese Aufgaben involviert.

Während auf dem Gipfel des Europäischen Rates in Porto Carras/Griechenland (19.-21.6.2003) eine vertiefte Integration für die Länder des „West-Balkans" beschlossen wurde, bekundete zuvor der serbisch-montenegrinische Premierminister Zoran Zivkovic während seines Besuches beim damaligen NATO-Generalsekretär Lord Robertson am 20.5.2003 das Anliegen seines Landes, an der Partnerschaft für den Frieden (*Partnership for Peace* – PfP) teilzunehmen. Die Bedingungen dafür sollten demnach noch 2003 gegeben sein, neben der Reform des Verteidigungssektors wurde insbesondere die Verhaftung von Personen, die während der jugoslawischen Sezessionskriege Kriegsverbrechen verübt hatten bzw. an Kriegsverbrechen beteiligt waren – wie General Ratko Mladic – in Aussicht gestellt.

Am 17.8.2005 wurde in Kragujevac/Serbien-Montenegro ein Zentrum eröffnet – für die Lagerung weiterer 1,3 Millionen Landminen (davon 40.000 in Montenegro), die zuvor an 57 verschiedenen Orten gelagert wurden. Im Rahmen eines *NATO Trust Fund*-Programmes wurden die Minen zerstört. In Serbien-Montenegro erfolgte – beginnend mit Oktober 2004 – die Durchführung eines derartigen Programms zum zweiten Mal mit dem Ziel, den *Ottawa-Prozess* zur

---

[310] Vgl. Common Platform of the Ohrid Regional Conference on Border Security and Management, 22-23 May 2003, North Atlantic Treaty Organisation, NATO Onlinedienst, http://www.nato.int/docu/conf/2003/030522_ohrid/c030522a.htm .

Zerstörung von Landminen zu beschleunigen. Im September 2003 trat Serbien-Montenegro dem Ottawa-Abkommen zur Zerstörung von Antipersonenminen bei. Kanada und Österreich hatten sich wieder als *lead nations* für dieses Projekt zur Verfügung gestellt. Das Programm selbst wurde auch finanziell von Bulgarien, Irland, den Niederlanden, Norwegen, Schweden, der Schweiz, Spanien, der Tschechischen Republik und Ungarn unterstützt. Die *NATO´s Supply and Maintenance Agency* (NAMSA) steht für derartige Programme als ausführende Agentur zur Verfügung.[311] Mit 16.5.2007 wurde dieses Projekt abgeschlossen, seither existiert auf dem Balkan kein einziges Lager mehr für Antpersonenminen.[312] Beim ersten Projekt dieser Art, das im November 2003 abgeschlossen wurde, erfolgte die Zerstörung vom mehr als 28.000 Klein- und Leichtwaffen in Serbien-Montenegro.[313]

311 Quelle: 1.3 million landmines to be destroyed in Serbia and Montenegro, 17 Aug. 2005, Updated: 25-Aug-2005, http://www.nato.int/docu/update/2005/08-august/e0817a.htm .

312 Aus: Last Balkan mine stockpiles destroyed under NATO-supported project, 16 May 2007, NATO Onlinedienst, http://www.nato.int/docu/update/2007/05-may/e0516b.html, ausgedruckt am 18.5.2007.

313 Ebenda.

Die NATO nimmt sieben neue Mitglieder auf

Entgegen ursprünglichen Planungen, 2004 die sieben neuen Mitglieder Bulgarien, Estland, Lettland, Litauen, Rumänien, die Slowakei und Slowenien beim Gipfel in Istanbul am 28./29.6.2004 feierlich aufzunehmen, wurden schon am 2.4.2004 – zwei Tage vor dem 55. Jahrestag der Nordatlantischen Allianz – die Außenminister der NATO-Mitgliedstaaten nach Brüssel gebeten worden, um dort den Beitritt in feierlicher Form einer Flaggenparade zu vollziehen. Formell traten die sieben neuen Mitglieder also am 2.4.2004 bei, als sie ihre Beitrittsurkunden bei US-Außenminister Colin Powell deponierten. Bereits 1999 vollzog sich ein ähnlicher Schritt, als die drei neuen Mitglieder Polen, Tschechien und Ungarn in die NATO aufgenommen wurden: Ursprünglich hätten beim Washingtoner Gipfel zum 50. Jahrestag der Gründung der NATO die drei Mitglieder aufgenommen werden sollen, aufgrund der früheren Hinterlegung der Ratifikationsurkunden erfolgte die Aufnahme der neuen Mitglieder ebenfalls Monate zuvor. Auch 2004 hatten die nationalen Parlamente der NATO-Mitgliedstaaten schneller als angenommen die Ratifikationsprozesse abgeschlossen.[314] Anfang März 2004 hatten alle damaligen 19 NATO-Staaten die Beitrittsprotokolle akzeptiert und dieses gemäß Artikel 10 des NATO-Gründungsvertrages von 1949 der US-Regierung mitgeteilt. Die neuen Mitglieder waren wiederum durch den NATO-General-sekretär aufgefordert, die Ratifizierungsurkunden in Washington zu hinterlegen. Die sieben Neuen sind jedoch kaum in der Lage, militärisch „*etwas zur Sicherheit dieses Kontinents*" beizutragen.[315] Dies war in den bisherigen Beitrittsurkunden jedoch stets ein wesentliches Kriterium für die Aufnahme neuer Staaten. Die militärischen Leistungen gehen aus der Tabelle auf der nächsten Seite hervor.[316]

Bei der NATO-Osterweiterung geht es jedoch primär um strategische Überlegungen. Mit der Aufnahme der ehemaligen sowjetischen baltischen Republiken Estland, Lettland und Litauen wird die Ostsee bzw. die Baltische See zu einem NATO-Binnenmeer. Alle Anrainer der Ostsee bis auf Finnland und Schweden sind nun Mitglieder der Nordatlantischen Allianz. Diese beiden „bündnisfreien" Staaten sind jedoch fester Bestandteil der westlichen Staatengemeinschaft und als Mitglieder der NATO-Partnerschaft für den Frieden und der EU und dadurch mit den EU-NATO-Dauervereinbarungen vom März 2003 strategisch mit der NATO verbunden.

---

314 Rolf Clement: Manches wird in der NATO nicht leichter, in: Europäische Sicherheit 4/2004, 11-12, 11.

315 Ebenda.

316 Die Zahlen stammen aus den Jahren 1999-2002. Quelle: apa/Süddeutsche Zeitung/NATO, abgedruckt in: Die Presse, 30.3.2004, 3.

Die Aufnahme der Slowakei und Sloweniens dient *„der Abrundung des Innenverhältnisses der Allianz, zu der Ungarn schon gehört.“*[317] So gehören in Mitteleuropa nur mehr Liechtenstein, Österreich und die Schweiz nicht der NATO an. Bulgarien wurde mit seiner Aufnahme vor allem für die Leistungen belohnt, die es im Zusammenhang mit der Jugoslawien-Krise erbracht hat.[318] Kaum ein Land litt wirtschaftlich und politisch stärker unter diesem Konflikt. Mit Bulgarien und Rumänien hat nun die NATO verstärkten Zugang zum Schwarzen Meer.

	Verteidigungsausgaben in Mrd. US-Dollar	Verteidigungsausgaben in % des BIP	Truppenstärke (aktive Soldaten)
NATO-19	469	2,1(Länderdurchschnitt ohne Ungarn, Polen und Tschechien)	3.742.000
Estland	0,2	1,4	5.500
Lettland	0,1	1,0	5.500
Litauen	0,2	1,8	13.500
Slowakei	0,4	1,8	26.200
Slowenien	0,4	1,2	9.000
Rumänien	1,0	2,5	99.200
Bulgarien	0,4	2,7	68.450

Die drei Mitglieder von 1999 haben nach ihrem Beitritt die Reformbemühungen verlangsamt, was vor allem für Polen gravierend war, als es 2003 eine bedeutende Rolle im Irak übernahm. Die drei baltischen Staaten haben nach dem Ende der Blockkonfrontation und dem Zusammenbruch der Sowjetunion neue Armeen aufbauen müssen. Diese Neuformierung erfolgte bereits in enger Anlehnung an die NATO.[319] So wurde auch ein baltisches Bataillon geschaffen, das in Friedensmissionen schon mit eingebunden wurde.

In fast allen Ländern reichen die für die Streitkräfte bereitgestellten Finanzmittel nicht aus, um die politisch vorgegebenen Anforderungen erfüllen zu können. Auch in Deutschland hat Generalinspekteur Wolfgang Schneiderhan verdeutlicht, dass die Bundeswehr nicht mehr alles können muss.

In einigen Bereichen werden Nischenfähigkeiten von Streitkräften auf- und ausgebaut. Die Tschechische Republik setzt dabei auf ABC-Schutz, andere bilden besondere Truppen für die Minensprengung aus. Bei einer derartigen Ar-

317 Rolf Clement: Manches wird in der NATO nicht leichter, in: Europäische Sicherheit 4/2004, 11-12, 11.

318 Ebenda.

319 Ebenda, 11f.

beitsteilung muss auch klar sein, dass derjenige, der bestimmte Fähigkeiten hat, auch diese bereitstellen muss, wenn ein NATO-Mitglied dies begründet fordert.

Arbeitsteilung existiert seit der Aufnahme der sieben Mitgliedstaaten in die NATO bei der Luftraumüberwachung: Mangels eigener Luftwaffen patrouillierten zunächst vier belgische F-16 über dem Luftraum Estlands, Lettlands und Litauens. Die Regierung in Slowenien verzichtet vorerst gänzlich auf eigene Luftraumüberwachungsflugzeuge. Jets des NATO-Landes Italien aus dem benachbarten Aviano sichern den slowenischen Luftraum, die Kosten dafür werden vorerst aus dem NATO-Budget gedeckt.[320]

[320] Wieland Schneider: NATO-Jets beschützen Slowenien, Die Presse, 30.3.2004, 2.

Die NATO begann mit der Ausbildung irakischer Sicherheitskräfte

Die damalige neue irakische Regierung unter Präsident Iyad Allawi bat am 22.6.2004 in einem Brief an den NATO-Generalsekretär um Hilfe bei der Ausbildung irakischer Sicherheitskräfte und um technische Unterstützung. Dieser Brief war der erste formale Kontakt zwischen der NATO und der interimistischen Administration des Irak. Der Nordatlantische Rat stimmte am 30.7.2004 diesem Anliegen auf der Grundlage der UNO-Sicherheitsratsresolution 1546 zu. Bereits am 14.8.2004 erreichte der Großteil der *NATO Training Implementation Mission* (NTIM-1) vom *Joint Force Command* (JFC) Neapel den Irak. Das NTIM-1 wurde vom niederländischen Generalmajor Carel Hilderink geführt und zählte 57 Offiziere. Das Team selbst bestand aus Elementen aller beiden obersten NATO-Kommanden, so aus dem JFC Neapel, das dem Alliierten Kommando Operationen (*Allied Command Operations* – ACO) in Mons/Belgien unterstellt ist, und dem *Joint Warfare Centre* im norwegischen Stavanger – es gehört zum Bereich des Alliierten Kommando Transformation (*Allied Command Transformation* – ACT) in Norfolk/Virginia. Am 7.8.2004 verließen vier Offiziere das JFC Neapel mit Ziel Irak, sie bereiteten die Ankunft des Großteils des NTIM-1 vor. Die NTIM-1 war beauftragt, den Aufbau des Trainingszentrums zu sondieren und hatte auch schon damit begonnen, Führungspersonal für irakische Sicherheitskräfte auszubilden.

Nach wochenlangen Verhandlungen hatte sich die Nordatlantische Allianz am 22.9.2004 abends geeinigt, ein Zentrum für militärische Ausbildung, Training und Doktrin im Irak mit bis zu 300 Ausbildern einzurichten. Belgien und Frankreich legten noch am 17. und 20.9.2004 Einspruch gegen dieses Vorhaben ein mit der Begründung, dass zu diesen Zeitpunkten die Finanzierung des Projekts und der Schutz der Ausbilder ungeklärt waren. Die NATO-Staaten Belgien, Deutschland, Spanien und Frankreich beharrten jedoch darauf, weiterhin aus Sicherheitsgründen keine ihrer Ausbilder in den Irak zu verlegen. So übernahm Deutschland die Ausbildung irakischer Sicherheitskräfte in den Vereinigten Arabischen Emiraten. Die Führung des Trainingseinsatzes im Irak wurde – nach anfänglicher Skepsis Frankreichs - von den USA unter General David Petraeus übernommen. Petraeus war bereits zuvor für die Ausbildungsaktivitäten der Koalition verantwortlich, seither agierte er in allen Fragen, die das NATO-Ausbildungsprogramm betreffen, unter der politischen Kontrolle des Nordatlantischen Rats. Für den Schutz der NATO-Ausbilder ist weitgehend die von den USA angeführte multinationale Truppe verantwortlich.[321] Ziel ist es, die ira-

[321] NATO-Militärmissionen in Darfur und im Irak, aus: NZZ Online, Neue Zürcher Zeitung, 15.9.2004, 22:14 Uhr.

kischen Sicherheitskräfte soweit auszubilden, damit sukzessive multinationale Truppen abgezogen werden können.[322]

Irakische Nationalgardisten kämpften erstmals gemeinsam mit amerikanischen Truppen drei Wochen im August 2004 gegen die Milizen des radikalen Schiitenpredigers Moktada al-Sadr in Nadschaf und drangen bis zur Imam-Ali-Moschee, dem größten Heiligtum der schiitischen Welt, vor, das al-Sadr als Festung missbrauchte. Nach erfolglosen Vermittlungsversuchen der irakischen Übergangsregierung konnte Großayatollah Ali al Sistani, das Oberhaupt der irakischen Schiiten, al-Sadr und seine Mehdi-Armee überreden, die Kämpfe einzustellen. Insgesamt kamen bei den Kämpfen an die 570 Iraker ums Leben. Am 27.8.2004 übergaben die Milizen al-Sadrs die Moschee an Sistani. Al-Sadr und einige Kämpfer erhielten Amnestie gemäß der mit Großayatollah Sistani getroffenen Vereinbarung, Die USA hatten ursprünglich angekündigt, al-Sadr festzunehmen und zu töten.

Die Lage im Irak blieb weiterhin äußerst gespannt. So waren z.B. die irakische Hauptstadt, ihre Umgebung und Kirkuk wiederholt Schauplätze schwerer Terrorakte: Bei der Explosion einer Autobombe vor einer Polizeiwache am 14.9.2004 starben 47 Menschen, 114 Personen wurden dabei verletzt. Zu diesem Anschlag hatte sich eine Gruppe des Al-Quaida-Verbündeten Al-Zarqawi – der 38jährige Terrorpate stammt ursprünglich aus Jordanien – bekannt. In Bakuba nördlich von Bagdad kamen an diesem Tag auch 12 Polizisten beim Beschuss zweier Kleinbusse ums Leben. Am 18.9.2004 wurden bei einem Autobombenanschlag auf die Rekrutierungsstelle der irakischen Nationalgarde in Kirkuk 17 Menschen getötet und 53 verletzt. Zudem hatte noch eine bisher unbekannte Terrorgruppe 18 irakische Nationalgardisten entführt, eine weitere Gruppierung köpfte am 19.9.2004 drei Kurden. Tage darauf wurden zwei hohe sunnitische Geistliche ermordet und zwei zivile amerikanische Geisel enthauptet. Unter dem Deckmantel des irakischen Widerstandes bildeten sich vermehrt Gruppierungen, die mit Ermordungen und Entführungen nur kriminell-pekuniäre Ziele verfolgen.

Der irakische Übergangspräsident Ghasi el Jawar hatte die NATO am 14.9.2004 um schnelle Unterstützung bei der Absicherung der für Januar 2005 geplanten Wahlen gebeten. Die Regierung in Bagdad arbeite *„Tag und Nacht dafür, den Wahltermin einhalten zu können“*, so Jawar. Zwar seien Erfolge zur Schaffung eines freien demokratischen Irak erreicht worden, doch sehe sich die irakische Regierung terroristischen Aktivitäten *„gesichtsloser Gruppen ohne*

---

[322] Aus: The NATO Training Implementation Mission arrives in Iraq, JFC Naples Press Release {26} {14 08 04}, Updated 19 August 2004.

bekannte Anführerschaft oder Ideologie" gegenüber.[323] Anschläge und Geiselnahmen auf Dauer machen die Organisation von Wahlen unmöglich.

[323] Iraks Präsident Jawar bittet NATO um rasche Unterstützung, aus: Agence France Press, 14.9.2004, 18:24 Uhr.

Das informelle Verteidigungsministertreffen in Poiana Brasov

Die Verteidigungsminister erklärten bei ihrem Treffen im rumänischen Wintersportort Poiana Brasov (13.-14.10.2004) die zwei Jahre zuvor beim NATO-Gipfel der Staats- und Regierungschefs in Prag (November 2002) initiierte NATO-Eingreiftruppe *NATO Response Force* (NRF) mit 17.000 Soldaten teilweise einsatzbereit. Sie soll – unter anderem mit Kriegschiffen und Kampfflugzeugen – innerhalb von fünf Tagen weltweit auf Krisen reagieren können. Der Operationsradius reicht von Aufgaben im Bereich des Artikels 5 des NATO-Gründungsvertrages (kollektive Verteidigung) bis zu so genannten *Non-Article-5*-Operationen (Krisenmanagement, Stabilisierung). Die Einsatzbereitschaft der NRF wurde militärisch im Rahmen der Übung *Destined Glory 2004* (30.9.-16.10.2004) festgestellt – darin waren 9.500 Soldaten, 47 Schiffe und 46 Flugzeuge aus elf NATO-Staaten[324] beteiligt. Der Prototyp der NRF wurde am 15.10.2003 in der Stäke von 9.500 Soldaten geschaffen. Die NRF sollte bis Oktober 2006 mit zunächst 21.000 Soldaten ihre volle Stärke und Operationsfähigkeit erreichen. Die Soldaten sind jeweils aus nationalen Verbänden der NATO zugewiesen. Die NRF dient als „*Katalysator*" für die gesamte militärische Transformation der Nordatlantischen Allianz: „*It is a test bed for advanced doctrines and technologies, and – as the Allies rotate their forces – lessons will be learned that can be applied, ..., across the full structure of the Alliance*", betonte der NATO-Generalsekretär.[325] Für die Streitkräfte der NATO-Mitgliedstaaten soll in Zukunft gelten: Jederzeit sollen 40 Prozent der Streitkräfte verlegbar (*deployable*), 8 Prozent durchhaltefähig (*sustainable in the field*) sein – wie beim Gipfel in Istanbul Ende Juni 2004 festgelegt. Zudem sollen die finanziellen Haushalte der NATO-Staaten so angepasst werden, dass bei Bedarf effiziente NATO-Operationen durchgeführt werden können.

In Poiana Brasov sicherte die NATO der russischen Führung – angesichts der Anschläge auf eine Schule in Beslan/Nordossetien – ihre Solidarität im Kampf gegen den Terrorismus zu. Im Kampf gegen den Terrorismus sollen bald russische Kriegsschiffe die NATO-Operation zur Überwachung des Mittelmeers (*Operation Active Endeavour*) unterstützen. Der Mittelmeer-Einsatz war nach den Terroranschlägen des 11.9.2001 die erste Operation, die die NATO unter dem Artikel 5 des NATO-Gründungsvertrags vom 4.4.1949 als Beistand für die USA in Gang gesetzt hatte. Die Schiffe des Bündnisses kontrollieren die Schifffahrtswege und suchen nach Schiffen mit verdächtiger Fracht. „*Der Kampf gegen den Terrorismus bleibt nach dem Horror von Beslan ganz oben auf unserer Aufgabenliste*", sagte NATO-Generalsekretär Jaap de Hoop Scheffer. Es sei

---

[324] Belgien, Deutschland, Frankreich, Griechenland, Großbritannien, Italien, Kanada, Niederlande, Spanien, Türkei und USA.

[325] Response Force ready for missions, NATO Update, 13.10.2004, North Atlantic Treaty Organization http://www.nato.int/docu/update/2004/10-october/e1013a.htm .

deshalb enorm wichtig, dass die militärische Zusammenarbeit mit Russland in der Praxis weiter ausgebaut werde.[326] Russlands Verteidigungsminister Sergej Iwanow stellte in diesem Zusammenhang klar, dass sich Russland das Recht vorbehalte, auch mit präventiven Schlägen gegen Terroristen vorzugehen: „*Wie in allen Kriegen haben wir das volle Recht dazu.*"[327] Iwanow bat die NATO-Mitglieder bei der Terrorbekämpfung um Hilfe. Russland sei hier vor allem an Informationen interessiert. Zudem vereinbarten die NATO und Russland, auf der Ebene der Streitkräfte enger zusammenzuarbeiten und die russischen Streitkräfte mit jenen der NATO interoperabel für gemeinsame Friedenseinsätze zu machen, wenn dies der NATO-Russland-Rat beschließt. Aus diesem Grund soll auch die Zusammenarbeit im Hinblick auf die russische Verteidigungsreform in den Bereichen Streitkräftestrukturen und Fähigkeiten, Logistik und Organisation von Human- und Finanzressourcen, Reform der Verteidigungsindustrie und Ausbildung von pensioniertem militärischem Personal angestrebt werden.[328] Mitte Oktober 2004 organisierte die NATO-Schule in Oberammergau bereits den ersten Interoperabilitätskurs an der Moskauer Generalstabsakademie.

In Afghanistan sind die USA bestrebt, die Verantwortung für die Jagd auf *Al Quaida*-Anhänger und Taliban-Kämpfer an die NATO abzugeben. Dazu sollte die Stabilisierungstruppe ISAF mit den zu dieser Zeit operierenden 18.000 US-Soldaten zusammengelegt werden.[329] Das Kommando könnte bereits 2005 oder 2006 an die NATO übergeben werden, erklärte der amerikanische NATO-Botschafter Nicholas Burns am 13.10.2004 auf dem informellen Verteidigungsministertreffen der Nordatlantischen Allianz in Poiana Brasov. Eine Entscheidung darüber könnte im Februar 2005 fallen. Die Verteidigungsminister beauftragten die Militärs, Optionen für eine engere Zusammenarbeit auszuarbeiten. Einige Länder stünden diesem Vorhaben kritisch gegenüber, Deutschlands Verteidigungsminister lehnte diese Pläne zunächst strikt ab.[330] Die USA führen in Afghanistan mit der *Operation Enduring Freedom* (OEF) den Kampf gegen die Taliban-Milizen und Terroristen der *Al Quaida* und ihres Anführers Osama Bin Laden – vor allem im Süden des Landes. Die NATO führt seit 11.8.2003 die In-

---

[326] Aus: Russland unterstützt NATO mit Kriegsschiffen, Onlineseite „Der Bund", Bern, http://www.ebund.ch/artikel_45174.html , 14.10.2004, 13:44 Uhr; und NATO-Russia defence meeting focuses on terrorism, 14.10.2004 17:39 hours, NATO Update, http://www.nato.int/docu/update/2004/10-october/e1014a.htm .

[327] Ebenda.

[328] Press conference with NATO Secretary General, Jaap de Hoop Scheffer after the Informal Meeting of the NATO-Russia Council, Poiana Brasov, Romania, 14.10.2004, http://www.nato.int/docu/speech/2004/s041014b.htm .

[329] Aus: NATO soll Terroristenjagd übernehmen, sueddeutsche.de vom 13.10.2004 20:54 Uhr, http://www.sueddeutsche.de/ausland/artikel/141/411000/, Onlinedienst der Süddeutschen Zeitung.

[330] Ebenda.

ternationale Schutztruppe für Afghanistan (ISAF), die dem vom Krieg zerstörten Land die Rückkehr zur Demokratie ermöglichen soll. 2004 konzentrierte sich die ISAF auf Sicherungsmaßnahmen in der Hauptstadt Kabul und im Norden Afghanistans, es war jedoch eine Ausweitung des ISAF-Mandats zunächst auf den Westen und danach auch auf den Süden Afghanistans geplant. Eine Ausdehnung des NATO-Einsatzes mache jedoch ohnehin eine engere Zusammenarbeit zwischen beiden Kommandos notwendig. Zu ersten freien Präsidentenwahl am 9.10.2004 hatte die NATO ihre Soldaten um 2.500 auf 9.000 aufgestockt. Die ISAF-Verstärkung für die Präsidentenwahlen wurde in den Wochen darauf wieder abgebaut.

Die Überlegungen der USA, die OEF mit der ISAF zusammenzulegen, würden somit zu einer grundlegenden Veränderung der Aufgaben deutscher Soldaten führen: „*Das wäre nicht nur für die Bundesregierung, sondern auch für den Bundestag inakzeptabel. Wir konzentrieren uns auf die Wiederaufbauhilfe*", betonte Verteidigungsminister Peter Struck.[331] Als Kompromiss könnte die Bildung einer gemeinsamen Truppe unter einem Kommandeur vorgeschlagen werden, dessen Aufgaben aber geteilt werden sollen. Dies könne das bestehende NATO-Mandat erhalten und dennoch größere Synergieeffekte mit den USA auslösen. Im Herbst 2004 stellte Deutschland 2.176 Soldaten – die meisten waren in Kabul stationiert – und unterhielt die so genannten Wiederaufbauteams (*Provincial Reconstruction Teams* – PRTs) in Kundus und Feisabad im Nordosten Afghanistans.

NATO-Generalsekretär Jaap de Hoop Scheffer ermahnte unterdessen die Bündnispartner, angesichts der zögerlichen Bereitstellung von Soldaten und Ausrüstung für den Afghanistan-Einsatz zu ihren politischen Verpflichtungen zu stehen. Der Einsatz zeige zwar Erfolge, wie der friedliche Ablauf der Präsidentenwahl belege, „*aber wir haben wenig Grund, mit unseren Arrangements für das Aufbringen der Truppen zufrieden zu sein*".[332] Scheffer betonte: „*Wir müssen mehr tun, um die Verbindung zwischen unseren politischen Verpflichtungen und den daraus entstehenden Operationen und Verantwortlichkeiten wieder zu stärken.*"[333] Zudem ist es auch seitens der Mitgliedsregierungen wichtig, die öffentliche Meinung für das NATO-Engagement in Afghanistan zu gewinnen. Am 10.11.2004 entschieden sich schließlich die NATO-Mitglieder, die Leitung des ISAF-Einsatzes bis 2007 zu übernehmen.[334]

---

[331] Ebenda.
[332] Ebenda.
[333] Ebenda.
[334] Long-term commitment to Afghanistan, NATO Update, NATO Onlinedienst, www.nato.int/docu/update/2004/11-november/e1110a.htm , Last update: 10-Nov-2004 18:32 hours.

Ein international zu bewältigendes Problem, das nicht in den Zuständigkeitsbereich der ISAF fällt, bleibt in Afghanistan der Anbau und der Export von Drogen. Nach Quellen des UNO-Büros für Drogen und Kriminalität ist der Drogenanbau in Afghanistan zwischen 2003 und 2004 um 64 Prozent gestiegen. Das Land stellte allein zwischen Januar und August 2007 8.200 Tonnen Opium her, dies entspricht 93 Prozent der weltweiten Produktion. Afghanistan (28,5 Millionen Einwohner) ist nun jener Staat, wo der „Krieg gegen den Terror" und der „Krieg gegen Drogen" mittlerweile ident sind. Der Opium-Anbau soll rund 3 Milliarden US-Dollar (= 2,29 Milliarden Euro) im Jahr einbringen. Mit diesem Geld wird vor allem der Kampf der Taliban gegen die Regierung in Kabul und die ISAF finanziert.[335]

In Poiana Brasov kamen die NATO-Staaten auch überein, die Ausbildung irakischer Sicherheitskräfte zu intensivieren – in Zusammenarbeit mit der NATO-Schule in Oberammergau/Deutschland, dem NATO-Zentrum in Stavanger/Norwegen und dem *NATO Defence College* in Rom/Italien. Anfang Oktober 2004 wurde das *Concept of Operations* für die Ausbildung irakischer Sicherheitskräfte beschlossen, seitens des Nordatlantischen Rates folgte Wochen später die Genehmigung des Operationsplans (*Op Plan*, *Operational Plan*).

In der Folge hatten sich die Außenminister des Bündnisses am 9.2.2005 im Brüsseler NATO-Hauptquartier geeinigt, die ISAF (*International Security Assistance Force*) in den Westen Afghanistans auszudehnen. Diese Expansion beinhaltete die Schaffung einer ständigen ISAF-Präsenz in Form von vier PRTs (*Provincial Reconstruction Teams*) und einer FSB (*Forward Support Base*). Zwei bereits zu dieser Zeit existierende PRTs in Herat und Farah wurden von den USA an die ISAF übergeben. Je ein neues PRT konnte unter der Führung Litauens in Chaghcharan, der Hauptstadt der Provinz Ghor, und unter der Führung Spaniens in Kaleje Nau, der Hauptstadt der Provinz Bagdis, errichtet werden. Italien und Spanien hatten sich bereit erklärt, in Herat die FSB – eine Basis für logistische Unterstützung – zu betreiben. Die erweiterte ISAF-Mission deckte somit 50 Prozent des afghanischen Territoriums ab. Zur ISAF-Präsenz in Kabul und den nördlichen Teilen des Landes erfolgte dadurch die Ausdehnung der ISAF auf die vier westlichen Provinzen Afghanistans.[336] Die ISAF-Personalstärke war mit den neuen zusätzlichen Aufgaben durch Italien, Litauen und Spanien um 500 Soldaten auf 8.900 Soldaten angewachsen.

Deutschlands damaliger Verteidigungsminister Peter Struck hatte eine Ausweitung des Bundeswehreinsatzes in weitere nördliche Teile Afghanistans um

---

335 165.000 Hektar Anbaufläche für Schlafmohn in Afghanistan, das entspricht in etwa der österreichischen Anbaufläche für Körnermais (167.226 Hektar). Aus: Thomas Seifert, Die Allianz der Drogenbarone und Terroristen, in: Die Presse, 13.3.2007, 8.

336 Statement by NATO Secretary General, Jaap de Hoop Scheffer, Press Release (2005)014, 10 Feb. 2005.

Masar-i-Scharif in Aussicht gestellt, damit britische Truppen von dort in den Süden verlegt werden konnten.[337] Es war seitens der deutschen Bundesregierung nicht geplant, zusätzliche Bundeswehrsoldaten nach Afghanistan zu verlegen. Die Bundeswehr hatte zu dieser Zeit 450 ihrer 2.200 Soldaten nach Afghanistan verlegten Soldaten im Norden des Landes stationiert.

Die NATO steuerte langfristig auf eine Übernahme des noch von den USA geführten Anti-Terror-Einsatzes *Enduring Freedom* zu. Es galt vorerst, Synergieeffekte zwischen der ISAF und der *Operation Enduring Freedom* (OEF) zu nutzen.[338] Die ca. 20.000 Soldaten der OEF übernahmen verstärkt allgemeine Sicherungsaufgaben, fahndeten jedoch auch nach Kämpfern der islamistischen Taliban und der Terrorgruppe *Al Quaida*. Beide Einsätze sollten vorerst getrennte Mandate behalten, erklärte Generalsekretär Jaap de Hoop Scheffer. Die NATO wolle aber Synergieeffekte nutzen, so in den Bereichen Logistik und Aufklärung. Ein gemeinsames Kommando für beide Einsätze unter der Führung durch die ISAF wurde seitens der NATO nach den Wahlen in Afghanistan im Jahr 2006 nicht ausgeschlossen.[339]

---

[337] Aus: NATO bereit für größere Rolle in Afghanistan, REUTERS Deutschland, 10.2.2005, 16:38 CET.

[338] Statement Issued by the Heads of State and Government Participating in a Meeting of the North Atlantic Council in Brussels on 22 February 2005, PR/CP (2005)022.

[339] Aus: NATO bereit für größere Rolle in Afghanistan, REUTERS Deutschland, 10.2.2005, 16:38 CET.

Der Irak als Herausforderung für die Koalitionstruppen

Koalitionspartner planen Abzug von Truppen aus dem Irak

In der von NATO-Staaten unterstützten Irak-Koalition wächst der Wunsch, die eigenen Truppen so schnell wie möglich aus dem Irak zurückzuholen. Italiens damaliger Außenminister Franco Frattini legte in Washington einen Drei-Punkte-Plan zum Abzug der Soldaten aus dem Irak vor. Voraussetzung für die Heimholung der 3.000 italienischen Soldaten wäre die Abhaltung der für 2005 geplanten Wahlen im Irak, die Bildung einer legitimen irakischen Regierung und die „*Präsenz arabischer Länder*" im Irak gewesen.[340]

Auch Polens damaliger Außenminister Wlodzimierz Cimoszewicz kündigte eine Reduzierung des polnischen Kontingents nach den Wahlen 2005 an. Zudem gestand er ein, dass die US-Koalition im Irak Fehler gemacht habe.[341] Nach Ansicht des Verteidigungsministers Jerzy Szmajdzinski hätte Polen spätestens Ende 2005 seine Truppen abziehen sollen. Erstmals hatte damit ein Regierungsmitglied Anfang Oktober 2004 öffentlich ein konkretes Datum für das Ende der in Polen umstrittenen Mission genannt. Bis zu diesem Zeitpunkt hatte die Regierung in Warschau einen möglichen Truppenabzug von den Entwicklungen im Irak abhängig gemacht. Szmajdzinski wollte jedoch nicht ausschließen, dass ein kleines Offizierskontingent über 2005 hinaus im Irak stationiert bleiben könnte.[342] Seit September 2004 waren im Irak 2.500 polnische Soldaten stationiert. Bis Anfang Oktober 2004 hat der Aufstieg Polens zur Zonenmacht im Irak 13 polnischen Soldaten und vier Zivilisten das Leben gekostet. Umfragen zufolge waren zwei Drittel der Polen für einen sofortigen Truppenabzug.[343]

Ungarn zog bis 31.12.2004 seine rund 300 Soldaten aus dem Irak ab. Die von der ungarischen Regierung angestrebte Verlängerung des Mandats ungarischer Truppen im Irak war im Parlament gescheitert. Bei einer Abstimmung am 15.11.2004 abends enthielt die Regierung nicht die dafür erforderliche Zwei-Drittel-Mehrheit. Demnach stimmten 191 Abgeordnete für eine Verlängerung des Einsatzes bis Ende März 2005, 159 waren dagegen. Die Bevölkerung Ungarns war mehrheitlich gegen den Einsatz im Irak.

Großbritanniens Regierung hingegen verlegte auf Bitte der USA am 22.10.2004 – trotz massiven Widerstandes der regierenden *Labour Party* – Truppen aus dem Süden des Irak zur Unterstützung der US-Streitkräfte nach Bagdad. Bis zu 850 Soldaten (0,5% der gesamten Koalitionstruppen) wurden für einige Wochen erstmals außerhalb von Basra im Großraum Bagdad eingesetzt. Die britischen Truppen sollten die amerikanischen Soldaten entlasten, die in der Stadt Falludscha und anderen Orten gegen Aufständische vorging. Die Verle-

---

340 Aus: US-Alliierte für Truppenrückzug, Die Presse, 19.10.2004, 7.
341 Ebenda.
342 Thomas Roser: Warschau leitet Rückzug aus dem Irak ein, Die Presse, 7.10.2004, 7.
343 Ebenda.

gung der 850 Soldaten geschehe *„auf Wunsch der USA und sei militärisch, nicht politisch begründet“*, betonte Großbritanniens Verteidigungsminister Geoff Hoon: Die Verlegung sei ein *„militärisch akzeptables Risiko“*.[344] Die USA hatten unterdessen ihre Truppenpräsenz um 12.000 auf insgesamt 142.000 Soldaten erhöht. Seit Kriegsbeginn im März 2003 sind bis Mitte November 2004 insgesamt 68 britische Soldaten und ca. 1.100 amerikanische Soldaten ums Leben gekommen. Allein bei der Schlacht vom Falludscha wurden nach amerikanischen Angaben 40 US-Soldaten getötet, auf der Seite der Aufständischen fielen 1.600 Personen.[345]

Der Kommandant des dänischen Bataillons im Irak, Oberst John Dalby, kündigte Mitte Januar 2005 den Abzug seiner Truppen im Süden des Landes bis Mitte 2006 an: *„Ich schätze, dass die Soldaten ihren Auftrag hier unten innerhalb von zwölf bis 18 Monaten erfüllt haben und dass die irakische Regierung unsere Armee nicht darum bitten wird, danach noch zu bleiben.“*[346] Das NATO-Mitglied Dänemark unterstützt den US-geführten Einsatz im Irak mit 550 Soldaten.

Mehr Zusammenarbeit bei der Ausbildung irakischer Sicherheitskräfte gefordert

Der damalige stellvertretende Fraktionschef der CDU, Wolfgang Schäuble, forderte eine Teilnahme Deutschlands bei Ausbildungseinsätzen der Nordatlantischen Allianz im Irak. *„Die NATO hat beschlossen, die Ausbildung der irakischen Sicherheitskräfte im Land als NATO-Aufgabe zu übernehmen“*, betonte Schäuble: *„Deutsche Soldaten aus integrierten Stäben der NATO zurückzuziehen ist Gift für die atlantische Partnerschaft. Das ist genau das, was Multilateralismus nicht stärkt, sondern schwächt.“*[347] Deutschland hat sich zum Ziel gesetzt, für den NATO-Trainingseinsatz Lastkraftwagen zu liefern und sich an der Ausbildung irakischer Sicherheitskräfte in den Vereinigten Arabischen Emiraten zu beteiligen. Verteidigungsminister Peter Struck sagte, Deutschland habe sich auch bereit erklärt, irakische Pioniere und Fachleute zur Minenentschärfung auszubilden, falls dies gewünscht werde.[348] Unterdessen hatte NATO-Generalsekretär Jaap de Hoop Scheffer während einer Pressekonferenz im Berliner Presse Club Deutschland aufgefordert, gemeinsame NATO-Beschlüsse zu befolgen und seine Offiziere nicht aus bereits beschlossenen Operationen und somit aus integrierten Stäben und Einheiten abzuziehen. Er bezog sich sowohl auf zurückliegende Einsätze wie die AWACS-Luftraumüberwachung oder die

---

344 Aus: Briten eilen US-Truppen im Irak zu Hilfe, Die Presse, 22.10.2004, 1.
345 Aus: Guerilla-Krieg im Irak ufert aus, Die Presse, 17.11.2004, 1.
346 Aus: Danmark kan snart vaere ude af Irak, in: Jyllands-Posten, Jyllands-Posten Onlinedienst http://www.jp.dk/ssmorgenavisen:aid=2831472 vom 18.1.2005.
347 REUTERS Deutschland, 8.11.2004, 08:07 CET.
348 Ebenda.

Luftabwehr für die Türkei während des Irak-Krieges 2003 als auch für künftige Projekte wie die Ausbildung irakischer Sicherheitskräfte im Irak. Scheffer habe es auch als „*ungeheuerlich*" empfunden, dass Bündnispartner vor die Wahl gestellt wurden, sich gegen die USA oder gegen Deutschland und Frankreich zu entscheiden.[349] Auch Harald Kujat (Deutschland), Vorsitzender des NATO-Militärausschusses[350], plädierte für die Teilnahme aller in den NATO-Strukturen eingebundenen Offiziere: „*Wir haben nicht so viele Experten, die rotieren könnten.*"[351] Der NATO-Oberbefehlshaber für Europa, General James L. Jones, wies darauf hin, dass sich 16 der 26 NATO-Staaten an der Irak-Mission beteiligen wollen.[352] Dadurch soll es ermöglicht werden, pro Jahr bis zu 1.000 irakische Sicherheitskräfte in einem Ausbildungszentrum bei Bagdad zu trainieren. Die Entscheidung anderer Staaten wie Belgien, Deutschland, Frankreich, Griechenland, Luxemburg und Spanien, sich nicht daran zu beteiligen, könnte die NATO bei der geplanten Rotation der Ausbildungsoffiziere in Bedrängnis bringen.

Die NATO hatte ab Ende Juli 2004 siebzig Militärberater in den Irak und andere Staaten der Region zur Ausbildung irakischer Polizisten und Soldaten verlegt. Am 22.9.2004 hat die NATO beschlossen, ihre Unterstützung für die Ausbildung irakischer Kräfte zu erhöhen. Der Nordatlantische Rat beschloss am 17.11.2004 auf Ebene der 26 NATO-Botschafter den Operationsplan für die Entsendung von bis zunächst 300 Soldaten, die bei der Ausbildung irakischer Militärs helfen sollen. Das Trainingszentrum in einem Vorort Bagdads soll ausgebaut, die Beziehungen zu den Streitkräften der Koalition und zu den irakischen Behörden sollen intensiviert werden. An der NATO-Operation im Irak sollten insgesamt 1.700 Soldaten teilnehmen, von denen sich rund 100 der eigentlichen Aufgabe, der Ausbildung irakischer Soldaten nach dem Prinzip *train the trainer* widmen sollen. Der Rest der Truppen dient zur Sicherung der Ausbilder. Den USA zufolge soll es nicht ausgeschlossen werden, die NATO-Präsenz insgesamt auf rund 3.000 Soldaten zu verstärken, wobei davon ein Zehntel Ausbilder sein würden. Die USA drängten angesichts der anhaltenden Gewalt im Irak seit langem bei der NATO darauf, Militärausbildner in den Irak zu entsenden und die Sicherheitskräfte somit auf ihren Dienst bei der für Januar 2005 geplanten Wahlen vorzubereiten. Ein Zeitplan für den NATO-Trainingseinsatz unter der Leitung des amerikanischen Generalmajors David Petraeus wurde nicht festgelegt, inoffiziell war jedoch von sechs Monaten die

---

349 Aus: Der Tagesspiegel Online, 9.11.2004.

350 Am 17.11.2004 wurde der kanadische Luftwaffengeneral Ray Henault zum neuen Vorsitzenden des NATO-Militärausschusses ernannt. Er wird diese Position ab Mitte 2005 antreten.

351 Aus: Kujat hält deutschen NATO-Einsatz im Irak für wünschenswert, NETZEITUNG.DE, 17.11.2004, 19:36 Uhr.

352 Ebenda.

Rede – von der vollen Einsatzfähigkeit der Truppe bis zur Übergabe an die irakischen Ausbilder.

Der irakische Interimspräsident Iyad Allawi besuchte am 5.11.2004 den Nordatlantischen Rat, dabei ging es auch um die Erweiterung der NATO-Hilfeleistungen für dieses Land. In der zweiten Novemberwoche hatte im militärischen NATO-Hauptquartier eine Truppenstellerkonferenz stattgefunden. Die USA hatten „*massive Unterstützung*" für die Trainingsmission zugesagt, personell und finanziell. So übernahmen die USA die medizinische Versorgung, den strategischen Lufttransport, die Luftunterstützung durch Kampfflugzeuge sowie eine Kompanie von Sicherungstruppen – etwa 150 Soldaten. Großbritannien steuerte eine weitere Sicherungskompanie bei. Polen beteiligte sich mit Konvoischutz und hatte die Entsendung von Helikoptern angeboten. Die Tschechische Republik hatte sich bereiterklärt, 100 Soldaten zu schicken.[353]

Nach der Welle von Gewalt hat die irakische Übergangsregierung am 7.11.2004 den Ausnahmezustand für 60 Tage ausgerufen. Diese Maßnahme sollte dazu dienen, die für Januar 2005 geplanten Wahlen abhalten zu können. Der Ausnahmezustand galt für alle Teile des Landes außer den drei kurdischen Nordprovinzen, die von der kurdischen Autonomieregierung kontrolliert werden. Im November verübten Aufständische landesweit Terroranschläge: Bei einer Serie von Anschlägen vor allem auf Polizeiwachen in den Städten Haditha, Haklanija und Samarra waren am Wochenende des 6. und 7.11.2004 über 50 Menschen getötet und zahlreiche weitere verletzt worden. Die Übergriffe galten als Reaktion auf die amerikanische Offensive in Falludscha. In Bagdad wurde ein Anschlag auf das Haus des Finanzministers verübt, dabei wurden zwei Leibwächter getötet. Irakische Untergrundgruppen hatten in mehreren Städten des Landes wie u.a. in Bagdad, Hawjia, Mossul und Ramadi Entlastungsoffensiven eingeleitet, um den bedrängten Aufständischen in Falludscha beizustehen. Im nordirakischen Mossul mussten sich sogar die amerikanischen Truppen und die irakischen Sicherheitskräfte nach heftigen Rebellenangriffen aus der Stadt zurückziehen.

Im Irak könnten nach Angaben der *Washington Post* vom 7.11.2004 bis zu 4.000 tragbare Luftabwehrraketen verschwunden und in die Hände von Terroristen gelangt sein. Diese Raketen gehörten zum Arsenal des gestürzten Präsidenten Saddam Hussein. Es gebe jedoch keinen Überblick darüber, wie viele dieser Raketen vermisst würden und wie viele funktionstüchtig seien. Die Raketen sind mit einem Wärme-Suchkopf ausgestattet, der diese automatisch ins Ziel lenkt.

---

[353] Katja Ridderbusch: Mindestens 1.600 NATO-Soldaten sollen 100 Ausbilder im Irak beschützen, Die Welt Online, 18.11.2004, 11:52 Uhr.

Erste Ausbildungskurse in Stavanger und in Oberammergau

Der erste Ausbildungskurs für irakische Sicherheitskräfte außerhalb des Irak wurde zwischen 1. und 8.11.2004 am *Joint Warfare Center* (JWC) im norwegischen Stavanger durchgeführt. Insgesamt nahmen daran 19 Iraker – Polizisten und Soldaten – teil. Die Teilnehmer wurden von den irakischen Behörden als „*key leaders*" ernannt. Der Kurs selbst zielte auf die Inbetriebnahme eines operativen Hauptquartiers und beinhaltete die Bereiche Krisenmanagement, die Führung von Streitkräften, den operativen Planungsprozess, die Integration aller Bereiche der zivil-militärischen Kooperation einschließlich der Verbindung mit den Vereinten Nationen, dem Roten Kreuz und anderen internationalen Organisationen.[354]

Die Nordatlantische Allianz koordiniert die weitere Ausbildung irakischer Sicherheitskräfte durch die NATO oder anderer Organisationen mittels der *NATO Training and Equipment Co-ordination Group*, die vom NATO-Oberbefehlshaber für Transformation (*Supreme Allied Commander Transformation*) in Norfolk/Virginia geleitet wird. Zudem wurde Ende 2004 im Irak ein eigenes Zentrum für Ausbildung und Doktrinen (*Training, Education and Doctrine Center*) geschaffen.

Das am 23.10.2003 ins Leben gerufene *Joint Warfare Center* (JWC) in Stavanger beteiligt sich an der Entwicklung der militärischen NATO-Doktrin, an der Ausbildung von Streitkräften für neue Missionen und dient als Experimentierfeld für Ausrüstung und Taktik. Das JWC hat weiters die Aufgabe, den Transformationsprozess der militärischen Fähigkeiten der NATO stets zu verfolgen und auch neu zu bewerten. Ziel ist es auch, Militärpersonen aus NATO-Staaten und Ländern der Partnerschaft für den Frieden für gemeinsame Operationen auszubilden. Durch Simulationen und Modellsituationen sollen auch die Entwicklung und die Erprobung neuer militärischer Konzepte und Ausrüstung durchgeführt werden. Das JWC ersetzte das (*joint operational*) *NATO Headquarters North*.[355]

Erstmals hatten sich am 7.11.2004 auch vier irakische Offiziere gemeinsam mit über 70 Studenten aus 14 NATO- und PfP-Ländern an einem *Combined Joint Operation Centre*-Kurs an der NATO-Schule in Oberammergau beteiligt.

---

354 First NATO Course for Iraq Underway in Norway, NATO Press Release (2004)146, 1 Nov. 2004.

355 Training and experimentation centre established in Norway, NATO Update, http://www.nato.int/docu/update/2003/10-october/e1023a.htm, Last updated: 05-Nov-2003 13:54 hours.

Die NATO-Schule organisiert jährlich 80 Kurse, insgesamt nehmen daran mehr als 8.000 Studenten aus über 50 Ländern teil.[356]

Dezember 2004: Die nächste Stufe für die NATO-Operation im Irak

Der NATO-Oberkommandierende für Europa (*Supreme Allied Commander Europe* – SACEUR), General James L. Jones, leitete Mitte Dezember 2004 die nächste Stufe zur Erweiterung der NATO-Operation im Irak ein. Mit der *Activation Order* vom 16.12.2004 wurde die *NATO Training Implementation Mission* (NTIM) auf *NATO Training Mission-Iraq* (NTM-I) umbenannt. Diese *Activation Order* basiert auf der Direktive des Nordatlantischen Rates auf der Ebene der Außenminister der NATO-Staaten vom 9.12.2004. Insgesamt wurden in der Anfangsphase dieser NATO-Mission an die 300 Personen in den Irak verlegt. Ende Dezember 2004 umfasste die Stärke dieser Mission noch 60 Personen. Als nächster Schritt für die NATO stand die Schaffung eines Ausbildungs- und Doktrinenzentrums (*Training Education and Doctrine Centre* – TEDC) am Programm, um Führungskräfte für die mittlere und höhere Ebene der irakischen Sicherheitskräfte auszubilden.[357]

Während seines dritten Besuches im NATO-Hauptquartier am 21.6.2005 ersuchte der irakische Außenminister Hoschiar Zebari um die Fortsetzung der Unterstützungsmaßnahmen der Nordatlantischen Allianz. Zebari betonte in diesem Zusammenhang die bedeutende Rolle der NATO bei der Ausbildung irakischer Sicherheits- und Streitkräfte. Im September 2005 wurde außerhalb Bagdads seitens der NATO das Zentrum für Ausbildung und Doktrinen (*NATO Training, Education and Doctrine Centre*) errichtet. Seit August 2004 bildet die NATO im Irak Sicherheitskräfte aus und unterstützt die irakischen Streitkräfte bei der Beschaffung militärischer Ausrüstung. Die NATO plant, jährlich an die 1.000 irakische Offiziere innerhalb des Landes und ca. 500 außerhalb des Irak auszubilden.[358] Während der am 22.6.2005 in Brüssel stattgefundenen Irak-Geberkonferenz, an der Vertreter aus über 80 Ländern teilnahmen und die von der EU, den USA und der irakischen Regierung organisiert wurde, ersuchte der NATO-Generalsekretär Jaap de Hoop Scheffer die Partnerländer, sich verstärkt über einen *Trust Fund* am Betrieb des neuen Ausbildungsbildungs- und Doktrinenzentrums zu beteiligen und damit die Ausbildung irakischer Sicherheitskräfte zu unterstützen.[359]

---

[356] Aus: Iraqi officers attend training at NATO School, NATO Update, http://www.nato.int/docu/update/2004/11-november/e1107.htm, Last update: 15-Nov-2004, 12:43 hours.

[357] Aus: Name changes as Iraq mission grows, North Atlantic Treaty Organisation, NATO Onlinedienst, http://www.nato.int/shape/news/2004/12/i041216.htm .

[358] Quelle: Iraqi Foreign Minister calls for continuing NATO support, aus: NATO Update, 22 June 2005, http://www.nato.int/docu/update/2005/06-june/e0622a.htm .

[359] Quelle: NATO committed to Iraq, says Secretary General, aus: NATO Update, 23 June 2005, http://www.nato.int/docu/update/2005/06-june/e0623a.htm .

Bis Mitte November 2005 hatte die NATO insgesamt 26.000 Leichtwaffen, 200 Artilleriewaffen, 10.000 Helme und 9,3 Millionen Ladungen Munition an die irakischen Sicherheitskräfte überstellt.[360] Die irakischen Streitkräfte erhielten im Jahr 2005 seitens der NATO Waffen und Ausrüstung im Wert von 100 Millionen Euro. Vom NATO-Mitglied Rumänien erfolgte die Lieferung von rund 6.000 AK-47-Gewehren. Aus Slowenien bekam das irakische Heer an die 17.000 AK-47-Gewehre und ca. 10.000 Helme. Den irakischen Streitkräften wurden auch seitens der NATO-Staaten Dänemark, Estland, Griechenland, Litauen und Ungarn Ausrüstung geliefert. Insgesamt betrug der Wert der von den genannten Staaten gespendeten Waffen und Heeresausrüstung ca. 30 Millionen Euro. Derartige Waffenspenden vor allem aus ost- und mitteleuropäischen NATO-Mitgliedsländern, die bis Anfang der neunziger Jahre dem Warschauer Pakt angehörten, sind für die irakischen Streitkräfte sehr willkommen, da die Iraker bereits mit den großteils sowjetischen Waffentypen noch aus der Zeit von Saddam Hussein vertraut sind.

Die größte Spende gelangte am 11.11.2005 in den Irak: Insgesamt 77 T-72-Panzer und vier Bergepanzer im Wert von ca. 70 Millionen Euro wurde seitens des NATO-Staates Ungarn in den Irak überstellt. Die Panzerflotte gelangte auf dem Land- und Seeweg in den Irak und wurde in Taji – nördlich der Hauptstadt Bagdad – stationiert. In Taji befindet sich das Hauptquartier der 9. irakischen Division (mechanisiert). Die Operationsfähigkeit erreichten die T-72 Mitte Dezember 2005.

Die Koordination mit dem irakischen Verteidigungsministerium und dem Innenministerium für den Import dieser Waffen und Ausrüstung obliegt der *Training, Equipment and Synchronization Cell* (TESC) der im Sommer 2004 eingeleiteten NATO-Ausbildungsmission im Irak (*NATO Training Mission in Iraq* – NTM-I). Die TESC ist der *NATO Training and Equipment Coordination Group* (NTECG) unterstellt, die am 8.10.2004 im Alliierten Kommando für Transformation (*Allied Command Transformation* – ACT) in Norfolk / Virginia eingerichtet wurde.[361]

---

[360] Aus: Donated T-72 Tanks arrive in Iraq, NATO Update, 11 Nov. 2005, Updated 14-Nov-2005, http://www.nato.int/docu/update/2005/11-november/e1111a.htm .

[361] Aus: NATO Nations have donated € 100 million worth of equipment to the Iraqi Armed Forces, 15 Dec. 2005, AFSOUTH, http://www.afsouth.nato.int/JFCN_Missions/NTM-I/Articles/NTMI_A_14_05.htm .

Russland und die NATO zielen auf eine Stärkung der Kooperation

Die NATO-Staaten unterzeichneten mit Russland im NATO-Russland-Rat am 9.12.2004 in Brüssel ein Übereinkommen, das russische Unterstützung für die Operation „*Active Endeavour*" im Mittelmeer zusichern soll. Diese Operation – sie existiert seit Oktober 2001 und wird auf der Grundlage des Artikels 5 des NATO-Gründungsvertrages (gegenseitiger Beistand) durchgeführt – widmet sich dem Kampf gegen den Terrorismus und hat zum Ziel, Schiffe im Mittelmeerraum auf mögliche Terrorspuren – vor allem im Hinblick auf die Proliferation von Massenvernichtungswaffen – zu durchsuchen. Die Streitkräfte der NATO und Russlands hatten bereits begonnen, sich für diese Operation abzustimmen. Dies war nicht das erste Mal, dass Russland NATO-geführte Operationen unterstützt. Russland beteiligt(e) sich auch mit Truppen an der SFOR in Bosnien-Herzegowina sowie an der KFOR im Kosovo. Erstmals war jedoch Russland Teil einer kollektiven Verteidigungsoperation der NATO. Der Nordatlantische Rat genehmigte Mitte September 2006 die Teilnahme des russischen Schiffes *Pitliviy* an der von der NATO geführten Seeoperation *Active Endeavour*. Das Schiff war völlig in diese Operation zur Bekämpfung des Terrorismus integriert und befand sich – als erstes Schiff der russischen Marine in der Geschichte überhaupt – unter der Kontrolle der NATO. Die *Pitliviy* stach von Aksaz / Türkei aus in See.[362] Als zweites russisches Schiff wurde im September 2007 die Fregatte *RFS Ladniy* für die Operation *Active Endeavour* eingesetzt.[363]

Die NATO und Russland hatten weiters einige Maßnahmen eingeleitet, um ihre Fähigkeiten bei gemeinsamen friedenserhaltenden Einsätzen und Krisenmanagementoperationen zu erhöhen. So werden unter der Leitung der NATO Kurse im Bereich Interoperabilität an russischen Militärakademien durchgeführt. Im Oktober 2004 erfolgte diesbezüglich die Annahme eines Übereinkommens der Verteidigungsminister des NATO-Russland-Rates betreffend eines Initialrahmens für *Political-Military Guidance towards Enhanced Interoperability* zwischen den Streitkräften der NATO und Russlands. Im September 2004 erfolgte auch die Abhaltung einer Übung des NATO-Russland-Rats mit dem Ziel, die Verfahren für die Einleitung gemeinsamer Operationen zu testen.

Was zivile Notstandsübungen betrifft, wie z.B. im Juni die Übung „*Kaliningrad 2004*", soll die ungarisch-russische Initiative der zivilen Notstandsplanung und -erwiderung verwirklicht werden. In diesem Zusammenhang ist auch die im

---

362 Aus: Russian Federation Ship to Join Operation ACTIVE ENDEAVOUR, Press Release {16}, {15 09 06}, Updated 20-Sep-2006, CC-MAR Press Releases, JFC Naples, http://www.jfcnaples.nato.int/organization/CC_MAR_Naples .

363 Aus: Russian ship prepares to support NATO's Operation Active Endeavour, 3-24 Sep 2007, http://www.nato.int/docu/update/2007/09-september/e0903a.html , ausgedruckt am 11.8.2007.

August 2004 stattgefundene Übung „*Avariya 2004*" zu nennen, die die Bekämpfung eines Nuklearunfalls mit terroristischem Hintergrund simulierte.[364]

Die NATO und Russland unterzeichneten am 9.12.2004 einen umfassenden Aktionsplan gegen den Terrorismus. Hier sollen die Kooperationen verbessert werden, so vor allem bei der Zusammenarbeit der Nachrichtendienste[365], bei der Koordination zur Bekämpfung der Verbreitung chemischer, biologischer, radiologischer und nuklearer Waffen, bei der Verbreitung von Kleinwaffen (*small arms and light weapons* – SALW) und tragbaren Luftverteidigungssystemen (*man-portable air defence systems* – MANPADS)[366] sowie beim Schutz des zivilen Flugverkehrs (*NATO-Russia Council Cooperative Airspace Initiative*).[367] Die NATO und Russland kamen auch überein, gemeinsam gegen den Drogenhandel in Afghanistan gemäß der Berliner Deklaration über Maßnahmen gegen das Rauschgift (*Berlin Declaration on Counter-Narcotics*) vorzugehen.[368] Weiteres Ziel ist es, insbesondere mit Experten aus Russland, Spanien, der Türkei und den USA Seminare zum besseren Verständnis von terroristischen Taktiken und Methoden durchzuführen, um die Terrorbekämpfung noch stärker zu koordinieren.[369]

Was Georgien und die Ukraine betrifft, würde sich Russland einer NATO- und EU-Mitgliedschaft beider Staaten nicht entgegenstellen: „*Das ist deren Wahl. Wir achten das Recht jedes Staates – unsere Nachbarn eingeschlossen – sich seine Partner selbst zu wählen, selbst zu entscheiden, welcher Organisation sie beitreten wollen*", betonte Russlands Außenminister Sergej Lawrow.[370]

Unter der Ägide des NATO-Russland-Rates leitete die *Theatre Missile Defence* (TMD) *Ad Hoc Working Group* die zweite *TMD Command Post Exercise* (TMD CPX). Die Übung „*Collaborative Arrow '05*" fand zwischen dem 14. und 23.3.2005 auf der *De Peel*-Luftwaffenbasis in den Niederlanden statt. Eine erste derartige Übung wurde im März 2004 beim *Joint National Integration Centre* (JNIC) in Colorado Springs / USA abgehalten. Für 2006 bot sich Russland als Gastgeber für die nächste TMD CPX an. Die Ziele der CPX liegen in der Erprobung des Experimentalkonzepts (*Experimental Concept*) und des assoziierten Experimental-Operationskonzeptes (*Experimental Concept of Operations* – CONOPS), die beide von der NATO-Russland TMD Ad-hoc-Arbeitsgruppe entwickelt wurden. Zudem werden auch die Verfahren für die TMD-Planung

---

[364] Statement, Meeting of the NATO-Russia Council at the Level of Foreign Ministers, NATO Headquarters, Brussels, Thursday, 9 December 2004.

[365] NATO-Russia Council Action Action Plan on Terrorism, Punkt 3.1.

[366] Ebenda, Punkt 3.5.

[367] Ebenda, Punkt 3.4.

[368] Ebenda, Punkt 3.8.

[369] Ebenda, Punkt 3.7.

[370] Aus: Interview mit dem russischen Außenminister Sergej Lawrow, Handelsblatt vom 3.1.2005.

und –Koordination erprobt. Zu dieser CPX kamen über 50 Teilnehmer aus zehn NATO-Staaten und der Russischen Föderation. Die CPX war Computer-unterstützt mit dem Schwerpunkt Führung von Streitkräften. Gemeinsam mit der Interoperabilitätsstudie (*Interoperability Study*), die seitens der NATO-C3-Agentur (NC3A) koordiniert wird, bildet die CPX die Grundlage für künftige Interoperabilitätsmechanismen und -verfahren im Bereich des TMD. Über 3 Millionen Euro wurden für die Interoperabilitätsstudien und das Übungsprogramm bereitgestellt. „*Collaborative Arrow '05*" ist ein wesentlicher Schritt zur Vertiefung der praktischen Zusammenarbeit zwischen der NATO und Russland – auf der Grundlage der NATO-Russland-Erklärung von Rom aus dem Jahr 2002.[371]

Ungeachtet bestehender politischer Differenzen zwischen der Allianz und Russland z.B. über die NATO-Luftraumüberwachung entlang der russisch-baltischen Grenze oder über die unerfüllten Versprechen der russischen Regierung zur Schließung seiner Stützpunkte in Georgien haben der NATO-Generalsekretär Jaap de Hoop Scheffer und Russlands Außenminister Sergej Lawrow in Vilnius (21.4.2005) äußerst positiv über die Ausweitung und Vertiefung der Zusammenarbeit zwischen dem Bündnis und der Russischen Föderation gesprochen. Nach Aussagen Lawrows ist der NATO-Russland-Rat zum festen Bestandteil der euro-atlantischen Sicherheitsarchitektur geworden. Zur weiteren Förderung der praktischen Zusammenarbeit unterzeichneten beide Seiten jenes Abkommen im Rahmen der NATO-Partnerschaft für den Frieden, das den rechtlichen Status beim Aufenthalt und Transit von Militärpersonen und Gütern im und durch das Gebiet der Vertragsparteien regelt (*Partnership for Peace Status of Forces Agreement* – SOFA). Dieses Status-Abkommen erleichtert Militärtransporte auf dem Luft- und Landweg via Russland vor allem nach Afghanistan.[372] Das Abkommen tritt erst dann in Kraft, wenn es von der Duma, dem russischen Parlament, ratifiziert worden ist. Die Grundalge des SOFA bildet das NATO-Übereinkommen über den Status von Streitkräften (*Status of Forces*) aus dem Jahr 1951, im Fall Russlands wurden dazu noch Anpassungen vorgenommen. SOFA ist auf Reziprozität ausgerichtet.

371 NATO and Russia to conduct joint Theatre Missile Defence Exercise, PR/CP (2005)034, 9 March 2005.

372 Quellen: Russia to join Partnership Status of Forces agreement, 21 April 2005, aus: NATO Update, http://www.nato.int/docu/update/2005/04-april/e0421a.htm , Last update: 21 April 2005 17:13 hours, und NZZ: Die NATO ermutigt Ambitionen der Ukraine, aus: NZZ Online, 22.4.2005, Onlinedienst der Neuen Zürcher Zeitung.

Die NATO baut Kooperation mit der OSZE und mit der UNO aus

Am 3.11.2004 stattete der bulgarische Außenminister Salomon Passy als Vorsitzender der Organisation für Sicherheit und Zusammenarbeit in Europa (OSZE) einen eintägigen Besuch bei der Nordatlantischen Allianz in Brüssel ab. Am Programm standen Gespräche über den Ausbau der Zusammenarbeit zwischen der NATO und der OSZE. Innerhalb der NATO-Partnerschaft für den Frieden und somit des Euro-atlantischen Partnerschaftsrates sind die NATO-Mitglieder und die Länder der Partnerschaft für den Frieden vertreten – all diese Staaten sind auch Mitglieder der OSZE. Außenminister Passy traf sich auch mit NATO-Generalsekretär Jaap de Hoop Scheffer, zentraler Punkt der Unterredungen war die weitere Zusammenarbeit zwischen beiden Organisationen in den Nachfolgestaaten des ehemaligen Jugoslawien und in Afghanistan. Afghanistan wurde als das besondere Beispiel der wirksamen Zusammenarbeit zwischen der NATO und der OSZE betont: Die NATO war in der Koordination der Sicherheit für die am 9.10.2004 stattgefundenen Präsidentenwahlen maßgeblich beteiligt, die Aufgabe der OSZE lag darin, den Wahlprozess zu bewerten und zu analysieren. Passy dazu: „*I do believe that the two organisations have a great future together and we shall have to spare no effort in order to work for the common goals.*“[373]

Erstmals nahm am 11.11.2004 ein NATO-Generalsekretär an einer Sitzung des UNO-Sicherheitsrates in New York teil und unterstrich die Bedeutung der Kooperation der NATO mit den Vereinten Nationen: „*Bosnia and Herzegovina is the most successful proof of the effectiveness and potential of the United Nations and NATO working together for peace and stability.*“[374] Die NATO strebt weiterhin an, dieses Modell der Zusammenarbeit mit der UNO anzuwenden. Die Rolle der NATO, so de Hoop Scheffer, ist jedoch nicht die eines Weltpolizisten.[375] Der Generalsekretär verfolgt eine stärkere Rolle der NATO in der Weltpolitik: So soll die NATO in der Afghanistan- und Nahostpolitik sowie im Atomstreit mit dem Iran den Kurs mitgestalten: „*Die NATO ist nicht und sollte nicht nur ausführendes Organ von Entscheidungen sein, die andererorts beschlossen werden.*“ Die NATO müsse sich als Akteur an wichtigen internationalen Fragen wie etwa auch einen möglichen Einsatz im palästinensichen Gaza-Streifen nach dem von Israel geplanten Abzug beteiligen, so de Hoop Scheffer:

---

[373] OSCE Chairman discusses cooperation at NATO, NATO Update, NATO Onlinedienst, http://www.ato.int/docu/update/2004/11-november/e1103.htm , Last update: 05-Nov-2004 8:51 hours.

[374] NATO debut at UN Security Council, NATO Update, NATO Onlinedienst, http://www.nato.int/docu/update/2004/11-november/e1111b.htm , Last update: 15-Nov-2004, 18:35 hours.

[375] Ebenda.

„Lassen Sie uns unsere Meinungsverschiedenheiten haben, bevor wir möglicherweise dazu aufgefordert werden, in der Region aktiver zu werden."[376]

[376] Aus: NATO-Chef will politische Rolle der Allianz ausweiten, REUTERS Deutschland, 16.11.2004, 08:45 Uhr.

Die NATO nähert sich Israel an

In der dritten Novemberwoche 2004 hatte die NATO israelische Streitkräfte erstmals zur Teilnahme an multinationalen Übungen und an Terrorbekämpfungen im Rahmen von Patrouillen im Mittelmeer eingeladen. Die Nordatlantische Allianz plant, Truppen in den Gazastreifen nach dem israelischen Abzug zu entsenden, wenn Israel und Palästina ein Abkommen über den Abzug erreichen und die NATO danach um Unterstützung ersuchen. NATO-Generalsekretär Jaap de Hoop Scheffer hatte die Etablierung einer NATO-Friedenstruppe vorgeschlagen, die eine Rolle in der Herstellung und Aufrechterhaltung des Friedens im Nahen Osten übernehmen soll.

Die NATO hatte erstmals am 5.12.2004 einen israelischen Generalstabschef – Mosche Jaalon – zum Gipfeltreffen der Generalstabschefs der 26 NATO-Länder eingeladen. Dazu wurden seitens der NATO auch die Generalstabschefs der weiteren Mittelmeerdialogländer Ägypten, Algerien, Jordanien, Marokko, Mauretanien und Tunesien eingeladen. Beim Treffen der Generalstabschefs erfolgte die Erörterung der Themen engere militärische Zusammenarbeit, Austausch von Nachrichten, militärische Reformen, gemeinsame Übungen, Maßnahmen gegen den Rauschgifthandel und den Waffenschmuggel.[377]

Anfang Januar 2005 machte der Vorsitzende des Jüdischen Weltkongresses (*World Jewish Congress* – WJC), Israel Singer, den Vorschlag, den Staat Israel als „*assoziiertes Mitglied*" in die NATO aufzunehmen. Diese Art der Mitgliedschaft, so meinte Singer, „*can have many different faces.*"[378] Der Vorschlag beinhaltet jedoch nicht die Forderung, dass Israel volles Mitglied der NATO werden soll. Eine „*assoziierte Mitgliedschaft*" Israels würde eine erhöhte Sicherheit für Israel bedeuten: „*If Israel became secure in its approach, it would change the entire mix with regard to Israelis taking chances for peace, and the rest of the Arab world look at Israel differently*", erklärte der WJC-Vorsitzende. Demnach könnte mit dieser Aktion eine Lücke zwischen Europa und dem Nahen Osten geschlossen werden. Der Staat Israel, so Singer, könnte hier eine Schlüsselrolle übernehmen: „*NATO itself has changed. In that function Israel could play a major role tying the Middle East and Europe together.*" Diesem Vorschlag entgegnete ein NATO-Sprecher, dass eine „*assoziierte Mitgliedschaft*" innerhalb der NATO nicht existiere, Israel selbst jedoch ein bedeutendes Mitglied des NATO-Mittelmeerdialoges sei. Ein israelischer Diplomat stellte klar, dass Israel nicht mehr als die gegenwärtigen Beziehungen mit der Nordatlantischen Allianz

---

377 Aus: Karin Kneissl, Moshe Meisels: Deutsche U-Boote für Israel, in: ÖMZ 1/2005, 105.

378 Aus: WJC to call on NATO to grant Israel „associate membership", in: HAARETZ.com vom 9.1.2005, http://www.haaretz.com/hasen/spages/524422.htm .

anstrebe: „*For the time being we haven't asked for anything which is more than that.*"[379]

Das Thema einer israelischen Mitgliedschaft in der NATO stellt sich heute immer mehr.[380] Der NATO-Gipfel von Istanbul am 28. und 29. Juni 2004 war der erste Meilenstein, der die Beziehungen zwischen Israel und der NATO verändern sollte. Der zweite Meilenstein erfolgte am 23. und 24. Februar 2005, als der NATO-Generalsekretär Jaap de Hoop Scheffer als erster NATO-Generalsekretär Israel besuchte.[381] Im März 2005 erfolgte die Abhaltung des ersten gemeinsamen Marinemanövers der NATO mit Israel im Roten Meer, es folgten Übungen der Luft- und Seestreitkräfte.

Die Türkei war der Gastgeber des damaligen Istanbuler Gipfels, dieser Gipfel unterstrich auch die Relevanz der Türkei für Israel. Im Januar 1994 begann die Kooperation zwischen der israelischen und der türkischen Rüstungsindustrie. Israels Präsident Ezer Weizman fand sich im Januar 1994 zu einem Besuch in Ankara ein, bei dem ihn mehr als 20 Spitzenvertreter der israelischen Industrie begleiteten.

De Hoop Scheffer betonte, dass der Mittelmeerdialog „*kein erster Schritt zu einer künftigen Mitgliedschaft*" in der NATO sei. Die NATO arbeitet auf „*eine verstärkte politische und praktische Beziehung*" zu Israel hin. Unter den Bereichen für „praktische" Kooperation listete der Generalsekretär nachrichtendienstliche Information, Grenzsicherheit, Marinepatrouillen und den Kampf gegen den Waffenschmuggel auf.[382]

Für die israelischen Streitkräfte (IDF) sind multinationale Beziehungen und Kooperationen ein völliges Neuland.

- Pro Jahr bietet die NATO Israel an die 250 verschiedene Aktivitäten zur Teilnahme an, von Manövern im Schwarzen Meer bis hin zu Workshops über Munitionskontrolle und Luftverkehrsmanagement. Israels Budgetzwänge schränken jedoch die Teilnahme an derartigen Übungen und Workshops ein.[383]
- Kanada hatte die Israelische Luftwaffe (*Israeli Air Force – IAF*) eingeladen, erstmals an den *Maple Flag*-Übungen im Mai 2005 teilzunehmen, deren Hauptthema Kriegführung geringerer Intensität waren. Zehn *F-16*

---

379 Ebenda.

380 Aus: Eugene Kogan, Wandel im Charakter der Beziehungen zwischen Israel und der NATO, in: ÖMZ 3/2007, 306-310, 306.

381 Jaap de Hoop Scheffer war vor seiner Ernennung zum NATO-Generalsekretär Außenminister der Niederlande, deren Regierung für Sonderbeziehungen mit Israel und als spezieller Freund Israels innerhalb der EU bekannt ist. Aus: ebenda.

382 Ebenda, 307.

383 Ebenda.

C/D und ein *Boeing 707*-Tankflugzeug der IAF nahmen daran teil – gemeinsam mit Vertretern von weiteren zehn Luftstreitkräften.

- Im November 2005 erfolgte die Verlegung von *F-16I* und *F-16 A/B* der IAF in das regionale Kampfbereitschaftszentrum Konya/Türkei. Im Rahmen einer zweiwöchigen Übung flogen Piloten der IAF Luft-Luft- und Luft-Boden-Einsätze gemeinsam mit Kampfflugzeugen aus Belgien, der Türkei und aus den USA. Unterstützt wurde diese Übung durch ein A-WACS-Flugzeug der NATO. Alle teilnehmenden Flugzeuge waren mit einem israelischen *debrief pod* ausgestattet, der die operative Auswertung ermöglichte.[384]
- Am 20.2.2006 empfing Israel eine multinationale Delegation von Offizieren, die die AWACS-Kräfte unter der Führung von General Axel Tuttelman begleitete. In diesem Zusammenhang wurde von General Tuttelman betont, dass das AWACS-Flugzeug als Teil der größeren Anstrengungen zur Verbesserung der Sicherheitskooperation zwischen der NATO und Israel im globalen Krieg gegen den Terrorismus nach Israel gebracht wurde.
- 18.6.2005: Israel nahm als Beobachter an einer NATO-Übung im Golf von Tarent teil, zusammen mit Vertretern aus Frankreich, Großbritannien, Italien, den Niederlanden, Spanien, der Türkei und den USA.
- 29.5.2006: Israel kündigte erstmals die volle Teilnahme an einem NATO-Marinemanöver an. Zuvor hatte Israel bei solchen Übungen nur vollen Beobachterstatus inne. Die als „*Co-operation Mako*" titulierte Übung im Juni 2006 im Schwarzen Meer hatte den simulierten Kampf zwischen Raketenbootflotten und Such-und Rettungseinsätzen zum Thema. An diesem Tag gingen auch acht NATO-Kriegsschiffe im Hafen von Haifa vor Anker und blieben bis 4.6.2006. Der Besuch sollte ein „*besseres Kennenlernen von NATO-Fähigkeiten und die Auslastung von Möglichkeiten künftiger Kooperation*" ermöglichen.[385]
- Israel wird sich an der Operation „Active Endeavour" nur mit einem Verbindungsoffizier beteiligen, der in das *Joint Information and Analysis Center* in Neapel entsandt wird und für den Informationsaustausch zwischen Israel und der NATO verantwortlich ist.[386]
- Die IDF hatten das NATO-Hauptquartier in Brüssel formell davon in Kenntnis gesetzt, dass Rettungsteams des *Home Front Command* zur Verfügung stünden, um als Teil der westlichen Militärallianz zu dienen. Laut Beamten des israelischen Verteidigungsministeriums könnte Israel auch zur Entsendung von Feldspitälern für NATO-Friedenstruppen weltweit bereit sein.

---

[384] Ebenda.
[385] Ebenda, 308.
[386] Ebenda.

Israel ist das erste Land des Mittelmeerdialogs, das der NATO ein Internationales Kooperationsprogramm (ICP) vorgelegt hat, um ein gemeinsames Curriculum mit zusätzlichen Übungen, militärischen Manövern und Workshops zu erstellen. Der Abschluss des ICP erfolgte am 16.10.2006. Das ICP schafft formelle Rahmenbedingungen für die Kooperation in 27 Bereichen – so z.B. beim Austausch nachrichtendienstlicher Informationen, beim Kampf gegen die Proliferation von Massenvernichtungswaffen sowie bei der militärischen und zivilen Notfallsplanung. Eine Ausweitung der militärischen Beziehungen zwischen Israel und der NATO ist zu erwarten. Solange aber der israelisch-palästinensische Konflikt andauert, wird der politische Dialog auf beiden Seiten auf einem niedrigen Niveau gehalten werden und die Mitgliedschaft nicht auf der Tagesordnung stehen.[387]

---

[387] Ebenda.

Zur Rolle der NATO – Der Beginn des neuen strategischen Dialogs

Der deutsche Verteidigungsminister Peter Struck hielt vor 250 Teilnehmern der Internationalen Sicherheitskonferenz in München eine Rede, die der damalige Bundeskanzler Gerhard Schröder – er konnte aufgrund einer Grippe nicht teilnehmen – hätte halten sollen. Struck betonte, Deutschland habe mittlerweile 7.000 Soldaten weltweit im Einsatz und sehe sich in einer anderen Rolle als früher. In diesem Zusammenhang sei auch eine Reform der NATO notwendig: *„Die Strukturen der NATO wie der UNO entsprechen nicht mehr dem neuen Gewicht Deutschlands.“*[388] Die strategischen Herausforderungen lägen außerhalb der Beistandszone des Bündnisses und erforderten primär zivile Antworten. Dem würde innerhalb der NATO zu wenig Rechnung getragen. Mittlerweile sei auch die NATO *„nicht mehr der primäre Ort, an dem die transatlantischen Partner ihre strategischen Vorstellungen konsultieren und koordinieren.“*[389] Auch der Dialog mit den USA entspreche nicht mehr dem politischen Gewicht der EU. Aus diesen Gründen sollten nach Wünschen des Bundeskanzlers Europäer und Amerikaner ein Gremium bilden, um bis 2006 Reformideen für die NATO zu erarbeiten.

NATO-Generalsekretär Jaap de Hoop Scheffer und *„Mr. GASP“* Javier Solana wurden von derartigen Vorschlägen überrascht. Mitglieder der rot-grünen Regierung sprachen von einem *„Informationsdesaster“*.[390] Der CDU-Abgeordnete Eckart von Klaeden verwies auf die Schädlichkeit dieser Rede: *„Jetzt verstehen manche Schröder so, als wolle er die NATO abschaffen.“* De Hoop Scheffer meinte: Wer unglücklich über mangelnde Konsultationen sei, solle vorhandene Möglichkeiten besser nutzen. US-Verteidigungsminister Donald Rumsfeld stellte klar: *„Die NATO ist quicklebendig. Sie tut heute Dinge, die vor einigen Jahren noch undenkbar waren.“*[391] Aus Sicht der USA wird die Zusammenarbeit mit der NATO stets vorgezogen, es gibt jedoch Fälle, so Rumsfeld, wo schnell gehandelt werden müsse. Deutschlands Außenminister Joschka Fischer versuchte, die Rede des Bundeskanzlers positiv zu interpretieren: *„Der Kanzler hat doch gesagt, man müsse die NATO verbessern, nicht abschaffen.“* Schröder bekräftigte wenig später diese Aussage. Fischer plädierte für einen umfassenderen transatlantischen Dialog: *„Wir brauchen ein neues Grand Design. Wo diskutieren wir etwa über Fragen wie die Todesstrafe, die Haltung zum Kyoto-Protokoll oder zum Internationalen Strafgerichtshof?“*[392] Peter Struck meinte, dass die NATO nicht als eine Art *„Werkzeugkasten“* missbraucht

[388] Wolfgang Greber: „Schröder Surprise“: Vorstoß ins Leere, in: Die Presse, 14.2.2005, 3.
[389] Nikolaus Busse: „Nicht so schlimm, wie es klingt“, in: Frankfurter Allgemeine Sonntagszeitung, 13.2.2005, 2.
[390] Wolfgang Greber: „Schröder Surprise“: Vorstoß ins Leere, in: Die Presse, 14.2.2005, 3.
[391] Ebenda.
[392] Ebenda.

werden dürfe; man könne nicht einfach jene *„raus suchen, die man braucht*“ und andere *„an die Seite stellen.*“[393]

US-Präsident George W. Bush unterstrich daraufhin, dass die NATO jetzt keine Reformen benötige. Reformbedarf gibt es nach Bushs Einschätzungen ausschließlich darin, dass die europäischen NATO-Mitglieder ihre militärischen Fähigkeiten an aktuelle Gefahren anpassen und kosteneffizienter werden sollen. An der zentralen Rolle der NATO, so Bush, besteht kein Zweifel.[394] Der Dialog innerhalb der NATO müsse jedoch – so Frankreichs Präsident Jacques Chirac und Generalsekretär Jaap de Hoop Scheffer – intensiviert werden.[395]

Schröder hatte seinen Vorschlag am 22.2.2005 mit Bush im Rahmen des NATO-Gipfels in Brüssel erläutert. Während seines Treffens mit Bundeskanzler Schröder in Mainz einen Tag später sagte Präsident Bush, er habe Schröders Vorschlag zur NATO-Reform als Versuch zur Stärkung der Nordatlantischen Allianz begrüßt: *„Ich habe die Bemerkungen dahingehend interpretiert, dass er will, das die NATO relevant bleibt, dass es ein Ort ist, wo es einen sinnvollen strategischen Dialog gibt.*“[396] Der NATO-Generalsekretär hatte während des Brüsseler NATO-Gipfels einen Plan angekündigt, mit dem dieses Ziel erreicht werden solle. Schröder bekräftigte nach dem Gespräch mit Bush, er habe von seinem Vorschlag keine Abstriche zu machen. Innerhalb der NATO gibt es demnach große Zustimmung für das Ziel, den politischen Dialog in der Allianz zu stärken, während die Mittel dazu noch Gegenstand von Diskussionen seien.

Frankreichs damalige Verteidigungsministerin Michèle Alliot-Marie stellte im Februar 2005 klar, dass ihr Land gemeinsam mit den USA und Großbritannien *„zu den drei wichtigsten Militärmächten der NATO*“ zähle. Erstmals seit dem Austritt Frankreichs aus den integrierten NATO-Kommandostrukturen unter Präsident Charles de Gaulle[397] im Jahr 1966 engagiert sich Frankreich innerhalb der Allianz wieder zunehmend auf militärischer Ebene. Die seit einigen Jahren betriebene Rückkehr Frankreichs in die integrierten Kommandostrukturen der Allianz soll die Bedeutung des westeuropäischen Landes innerhalb der

---

393 Friederike Leibl: Rückendeckung für Gerhard Schröders Vorstoß zur NATO-Reform, in: Die Presse, 23.2.2005, 2.

394 Aus: Bush: „Freue mich, mit Schröder über die NATO zu sprechen“, in: FAZ.NET vom 19.2.2005, Onlinedienst der Frankfurter Allgemeinen Zeitung.

395 Friederike Leibl: Rückendeckung für Gerhard Schröders Vorstoß zur NATO-Reform, in: Die Presse, 23.2.2005, 2.

396 Aus: Bush: Schröder-Vorschlag zur NATO-Reform war „gute Initiative“, REUTERS Deutschland, 23.2.2005, 13:37 CET.

397 Damals war Präsident Charles de Gaulle nicht überzeugt, dass die US-Regierung die Sicherheit Westeuropas durch ihr Nuklearschild im Fall eines Krieges mit der UdSSR garantieren könne. Deshalb schuf Frankreich seine eigene nukleare Verteidigungspolitik. Vgl. dazu auch: Gunther Hauser: Die Sicherheit Europas im Wandel transatlantischer Beziehungen, Schriftenreihe der Landesverteidigungsakademie Wien 5/2004, 39.

Nordatlantischen Allianz genauso unterstreichen wie die erstmalige Austragung des informellen NATO-Verteidigungsministerrates am 9. und 10.2.2005 in Frankreich (Nizza). Nach Meinung Frankreichs solle die NATO sich nicht zu einem „*Mini-UN-Sicherheitsrat*" entwickeln, sondern als militärische Allianz sich auf das Sicherheits- und Krisenmanagement beschränken. Mit der außenpolitischen Stärkung der EU, wie sie im Verfassungsvertrag vorgesehen ist, wäre künftig die Europäische Union diejenige Instanz, die den politischen Dialog mit den USA und Kanada führt.

Frankreich agiert wieder wie ein vollwertiges NATO-Mitglied. Französische Generäle leiteten Anfang 2005 NATO-geführte Operationen im Kosovo und in Afghanistan. Beim NATO-Kommando Transformation (*Allied Command Transformation* - ACT) in Norfolk/Virginia und beim NATO-Kommando Operation (*Allied Command Operations* – ACO) in Mons sind mittlerweile französische Generalstabsoffiziere in leitenden Positionen beider Kommanden aufgerückt. Alliot-Marie ist überzeugt, „*dass die Welt künftig gleichzeitig mehrere Krisen zu bewältigen haben wird, man wird Kapazitäten für zahlreiche Interventionen brauchen, sowohl mit der NATO als auch mit der europäischen Verteidigung.*"[398]

Das informelle Außenministertreffen der 26 NATO-Staaten im Palais Chodkevicai in Vilnius (20.-21.4.2005) war der Beginn des „*Strategischen Dialogs*" innerhalb der NATO. Dieser neue Dialog war auf Initiative von Deutschlands Bundeskanzler Gerhard Schröder eingeleitet worden, als er während der Münchner Sicherheitskonferenz im Februar das Fehlen eines politischen Dialogs mit den USA in der NATO – vor allem in Hinblick auf die Irakkrise von 2003 – bemängelt hatte. Die kritische Diagnose Schröders werde allgemein geteilt, so Diplomaten. Es gehe nun darum, die NATO in „*ein globales Forum für Sicherheit*" zu verwandeln und den politischen Dialog zu stärken.[399] Die NATO-Staaten hatten beim Gipfeltreffen vom 22.2.2005 in Brüssel vereinbart, den politischen Dialog innerhalb der Allianz zu stärken. Dabei hatte US-Präsident George W. Bush erklärt, die NATO müsse jener Ort sein, an dem über *strategische Angelegenheiten* beraten werden könne. In diesem Kontext stieß ein Vorschlag von Deutschlands Außenminister Joschka Fischer, regelmäßige Zusammenkünfte der Außenminister von EU und NATO zu veranstalten, auf Zustimmung. NATO-Generalsekretär Jaap de Hoop Scheffer, der auch einen ähnlichen Vorschlag unterbreitete, verspricht sich dadurch einen „*breiteren politischen*

---

[398] Aus: Smonig, Reinhold: Paris drängt in die Kommandozentrale, in: Die Presse, 21.2.2005, 3.

[399] NATO soll politischer werden, http://zeus.zeit.de/text/2005/16/nato_050420, Die Zeit, 16/2005, ausgedruckt am 20.4.2005.

Dialog".[400] Derzeit leiden die Gespräche zwischen der EU und der NATO unter der Weigerung der türkischen Regierung, sich mit dem neuen EU-Mitglied Zypern an einem Verhandlungstisch zu sitzen.[401] Zudem fehlte zu diesem Zeitpunkt auch ein Sicherheitsabkommen zwischen der NATO und Malta, das die Erörterung sicherheitspolitisch heikler Fragen enorm einschränkt.[402] Konkrete Vorschläge, das Bündnis effektiver zu machen, lagen während des Treffens in Vilnius nicht vor. Zuvor war ein Vorstoß der Niederlande gescheitert, das strikte Konsensprinzip innerhalb der NATO aufzulösen, indem limitiert Mehrheitsentscheidungen eingeführt werden sollen.[403]

Intern hat die Nordatlantische Allianz nun eine Arbeitsgruppe eingesetzt, um die Organisation auf Schwachstellen zu prüfen und eine Bestandsaufnahme der Defizite aufzustellen. Für Ende 2005 kündigte der NATO-Generalsekretär ein *Reformpapier* an. Ob die NATO damit zu einer Organisation wird, in der – über ihr eigenes militärisches Engagement hinaus – auch weltweite strategische Fragen diskutiert werden, wofür US-Außenministerin Condoleeza Rice eintrat, wurde in Vilnius von Diplomaten bezweifelt.

Es wurde deutlich, dass nicht alle NATO-Staaten dieselben strategischen Ausrichtungen verfolgen. Bei der Grundsatzfrage, ob die NATO das zentrale Forum für die transatlantische Sicherheitspolitik bleibt oder sich weiterhin nur auf jene Einsätze beschränkt, mit denen die Allianz beauftragt worden ist, kam in Vilnius kein Konsens zustande. Frankreichs Außenminister Michel Barnier betonte, dass die NATO nicht das einzige Forum für den transatlantischen Dialog sei. Mit Bezug auf den Konflikt in der westsudanesischen Provinz Darfur stellte Barnier klar, die NATO sei *„kein Weltpolizist"*.[404] Für Paris ist die NATO in erster Linie eine Militärallianz und weniger ein Forum für politische Diskussionen. Die französische Regierung verhielt sich deshalb bisher äußerst reserviert gegenüber einer intensivierten politisch-strategischen Diskussion zwischen der NATO und der EU.[405] Auch die Diskussion über den Nahen Osten verdeutlichte, dass es noch keinen wirklichen Konsens über ein Engagement der Nordatlantischen Allianz im Rahmen des Friedensprozesses, wie bereits von Generalsekretär Jaap de Hoop Scheffer mehrfach angekündigt, gibt. Die NATO-Länder waren sich lediglich darüber einig, ein Engagement des Bündnisses in Erwägung

---

400 Quelle: Martin Winter, NATO-Minister wollen öfter tagen, aus: Frankfurter Rundschau Online, 22.4.2005.

401 Aus: Martin Winter, Geister im Haus, aus: Frankfurter Rundschau Online, 22.4.2005.

402 Aus: Die NATO ermutigt Ambitionen der Ukraine, aus: NZZ Online, 22.4.2005, Onlinedienst der Neuen Zürcher Zeitung.

403 Aus: Martin Winter, NATO-Minister wollen öfter tagen, aus: Frankfurter Rundschau Online, 22.4.2005.

404 Ebenda.

405 Aus: Die NATO ermutigt Ambitionen der Ukraine, aus: NZZ Online, 22.4.2005, Onlinedienst der Neuen Zürcher Zeitung.

zu ziehen: „*Alle Alliierten stehen der Idee offen gegenüber, dass die NATO wenigstens darüber nachdenken sollte, wenn sie gefragt wird*", fasste diesbezüglich ein Diplomat den Standpunkt der NATO-Staaten zusammen.[406] In Vilnius wurde sichtbar, dass vor allem zwischen den europäischen Verbündeten der Nordatlantischen Allianz nicht nur der Mangel an Gesprächen und Koordinierung in einzelnen Standpunkten besteht, sondern auch in der Definition von strategischen Interessen.

[406] Aus: Martin Winter, Geister im Haus, aus: Frankfurter Rundschau Online, 22.4.2005.

Die NATO beginnt den *Intensivierten Dialog* mit der Ukraine

Während ihres informellen Treffens in Vilnius haben die Außenminister der NATO-Staaten am 21.4.2005 die Beitrittsperspektive der Ukraine in der Aufnahme des *Intensivierten Dialogs* bestätigt. Die NATO-Außenminister und ihr ukrainischer Kollege Boris Tarasjuk einigten sich auf eine verstärkte Zusammenarbeit innerhalb dieses Dialoges. Die Formel des *Intensivierten Dialoges* entstand während des NATO-Gipfels von Madrid 1997, als die Staats- und Regierungschefs der Mitgliedstaaten beschlossen, „*to continue the Alliance's intensified dialogues with those nations that aspire to NATO membership or that otherwise with to pursue a dialogue with NATO on membership questions.*" Diese Dialoge beinhalten „*the full range of political, military, financial and security issues relating to possible NATO membership, without prejudice to any eventual Alliance decision.*"[407] Nach dem Erfolg der friedlichen Revolution in der Ukraine sei, so die NATO-Außenminister, ein neues Kapitel im Bemühen um die Durchsetzung eines Rechtsstaates und der Demokratie in der Ukraine aufgeschlagen worden.[408] In diesem Zusammenhang erinnerte der NATO-Generalsekretär an die demokratischen Werte und Standards, die jedes Land erfüllen müsse, das beabsichtigt, in die Nordatlantische Allianz aufgenommen zu werden. Dazu zählen eine der Bevölkerung gegenüber rechenschaftspflichtige Regierung, eine unabhängige Justiz, der Schutz von Menschen- und Minderheitenrechten und die zivile Kontrolle der Streitkräfte.[409] Im Hinblick auf eine mögliche Aufnahme der Ukraine in das Bündnis betonte der NATO-Generalsekretär, dass das Bewerberland das Ziel aus eigener Kraft erreichen müsse. Die NATO selbst könne den Erfolg einer Aufnahme des osteuropäischen Landes nicht garantieren, jedoch werden die Regierung und die Behörden in Kiew seitens der NATO unterstützt, dieses Ziel zu erreichen.[410] Diesem Zweck dient auch ein gemeinsamer Aktionsplan, dessen Ausarbeitung zuvor von der Ukraine und der NATO zusammen erfolgte. Der Ukraine wurde unter anderem Hilfe bei der Ausbildung von zivilen Kräften für die Führung und Kontrolle des staatlichen Sicherheitsapparates und der Streitkräfte in Aussicht gestellt – mittels bereits verfügbarer Einrichtungen innerhalb der NATO, des Genfer Zentrums für die Demokratische Kontrolle von Streitkräften (*Centre for Democratic Control of Armed Forces* – DCAF) und der erweiterten Arbeitsgruppe für Verteidigungsre-

---

[407] Aus: NATO launches „Intensified Dialogue" with Ukraine, 21 April 2005, aus: NATO Update, http://www.nato.int/docu/update/2005/04-april/e0421b.htm, Last update: 21 April 2005 17:13 hours.

[408] Aus: Die NATO ermutigt Ambitionen der Ukraine, aus: NZZ Online, 22.4.2005, Onlinedienst der Neuen Zürcher Zeitung.

[409] Ebenda.

[410] Ebenda.

form (*Joint Working Group on Defence Reform* – JWGDR).[411] Dieser Aktionsplan sieht auch die Unterstützung der NATO bei der Reform der Gesetzgebung und des Wahlrechts vor genauso wie politische Konsultationen insbesondere über den Konflikt in Transnistrien. Mit dem Aktionsplan ist die Aufnahme in die NATO nicht mehr ein von der ukrainischen Regierung formuliertes Fernziel, sondern von der Nordatlantischen Allianz und Kiew gemeinsam getragenes Projekt. Es geht dabei auch um die Einleitung und die Vertiefung von Beteiligungen ukrainischer Streitkräfte an NATO-geführten militärischen Einsätzen (wie an der *Operation Active Endeavour* im Mittelmeer[412], ISAF in Afghanistan, KFOR im Kosovo und an der NATO-Ausbildungsmission im Irak) sowie an Übungen zur Herstellung der Interoperabilität für friedensunterstützende Operationen im Rahmen der NATO-Partnerschaft für den Frieden (*Partnership für Peace – PfP*). Die für die Beitrittsreife erforderlichen Reformen sollen, so Außenminister Tarasjuk, bis 2008 umgesetzt sein. US-Außenministerin Condoleeza Rice erklärte daraufhin, entscheidend sei der Leistungsausweis, nicht ein bestimmtes Datum.[413]

---

411 Aus: NATO-Ukraine Commission: Enhancing NATO-Ukraine Cooperation: Short-Term Actions, www.nato.int .

412 Während des informellen NATO-Außenministertreffens von Vilnius unterzeichneten der NATO-Generalsekretär und der ukrainische Außenminister einen *Exchange of Letters*, der die Beteiligung ukrainischer Militärpersonen an der NATO-Mittelmeeroperation *Active Endeavour* eingeleitet hatte. Somit integriert sich die Ukraine erstmals in eine Militäroperation der NATO, die auf der Grundlage des Artikels 5 des NATO-Gründungsvertrages (gegenseitiger Beistand) durchgeführt wird. Es geht dabei um die Eskortierung, Durchsuchung und Überprüfung von Handelsschiffen im Hinblick auf den Kampf gegen den Terrorismus. Quelle: Ukraine to support NATO´s Mediterranean anti-terrorist operation, aus: NATO Update, 21 April 2005, http://www.nato.int/docu/update/2005/04-april/e0421c.htm

413 Aus: Die NATO ermutigt Ambitionen der Ukraine, aus: NZZ Online, 22.4.2005, Onlinedienst der Neuen Zürcher Zeitung.

Die NATO baut weiterhin ihre Fähigkeiten aus

Die Nordatlantische Allianz schloss am 28.4.2005 mit einem Konsortium aus europäischen und nordamerikanischen Unternehmen einen Vertrag über die Schaffung eines gemeinsamen Radarsystems zur Bodenüberwachung aus der Luft ab, das ab dem Jahr 2010 – zunächst mit Teiloperationsfähigkeit – verdächtige Objekte am Boden orten soll. Ziel ist die Verbesserung der Fähigkeiten im Bereich ISR – *Intelligence, Surveillance and Reconnaissance*. Dieser Vertrag bildet den Kern des Bodenüberwachungsprogramms des Bündnisses (*Alliance Ground Surveillance* – AGS). Die Unterzeichung des ersten Teilvertrages im Wert von 23 Millionen Euro erfolgte am Rande einer Konferenz der nationalen Rüstungsdirektoren (*Conference of National Armaments Directors* - CNAD) der 26 NATO-Mitgliedstaaten. Anfang 2006 ist die eigentliche Planungsphase begonnen, für die zusätzlich 500 Millionen Euro kalkuliert werden. Die Gesamtkosten werden insgesamt 4 Milliarden Euro betragen. Bei diesem System handelt es sich um eine der bisher teuersten Anschaffungen der NATO. Im April 2004 hatte die Allianz für die Umsetzung des Überwachungssystems ein Konsortium ausgewählt, das unter dem Namen TIPS (*Transatlantic Industrial Proposed Solution*) insbesondere den europäischen Luft- und Raumfahrtkonzern *EADS* und die amerikanische Gruppe *Northrop Grumman* umfasst. Zu diesem Konsortium zählen auch die französische Firma *Thales*, die italienische Firma *Galileo Avionica*, das spanische Unternehmen *Indra* und die kanadische Zweigstelle des US-Konzerns *General Dynamics*. Mit inkludiert sind auch zahlreiche Zuliefererfirmen.

Die NATO verfügt derzeit über 17 Radarflugzeuge des Typs *Boeing E-3 AWACS* ausschließlich zur Überwachung des Luftraumes. Das neue System soll die NATO in die Lage versetzen, auch Ziele am Boden zu definieren und zu verfolgen, wie z.B. Truppenbewegungen. Das System soll sowohl in Flugzeuge als auch in Drohnen – also in Flugzeuge ohne Pilot – eingebaut werden. Nach dem vom Konsortium angebotenen System sollen umgebaute *Airbus A321*-Flugzeuge und abgewandelte Typen der amerikanischen Drohne *Global Hawk* verwendet werden. Die Anschaffung eines derartigen Systems wurde innerhalb der Nordatlantischen Allianz seit ca. zehn Jahren diskutiert. Erst während des NATO-Gipfels der Staats- und Regierungschefs in Prag (November 2002) traf die Allianz verbindliche Beschlüsse für ein solches gemeinsames Programm.[414]

Die fünf NATO-Staaten Bulgarien, Kanada, Litauen, Rumänien und die Slowakei sowie das NATO-PfP-Land Kroatien unterzeichneten am 26.4.2005 zwecks Verbesserung der Logistikkoordination zu Felde ein *Memorandum of*

---

[414] Quellen: NATO-Luftradarsystem ab 2010, in: Der Standard Online, 28.4.2005, 20:05 Uhr, http://derstandard.at/?url=/?id=2031011 , ausgedruckt am 29.4.2005; und: NATO´s Alliance Ground Surveillance Programme Gains Momentum, PR/CP (2005)055, 28 April 2005.

Understanding (MoU) für eine multinationale Logistikeinheit innerhalb des *Joint Theatre Movement Staff* (JMTS). Dieses MoU wurde am Rande der NATO-Logistikkonferenz (*Senior NATO Logisticians´ Coference* – SNLC) beschlossen, in dem die Unterzeichnerstaaten vereinbarten, eine ständige JMTS MILU (*Multinational Integrated Logistic Unit*) zu gründen. Diese Einheit ist beauftragt, Transportpläne für die Bewegung von Material zu Felde zu entwickeln genauso wie ein *Joint Theatre Movement Coordination Centre* (JTMCC) zu leiten. Das JTMCC ist Teil eines teilstreitkraftübergreifenden Hauptquartiers (*Combined Joint Task Force Headquarters* – CJTF HQ). Die operativen Fähigkeiten dieser Einheit wurden bereits während der Übungen *STEADFAST MOVE 04* und *05* erfolgreich erprobt.

Die Schaffung der JMTS MILU geht auf eine Initiative Kanadas vom November 2002 zurück. Kanada hatte sich auch bereiterklärt, die Leitung für dieses Projekt zu übernehmen. Unter der Leitung Rumäniens ist ein zweites MILU MoU im Entstehen – für die Schaffung einer Einheit für den Bereich *Infrastructure Engeneering for Logistics* – IEL.[415]

Im Brüsseler NATO-Hauptquartier wurden am 13.4.2005 die ersten Schritte für die Schaffung von zwei neuen Ausbildungszentren in Bydgoszcz/Polen und in Oostende/Belgien eingeleitet. Das erste Übereinkommen – es wurde vom Obersten Alliierten Befehlshaber für Transformation, Admiral Edmund Giambastiani, und dem stellvertretenden polnischen Verteidigungsminister Janusz Zemke unterzeichnet – betrifft die Errichtung für ein *NATO Joint Forces Training Centre* in Bydgoszcz. Dieses Trainingszentrum übernahm am 30.6.2006 die Ausbildung von *Joint Forces* auf taktischer Ebene. Ziel dabei ist es, die taktische Interoperabilität zwischen den Streitkräften der NATO-Mitglieder in den wesentlichen Bereichen moderner Militäroperationen herzustellen, einschließlich der seit Herbst 2006 voll einsatzfähigen hochbereiten NATO-Eingreiftruppe (*NATO Response Force* – NRF). Während des Militärschlages gegen den Irak wurde deutlich, dass die NATO-Staaten künftig eine Verbesserung ihrer Fähigkeiten zur Erreichung der vollen taktischen Interoperabilität anstreben müssen. Zudem existieren bei den operativen Fähigkeiten innerhalb folgender vier Bereiche noch Defizite: Verteidigung gegen chemische, biologische, radiologische und nukleare (CBRN) Waffen, Informationsüberlegenheit, Effizienz im Kampf, sowie Verlegbarkeit und Durchhaltefähigkeit.[416] 2004 vereinbarten die Verteidigungsminister der NATO-Staaten die Umsetzung des gemeinsamen Zieles, 40

[415] Aus: Memorandum of Understanding on the Joint Theatre Movement Staff (JMTS) Multinational Integrated Logistic Unit (MILU) Signed Today, Press Release (2005)052, 26 April 2005.

[416] Aus: Speech by NATO Secretary General, Jaap de Hoop Scheffer, at NATO Annual Conference, *Transforming NATO – A Political and Military Challenge*, Brussels, 14 April 2005.

Prozent der Landstreitkräfte eines jeden Mitgliedslandes als verlegbare Kräfte für Operationen außerhalb ihres Staatsgebietes vorzubereiten. Davon sollen 8 Prozent durchhaltefähig sein.

Das zweite Übereinkommen vom 13.4.2005 bildet die Grundlage für die Aufnahme formeller Beziehungen zwischen dem Obersten Alliierten Befehlshaber für Transformation und der belgisch-niederländischen *Naval Mine Warfare School* (EGUERMIN) in Oostende. An der EGUERMIN sind rund 50 multinationale Militär- und Zivilpersonen tätig. Dieses Zentrum bildet seither Personen und Schiffscrews im Bereich Seeminenkunde und Gegenmaßnahmen (*naval mine warfare* - NMW) aus und beratet die Mitgliedstaaten sowie Kommandos auf diesem Gebiet. Das Übereinkommen für die Schaffung von EGUERMIN zum offiziellen NATO-Ausbildungszentrum wurde zwischen Admiral Giambastiani und Generalleutnant Hendrik Jennart (Königlich Belgische Armee) und Generalleutnant Jo Goddery (Königlich Niederländische Luftwaffe) unterzeichnet.[417] EGUERMIN unterhält enge Kontakte auch zur belgisch-niederländischen OPSCHOOL und zum belgischen Verteidigungskolleg, zur *Naval Tactical and Weapons Training School* in Kopenhagen, zum *Naval Training Establishment* in Haakonsvern/Norwegen, zur *Naval Mine Warfare School* in Ingleside/Texas, zur *Maritime Tactical School* in Dryad/Großbritannien und zur Marineoperationsschule in Bremerhaven/ Deutschland.[418]

Im niederrheinischen Kalkar – nahe der niederländischen Grenze – wurde am 15.6.2005 das multinationale *Joint Air Power Competence Centre* (JAPCC) eröffnet. Ziel des 16 Länder umfassenden JAPCC ist die Verbesserung koordinierter Operationen der Luftstreitkräfte mit jenen Fliegertruppen der Marine und der Landstreitkräfte innerhalb der NATO. Das JAPCC besitzt den Status eines *NATO Centre of Excellence*. Diese Kompetenzzentren sind Ausbildungszentren, die national und auch multinational finanziert werden. Sie arbeiten eng mit dem Alliierten Kommando für Transformation (*Allied Command Transformation* – ACT) in Norfolk/Virginia bei der Verbesserung von NATO-Fähigkeiten in Schlüsselbereichen zusammen. Sowohl für Streitkräfte von NATO-Staaten und Ländern der Partnerschaft für den Frieden bietet sich in diesem Zusammenhang die Gelegenheit, deren Interoperabilität und Kapazitäten zu verbessern, gemeinsam Doktrinen zu testen und neu zu entwickeln und auch Konzepte zu evaluieren. Die Gründe für die Öffnung des JAPCC erklärte der Verbindungsoffizier zum ACT, Oberst Dr. Frans Osinga (Königlich Niederländische Luftwaffe) wie

---

[417] Quelle: Green light for new NATO training centres, 13 April 2005, aus: NATO Update, http://www.nato.int/docu/update/2005/04-april/e0413c.htm , Last update: 13 April 2005 18:50 hours.

[418] Aus: NATO´s Allied Command Transformation holds official signing ceremonies for new Centre of Excellence and Joint Forces Training Centre, NATO International Military Staff Press Advisory, 12 April 2005, http://www.nato.int/ims/news/2005/n050412e.htm .

folgt: „*The first reason is that within NATO there is no operational level or strategic level staff body in dealing with air power issues. The second is that there is a need to modernise NATO´s joint air power capabilities.*"[419] Osinga weiter: "*Operations in the ´90s and Operation Enduring Freedom and Operation Iraqi Freedom have demonstrated that joint operations rely increasingly on air power.*"[420]

[419] Aus: NATO air power centre of excellence up and running, aus: NATO Update, 15 June 2005, http://www.nato.int/docu/update/2005/06-june/e0615a.htm .

[420] Aus: Allied Command Transformation, Joint Air Power Competence Centre up and running, 25 May 2005, http://www.act.nato.int/multimedia/articles/2005/052505japcc.htm

Die Beziehungen zu Neuseeland, Australien, Japan und China

Seit 2003 hat sich die NATO von einer eurozentrischen Allianz in ein Bündnis verwandelt, das als weltweites Krisenmanagementinstrument eingesetzt werden kann, wenn gemeinsame Sicherheitsinteressen dies erforderlich machen.[421] Unter diesem Tenor standen 2005 die Besuche des NATO-Generalsekretärs Jaap de Hoop Scheffer in Neuseeland (29.-31.3.), Australien (31.3.-2.4.) und Japan (3.-5.4.). Sie waren der Vertiefung der Beziehungen der drei Länder und der Nordatlantischen Allianz gewidmet – zur weltweiten Stabilisierung von Krisenherden. Erstmals besuchte ein Generalsekretär des transatlantischen Bündnisses die beiden Länder Ozeaniens und Japan. Neuseeland beteiligt sich an der NATO-geführten ISAF (*International Security Assistance Force*) in Afghanistan und hat(te) auch Truppen für die Operationen KFOR im Kosovo und SFOR in Bosnien-Herzegowina zur Verfügung gestellt. In der afghanischen Provinz Bamjan leitete damals Neuseeland ein Wiederaufbauteam (*Provincial Reconstruction Team* – PRT). Während des Aufenthaltes in Neuseeland traf sich der Generalsekretär mit Premierministerin Helen Clark, dem bevollmächtigten Außenminister (*acting Foreign Minister*) Marian Hobbs und Verteidigungsminister Mark Burton. Im Februar 2005 besuchte erstmals ein hochrangiger neuseeländischer Politiker – Außenminister Phil Goff – das NATO-Hauptquartier in Brüssel.[422]

In Australien unterzeichnete der Generalsekretär ein Übereinkommen für den Austausch verschlüsselter Informationen. Um die Kooperation und auch Kommunikation zwischen Canberra und Brüssel zu vertiefen, hat sich die australische Regierung dazu entschlossen, einen Militärattaché bei der NATO zu assignieren: „*In ... a world of globalised insecurity, a regional approach simply no longer works.*" Australien entsandte Truppenkontingente zu NATO-geführten Operationen in Afghanistan und zum westlichen Balkan. De Hoop Scheffer sprach im Rahmen dieser Reise mit Premierminister John Howard, Außenminister Alexander Downer und Verteidigungsminister Robert Hill über den Kampf gegen den Terrorismus, die NATO-Einsätze in Afghanistan und im Irak sowie über die Sicherheitslage in den Ländern des Westbalkans.[423] Am 19.5.2004 besuchte erstmals ein hochrangiger australischer Politiker – Außenminister Downer – das NATO-Hauptquartier.

---

[421] Aus: Speech by NATO Secretary General, Jaap de Hoop Scheffer, at Victoria University Institute of Policy Studies, and New Zealand Institute of International Affairs, Wellington, New Zealand, 31 March 2005.

[422] Aus: Secretary General discusses security cooperation in New Zealand, 29-31 March 2005, NATO Update, http://www.nato.int/docu/update/2005/03-march/e0329a.htm , Last update: 06-Apr-2005 17:29 hours.

[423] Aus: NATO and Australia enhance cooperation, 31 Mar. – 2 Apr. 2005, NATO Update, http://www.nato.int/docu/update/2005/03-march/e0331a.htm , Last Update: 06-Apr-2005, 17:25 hours.

In Japan ging es bei den Gesprächen um gemeinsame Sicherheitsinteressen im Rahmen des strategischen Dialogs. Als Teil dieses Dialogs treffen sich hohe Vertreter der NATO und Japans zweimal jährlich. Japan beteiligt sich mit 800 Soldaten der Selbstverteidigungskräfte (*Japanese Self Defence Force* – JSDF) an Stabilisierungsoperationen im Irak. Zudem stellte Japan Kontingente für einige NATO-geführte Katastrophenschutzübungen ab.[424] Der NATO-Generalsekretär traf sich in Tokio mit Premierminister Junichiro Koizumi, Außenminister Nobutaka Machimura, Verteidigungsminister Yoshinori Ohno und dem Vorsitzenden des Gemeinsamen Stabsrates, General Hajime Massaki.[425]

Für die Durchführung weltweiter Krisenoperationen sollen die Streitkräfte Neuseelands, Australiens und auch künftig Japans mit jenen der Mitgliedstaaten der NATO und der NATO-Partnerschaft für den Frieden interoperabel werden. Die Relevanz der territorialen Verteidigung ist heute, so der Generalsekretär, nicht mehr in dem Maße gegeben, wie es noch vor einigen Jahren der Fall war: *„Today, forces that are geared mainly to territorial defence are – to put it bluntly – a waste of money.“*[426] Bedingt durch die Tatsache, dass die NATO einen Einsatz in Afghanistan leitet und im Irak eine *Trainingsmission* zur Ausbildung irakischer Sicherheitskräfte durchführt, haben auch China und Pakistan Interesse bekundet, mit der Nordatlantischen Allianz in einen stärkeren Dialog zu treten.[427]

Mit der Diskussion um die Aufhebung des Waffenembargos seitens der Europäischen Union stand auch die Frage der Beziehungen zwischen der Nordatlantischen Allianz und der Volksrepublik China im Raum. Diese Beziehungen lagen nach der Bombardierung der Botschaft der Volksrepublik in Belgrad im Mai 1999 für mehrere Jahre auf Eis. Seit der Übernahme des ISAF-Kommandos in Afghanistan durch die NATO im August 2003 infolge der Terroranschläge gegen die USA am 11.9.2001 sowie der Erweiterung der NATO und der vertieften Zusammenarbeit innerhalb der NATO-Partnerschaft für den Frieden – gerade auch mit zentralasiatischen Staaten – und der Neuausrichtung der Beziehungen innerhalb des NATO-Russland-Rates hatte die NATO zum Ziel, auch die diplomatischen Beziehungen mit der kommunistischen Führung Chinas zu erneuern. Im Sommer 2004 besuchte eine hochrangige chinesische Delegation das NATO-Hauptquartier (HQ). Wissenschaftler aus Peking und Shanghai diskutier-

---

424 Aus: Speech by NATO Secretary General, Jaap de Hoop Scheffer, Tokyo, Japan, 4 April 2005.

425 Aus: NATO Secretary General visits Japan, 3-5 Apr 2005, NATO Update, http://www.nato.int/docu/update/2005/04-april/e0403a.htm , Last Update: 07-Apr-2005, 9:49 hours.

426 Aus: Speech by NATO Secretary General, Jaap de Hoop Scheffer, at Victoria University Institute of Policy Studies, and New Zealand Institute of International Affairs, Wellington, New Zealand, 31 March 2005.

427 Ebenda.

ten im NATO HQ über internationale Sicherheitspolitik. Der Dialog mit der Volksrepublik China orientiert sich an dem bereits seit 1998 geführten Dialog mit Japan, Australien, Neuseeland und Argentinien. Mit diesen so genannten *contact countries* kooperiert die NATO bereits in verschiedenen Bereichen, vor allem auf der Ebene der Politischen Direktoren. Mit China soll sich der Dialog vertiefen und das gegenseitige politische Verständnis verbessern.[428]

[428] Aus: NATO-China – Strategische Partnerschaft?, in: Europäische Sicherheit 4/2005, 74.

Brüssel: Darfur, Kosovo und Afghanistan

Beim NATO-Außenministertreffen in Vilnius am 21.4.2005 hatten sich die Minister geeinigt, im Fall eines Hilferufes der Afrikanischen Union (AU) Unterstützung für den Einsatz der AU in der westsudanesischen Provinz Darfur zu gewähren. Fünf Tage später begrüßte die Nordatlantische Allianz die Aufnahme von Gesprächen mit der AU betreffend die Einleitung logistischer Hilfe für den Friedenserhaltungseinsatz der Afrikanischen Union. Die Grundlage für diese Entscheidung bildete am 26.4.2005 ein schriftliches Ansuchen des Vorsitzenden der Kommission der AU, Alpha Oumar Konaré, an die NATO: „*Nations agreed that talks should begin to ensure transparency and co-ordination where necessary with the European Union and United Nations, and that these consultations should go forward in a pragmatic way*", erklärte NATO-Sprecher James Appathurai.[429] Konaré bat die NATO während seines Besuches im NATO-Hauptquartier am 17.5.2005 – des ersten Besuches eines hohen Repräsentanten der Afrikanischen Union bei der NATO - um logistische Unterstützung und Hilfe bei der Ausbildung sowie bei der Sicherstellung von Kommunikation im Rahmen der friedenserhaltenden Operation in Darfur.[430] Der NATO-Generalsekretär nahm auch auf Einladung von Konaré am 26.5.2005 an den Gesprächen über die internationale Unterstützung für die AU-Darfur-Operation in Addis Abeba teil.

Während ihres Treffens am 9.6.2005 in Brüssel einigten sich die Verteidigungsminister der NATO-Mitgliedstaaten auf eine Verstärkung der Unterstützung für die Afrikanische Union (AU) bei der Durchführung ihrer friedenserhaltenden Operation in Darfur/Sudan (*African Union Mission in Sudan* – AMIS), auf die Beibehaltung der Obergrenze von 17.000 Soldaten im Kosovo und auf die Entsendung zusätzlicher Truppen nach Afghanistan.

Die NATO richtete ab 1. Juli – beginnend mit dem Transport nigerianischer Soldaten – eine Luftbrücke nach Darfur im Rahmen der AMIS ein. Bis September 2005 wurden Friedenstruppen aus Gambia, Kenia, Nigeria, Ruanda, dem Senegal und aus Südafrika in die Krisenregion transportiert. Zudem bildete die NATO Offiziere der AU aus, damit diese in die Lage versetzt werden können, ein multinationales Hauptquartier zu führen. Die Koordination der Luftbrücke erfolgte von Europa aus. Eine eigene Luftbrückenzelle der AU, die beim AU-Hauptquartier in Addis Abeba eingerichtet wurde (*African Union's Joint Forward Based Movement Cell*), koordinierte gemeinsam mit dem *Allied Movement Coordination Centre* und dem *European Airlift Centre* der NATO den Transport

[429] Aus: NATO to discuss supporting African Union in Darfur, 26 April 2005, NATO Update, http://www.nato.int/docu/update/2005/04-april/e0426d.htm , Last update: 27-Apr-2005 18:15 hours.

[430] Aus: African Union President visits NATO, 17 May 2005, NATO Update, http://www.nato.int/docu/update/2005/05-may/e0517a.htm .

afrikanischer Truppen nach Darfur. Sowohl die NATO als auch die Europäische Union stellen Unterstützungspersonal für die AU-Zelle in Äthiopien zur Verfügung. Acht NATO-Offiziere wurden im Juni zur Koordination der Luftbrückenoperationen nach Äthiopien (7) und nach Nigeria (1) entsandt. Zudem organisierten im Sommer 16 Offiziere der NATO gemeinsam mit Offizieren der AU zwecks Verbesserung der intermilitärischen Koordination in den Bereichen strategische und operative Führung eine *Map Exercise* (MAPEX) für afrikanische Truppen. Ende August 2005 begann die NATO in Nairobi mit der Ausbildung von AU-Militärpersonal (*staff capacity-building activities*) in den Hauptquartiers-Schlüsselbereichen *Command and Control* (Führung), Logistik und Planung. Dafür wurden seitens des Bündnisses acht Offiziere bereitgestellt.[431] Die NATO reagierte mit diesen Unterstützungsmaßnahmen aufgrund einer Anfrage der AU vom 26.4.2005, logistische Hilfe für die AU-Friedensoperation zur Verfügung zu stellen. Die NATO einigte sich am 24.5.2005 auf Unterstützungsmaßnahmen. Auf der Grundlage weiterer Konsultationen mit der AU, der EU und den Vereinten Nationen einigte sich am 8.6.2005 der Nordatlantische Rat auf detaillierte Modalitäten und auf eine Verstärkung der Hilfsmaßnahmen. Nach Darfur waren keine Kampftruppen aus NATO-Staaten entsandt. Die Afrikanische Union erhöhte im Sommer 2005 die Anzahl ihrer Soldaten in Darfur von 2.700 auf ca. 7.500 Soldaten. Nach Angaben der Vereinten Nationen waren im Sommer 2,6 Millionen Menschen direkt vom Konflikt in Darfur betroffen und benötigten daher dringende Unterstützung.[432] Insgesamt unterstützte die NATO den Lufftransport von über 24.000 Peacekeepern sowie von 500 Polizisten, die aus truppenstellenden afrikanischen Staaten stammten.[433]

Im Kosovo wird die NATO-geführte KFOR ihre volle Operationsfähigkeit mit 17.000 Soldaten beibehalten. Die Situation in der serbischen Provinz bleibt nach wie vor instabil, der Status des Kosovo weiterhin ungeklärt. Einige NATO-Staaten hatten in der Zwischenzeit Vorbehalte gegenüber einen flexibleren Einsatz ihrer Truppen im Rahmen der KFOR zurückgezogen. So besitzt nun der Kommandant der KFOR mehr Flexibilität, auf ethnische Eskalationen wie jene im März 2004, bei denen 19 Menschen starben, gezielt zu reagieren. Diese landesweiten Ausschreitungen wurden großteils von Extremisten der albanischen Bevölkerungsmehrheit provoziert.[434]

---

[431] Aus: NATO starts airlifting African Union troops to Darfur, aus: NATO Update, 1 July 2005, Updated: 07-Jul-2005, http://www.nato.int/docu/update/2005/07-july/e0701a.htm .

[432] Aus: Green light for NATO support to African Union for Darfur, aus: NATO Update, 9 June 2005, http://www.nato.int/docu/update/2005/06-june/e0609a.htm .

[433] Aus: NATO´s assistance to the African Union for Darfur, NATO Onlinedienst, http://www.nato.int/issues/darfur/index.html , ausgedruckt am 16.6.2007.

[434] Aus: Kosovo peacekeeping force to maintain full capability, aus: NATO Update, 9 June 2005, http://www.nato.int/docu/update/2005/06-june/e0609b.htm .

Für die im September geplanten Parlaments- und Regionalwahlen in Afghanistan beschloss die NATO die Aufstockung ihrer Truppenpräsenz im Rahmen der ISAF. Insgesamt drei Bataillone, eine schnelle Eingreiftruppe (*quick reaction force*) und eine *Over-the-horizon Force* wurden in das zentralasiatische Land entsandt. Die Wahlunterstützung wurde seitens der NATO ähnlich wie während der Präsidentschaftswahl im Oktober 2004 durchgeführt. Mit Juli 2005 war die Ausweitung der NATO-geführten ISAF in den Westen Afghanistans - und somit auf 50 Prozent des afghanischen Territoriums - abgeschlossen. Die Verteidigungsminister der NATO-Staaten einigten sich am 9.6.2005 während ihres Treffens in Brüssel, die ISAF-Operation auch auf den Süden des Landes zu expandieren.[435]

Die Flexibilisierung ihrer Truppen für Operationen außerhalb des Bündnisgebietes bleibt für die Mitgliedstaaten der NATO weiterhin oberste Priorität. Erstmals seit den letzten Jahren sehen zu diesem Zweck über die Hälfte der NATO-Staaten Erhöhungen ihrer Verteidigungsbudgets vor.[436]

---

[435] Aus: Alliance to deploy extra troops for Afghan elections, aus: NATO Update, 9 June 2005, http://www.nato.int/docu/update/2005/06-june/e0609e.htm .

[436] Aus: Ministerial Meeting of the Defence Planning Committee and the Nuclear Planning Group held in Brussels on Thursday, 9 June 2005, PR/CP (2005)75, 9 June 2005, para 5 and 6.

Moldawien und Armenien intensivieren die Kooperation mit der NATO

Anlässlich seines Besuches im Brüsseler NATO-Hauptquartier am 7.6.2005 stellte der Präsident Moldawiens, Wladimir Woronin, einen Vorschlag zur stärkeren Zusammenarbeit mit der Nordatlantischen Allianz vor. Moldawien ist seit 1994 Mitglied der NATO-Partnerschaft für den Frieden (*Partnership for Peace* – PfP). Den Rahmen für die intensivierte Kooperation zwischen dem südosteuropäischen Land und der Allianz soll künftig der Individuelle Partnerschaftsaktionsplan (*Individual Partnership Action Plan* – IPAP) bilden. Im November 2002 führte das Bündnis – im Rahmen des Prager NATO-Gipfels der Staats- und Regierungschefs – den IPAP für Mitglieder der PfP ein. IPAPs beinhalten gezielte Maßnahmen der verstärkten Zusammenarbeit und stehen nur für jene Partnerländer offen, die den politischen Willen haben, ihre Beziehungen mit der NATO zu vertiefen. Die Aktionspläne selbst werden alle zwei Jahre erneuert. Innerhalb des IPAP sind auch intensivierte politische Dialoge vorgesehen. Dem Nordatlantischen Rat obliegt die Entscheidung, ob ein IPAP mit einem Partnerland erstellt wird.[437] Der erste Staat, der im November 2004 einen Individuellen Partnerschaftsaktionsplan mit der NATO vereinbarte, war Georgien. Einschließlich Moldawiens sind derzeit IPAPs mit Armenien, Aserbaidschan und Usbekistan in der Entwicklungsphase.[438] Was Armenien betrifft, stellte der armenische Außenminister Vartan Oskanian am 16.6.2005 im NATO-Hauptquartier den Vorschlag seiner Regierung zur verstärkten Zusammenarbeit im Rahmen des IPAP vor.

Seit dem Ende des Bürgerkrieges in Moldawien – Auslöser des Konfliktes war die einseitige Ausrufung der Dnjestr-Republik durch russische Separatisten[439], die Beendigung der Kampfhandlungen erfolgten im Juli 1992 durch einen Waffenstillstandsvertrag – existieren im transnistrischen Landesteil weiterhin Spannungen zwischen ethnischen Russen und Moldawiern. In Transnistrien sind deshalb russische Truppen stationiert. Entgegen den Zusagen Russlands bei den OSZE-Gipfeltreffen in Istanbul (1999) und Porto (2001) haben die russischen Streitkräfte Moldawien noch immer nicht verlassen. Mit den russischen

[437] Aus: Moldova to intensify co-operation with NATO, aus: NATO Update, 7 June 2005, http://www.nato.int/docu/update/2005/06-june/e0607b.htm .

[438] Aus: Individual Partnership Action Plans, NATO Topics, Last updated: 06-Jun-2005 17:51 hours, http://www.nato.int/issues/ipap/index.html .

[439] Es ist erwiesen, dass in Transnistrien stationierte Einheiten der 14. Armee der ehemaligen Sowjetunion während des Moldawienkonfliktes 1991-1992 gemeinsam mit transnistrischen Separatisten gegen Streitkräfte Moldawiens gekämpft bzw. zugunsten Transnistriens in die Kämpfe eingegriffen haben. Die militärische, wirtschaftliche und politische Unterstützung Transnistriens durch Russland blieb auch nach dem Waffenstillstand vom 21.7.1992 aufrecht. Aus: Fragen der Staatenverantwortung für Folter und Misshandlung, ILASCU ua. Gegen Moldawien und Russland, Urteil vom 8.7.2004, Große Kammer, NL 04/4/02, http://www.sbg.ac.at/oim/docs/04_4/04_4_02 .

Soldaten befindet sich auch das große Waffenarsenal der ehemaligen 14. sowjetischen Armee im Land. Die NATO-Staaten fordern den sofortigen Abzug der russischen Truppen und die Zerstörung der überzähligen Waffen. Zudem plant die NATO, Moldawien beim Grenzschutz verstärkt zu unterstützen, um Menschen- und Waffenschmuggel einzudämmen. Moldawien ist derzeit das ärmste Land Europas, das Durchschnittseinkommen beträgt ca. 50 US-Dollar im Monat. Vier Fünftel der moldawischen Bevölkerung leben unterhalb der Armutsgrenze.[440]

[440] Aus: Kulturmagazin Areion Online, http://www.areion.org/areiononline/moldawienc.html ausgedruckt am 8.6.2005.

Die Election Support Forces der ISAF

Zur Unterstützung für den Ablauf der nationalen und regionalen Parlamentswahlen in Afghanistan am 18.9.2005 verlegte die Nordatlantische Allianz im Rahmen der ISAF (*International Security Assistance Force*) bis 31.8.2005 an die 2.000 weitere Streitkräfte (*Election Support Forces – ESF*) aus zehn Nationen in das Krisengebiet. Die Anzahl der der ISAF unterstellten Streitkräfte erhöhte sich während dieser Zeit auf 11.000. Folgende Staaten hatten sich an der ESF beteiligt:

- Belgien stellte ihre in Kabul stationierte *Lockheed C-130 Hercules* für die ESF zur Verfügung.
- Deutschland stationierte zwei CH-53-Helikopter in Termez zur Unterstützung des Bereichskommandos Nord.
- Frankreich hatte zusätzliche sechs *Mirage*-Kampfflugzeuge nach Duschanbe / Tadschikistan verlegt. Zudem stellte Frankreich zwei Tankflugzeuge bereit, die an der Manas-Luftwaffenbasis in Kirgisien stationiert waren.
- Italien verlegte zwei Jägerkompanien, je eine in die Provinz Herat zum italienischen PRT und eine nach Chaghcharan zum litauischen PRT; weiters waren drei italienische *Chinook CH-47*-Helikopter in Herat zur Unterstützung des Bereichkommandos West stationiert.
- Die Niederlande verlegten das zweite Bataillon des Königlich Niederländischen Marine-Korps – also insgesamt drei Jägerkompanien, Pioniere und Unterstützungstruppen – nach Mazar-i-Scharif, zur Unterstützung des Bereichskommandos Nord. Weiters stellte die Niederlande einen *Chinook CH-47*-Helikopter für Sanitäts- und Evakuierungsaufgaben und eine *Lockheed Hercules* zur Verfügung.
- Österreich verlegte eine Jägerkompanie zur Unterstützung des von der Bundeswehr geleiteten *Provincial Reconstruction Teams* (PRT) nach Kunduz.
- Rumänien verlegte das Jägerbataillon 26, die *Roten Skorpione*, insgesamt drei Kompanien, Pionier- und Unterstützungstruppen. Das Bataillon selbst war in Kabul stationiert und bildete die *Election Response Force* für schnelles Eingreifen innerhalb des ISAF-Bereiches.
- Schweden stellte für die ESF eine in Termez stationierte *Lockheed Hercules* bereit.
- Spanien verlegte das luftmobile *San Quintin*-Bataillon mit drei Jägerkompanien nach Herat zur Unterstützung des Bereichskommandos West, in dem spanische Soldaten Teil des dortigen PRTs bildeten.

- Die USA verlegten zusätzlich noch eine Jägerkompanie zur Unterstützung der ESF-Reservetruppen in Kabul.[441]

Die ESF wurden in Land- und Luftkomponenten aufgeteilt. Dazu existierte noch eine ESF-Reserve außerhalb Afghanistans, um die nötige Flexibilität für die ISAF im Notfall sicherzustellen. Die Aufgabe der zusätzlichen Soldaten bestand darin, gefährliche Situationen während dieser kritischen Phase zu vermeiden bzw. schon im Vorfeld einzudämmen und auf mögliche Sabotageakte zu reagieren. Das Einsatzgebiet der ESF erstreckte sich auf das Operationsgebiet der ISAF – also auf Kabul sowie auf die nördlichen und westlichen Provinzen Afghanistans. Die ESF war auf Tätigkeiten in den Bereichen *Quick Reaction Force* und friedensunterstützende Operationen (*Peace Support Operations*) ausgebildet. Die Septemberwahlen in Afghanistan waren die zweiten demokratischen Wahlen in diesem Land nach dem Sturz des *Taliban*-Regimes – nach den Präsidentschaftswahlen im Oktober 2004. Der NATO-Generalsekretär Jaap de Hoop Scheffer unterstrich die Notwendigkeit dieses Einsatzes wie folgt: „*Afghanistan is a top priority for NATO. Our own security is closely linked to the future of Afghanistan as a stable and secure country, where citizens can rebuild their lives after decades of war. The Alliance is determined to make this mission a success and we will remain in Afghanistan as long as necessary.*"[442]

Mit Mitte September 2005 hatten auch alle vier NATO-geführten *Provincial Reconstruction Teams* (PRTs) im Westen Afghanistans die volle Operationsfähigkeit erreicht. Mit diesem Schritt war die Ausdehnung der NATO-Präsenz im Westen des Landes – sie wurde am 31.5.2005 eingeleitet – abgeschlossen. PRTs sind kleine Teams aus zivilem und militärischem Personal mit dem Auftrag, Sicherheit herzustellen, die Aufbauarbeit zu beschleunigen und die Regierungshoheit auch außerhalb der Hauptstadt Kabul auszudehnen. Insgesamt standen neun PRTs im Norden und im Westen Afghanistans – das entspricht etwa der Hälfte des Landes – unter der Leitung der NATO.[443]

Die NATO hatte sich auch bereit erklärt, die Ausbildung von Flugverkehrskontrollern auf dem Flughafen von Kabul zu übernehmen. Der Beginn dazu erfolgte am 21.9.2005. Die Flugverkehrskontroller hatten nach der Absolvierung eines Intensivkurses (180-250 Tage) allmählich die ISAF bei der Kontrolle des internationalen Flughafens von Kabul abgelöst und gewährleisten seither einen täglichen 24stündigen Betrieb des Airports.[444]

---

[441] Aus: NATO to complete deployment of election support forces to Afghanistan, NATO Press Release (2005)099, 25 Aug. 2005, Updated: 29-Aug-2005.

[442] Ebenda.

[443] NATO completes expansion to West of Afghanistan, 14 Sep. 2005, http://www.nato.int/docu/update/2005/09-september/e0914c.htm .

[444] Aus: NATO trains Afghan air traffic controllers, 21 Sep. 2005, NATO Onlinedienst, http://www.nato.int/docu/update/2005/09-september/e0921a.htm .

Die NATO führt weltweit Katastropheneinsätze durch

Zur Unterstützung der Flutopfer des Hurrikans *Katrina* im US-Bundesstaat Luisiana leitete die Nordatlantische Allianz am 9.9.2005 eine See- und Luftoperation ein. Seit 3.9.2005 hatte das EADRCC (*Euro-Atlantic Disaster Response Coordination Centre*) der NATO auf Ersuchen der USA die Hilfsangebote der Mitgliedstaaten und Partnerländer in Übereinstimmung mit jenen Erfordernissen koordiniert, die seitens der amerikanischen Regierung gestellt wurden in den bereichen Nahrung, Medizin und Logistik. Seitens der Staaten der NATO und der PfP wurden finanzielle Hilfe, Zelte, Helikopter, Rettungsteams, Trinkwasser, Nahrungsmittel, Erste-Hilfe-Koffer, medizinische Unterstützung, Generatoren, Wasserpumpen und Wasserreinigungsgeräte bereit gestellt. Ein Verbindungsoffizier der NATO aus Washington hatte mit den US-Behörden – vor allem mit der *Federal Emergency Management Agency* (FEMA) – die Übergabe der Mittel koordiniert. Die Marinekomponente der *NATO Response Force* (NRF) hatte unter anderem drei *roll on/roll off*-Schiffe bereitgestellt, um den Transport von 600 Lastwägen sicherzustellen.[445] Zudem wurde seitens der NATO ein in Geilenkirchen/Deutschland stationiertes Trainings-Cargo-Flugzeug des Typs *Boeing 707-300* für dringende Hilfe zur Verfügung gestellt. Ein Trainings-Cargo-Flugzeug ist in der Lage, 85 Passagiere und Crewmitglieder sowie zwischen acht und zehn Tonnen an Ausrüstung zu transportieren.[446] Zudem hatten die Ukraine eine *Antonow 124* sowie Kanada eine *CC-150 Polaris* (umgebauter *Airbus A310-300*) eingesetzt, Luxemburg hatte seine Hilfsfracht auf kommerziellem Luftweg in die USA gebracht.

Die Operation selbst wurde vom SHAPE (*Supreme Headquarters Alllied Powers Europe*) geleitet, über das NRF-Hauptquartier in Lissabon und dem *NATO Air Movement Centre* – in enger Abstimmung mit dem *US Northern Command*. Diese Operation war die umfangreichste, die von der NRF ausgeführt wurde. Als strategischer Flughafen zur Koordination der Hilfsflüge diente die *Ramstein Air Base*. Insgesamt boten den USA 38 Staaten des Euro-Atlantischen Partnerschaftsrates (EAPR) ihre Hilfe an. Die US-Behörden nahmen jedoch nur von folgenden zwölf Staaten Hilfe bzw. Unterstützungsmaßnahmen an: Dänemark, Finnland, Griechenland, Kanada, Luxemburg, Norwegen, Österreich,

---

[445] Aus: Statement by the Secretary General on NATO Katrina Support Operation, Press Release (2005)110, 9 Sep. 2005, Updated: 12 Sep-2005; und: NATO and partner countries aid hurricane Katrina relief, 8 Sep. 2005, Updated: 09-Sep-2005, http://www.nato.int/docu/update/2005/09-september/e0904a.htm .

[446] Aus: NATO's First Shipment of Relief Supplies Set to Move, 10 September 2005, Supreme Headquarters Allied Powers Europe, North Atlantic Treaty Organisation, http://www.nato.int/shape/news/2005/09/050910a.htm , Updated: 12-Sep-2005.

Rumänien, der Slowakei, Slowenien, der Tschechischen Republik und der Ukraine.[447]

Während einer Zeremonie wurde am 8.8.2005 in Banda Aceh die erste von vier seitens der NATO gespendeten Brücken der vom *Tsunami* Ende Dezember 2004 stark heimgesuchten Region übergeben. Im März 2005 stellte die Nordatlantische Allianz Ausrüstung und Material für den Bau von 565 Meter Brücke zur Verfügung. Die Brücken – insgesamt im Wert von sechs Millionen Euro – bleiben in der Region und werden nicht an die NATO retourniert. Die Niederlande hatten den Transport – mit Unterstützung Großbritanniens – übernommen. Die Brücken selbst wurden von Teams des indonesischen Ministeriums für Öffentliche Arbeit und der indonesischen Armee errichtet, die Ausbildung zum Brückenbau führten im Juli 2005 Pioniere der Königlich Niederländischen Armee durch. Weitere zwei Brücken wurden ca. 60 Kilometer außerhalb von Banda Aceh errichtet. Die Eröffnung der vierten Brücke erfolgte im September in der Umgebung von Lhamno.[448]

Auf Anfrage der Regierung Pakistans leitete die Nordatlantische Allianz am 11.10.2005 eine Hilfsoperation für die Opfer der Erdbebenkatastrophe im Norden des Landes ein. Während des Erdbebens in der Kaschmir-Region drei Tage zuvor kamen ca. 88.000 Menschen ums Leben, über 80.000 Personen wurden verletzt, über 3,3 Millionen obdachlos. Mitte Oktober richtete die NATO nach Pakistan eine strategische Luftbrücke mit Frachtflugzeugen aus verschiedenen Nationen (v.a. mit *Antonow 124*, *Boeing 707*-Trainingsflugzeuge der *NATO Airborne Early Warning and Control* (NAEW&C), *Boeing 747*, *McDonnell Douglas DC-10*, *Iljushin 76*, *Lockheed C130 Hercules*) ein, deren logistische Koordination erfolgte über Deutschland (Ramstein), die Türkei (Incirlik) und auch über Jordanien (Amman). Das *SHAPE Air Movement Coordination Centre* leitete gemeinsam mit dem *Euro-Atlantic Disaster Response Coordination Centre* (EADRCC) die Operation. Das EADRCC stimmt sich bei der Abwicklung der Hilfe aus den NATO- und Partnerstaaten eng mit dem Büro der Vereinten Nationen zur Koordinierung humanitärer Angelegenheiten (*UN Office for the Coordination of Humanitarian Affairs* – OCHA), der Europäischen Union und der pakistanischen Botschaft in Brüssel ab.[449]

Am 21.10.2005 stimmte die Nordatlantische Allianz der Entsendung von Truppenteilen (Pioniere, multinationale Sanitätseinheiten und verlegbare Hauptquartiere) nach Pakistan zu mit dem Auftrag, die Hilfsmaßnahmen vor Ort zu

---

447 Aus: NATO Response Force Continues Relief Effort, 22 September 2005, http://www.nato.int/shape/news/2005/09/050922a.htm .

448 Aus: Donated NATO bridges up in Indonesia, 8 Aug. 2005, Updated 25-Aug-2005, http://www.nato.int/docu/update/2005/08-august/e0808a.htm .

449 Aus: Statement by the Secretary General on NATO Pakistan earthquake relief operation, Press Release (2005)123, 11 Oct. 2005.

unterstützen. Die ersten Elemente – Hauptquartiere – erreichten das Krisengebiet drei Tage später. Ende Oktober 2005 wurden die ersten Kontingente der insgesamt mehr als 1.000 Truppen und auch vier Helikopter des Typs *CH-53* (Fassungsvermögen bis zu über 70 Personen) nach Pakistan verlegt. Am 28. und 29.10.2005 flogen Elemente eines niederländischen Rettungsteams sowie des *NRF High Readinesss Force Headquarters* aus Spanien und eine spanische Pionierkompanie nach Pakistan. Zu den Aufgaben der Hilfstruppen zählten auch die Evakuierung von Erdbebenopfern aus entlegenen Gebieten sowie die Errichtung von winterfesten Zelten. Bis Ende November 2005 brachten die NATO-Mitglied– und Partnerstaaten sowie das UNHCR (*United Nations High Commissioneer for Refugees*) ca. 1.700 Tonnen Hilfsgüter auf.[450]

[450] Aus: NATO forces arrive in Pakistan, NATO Update, 24 Oct. 2005, Updated: 28-Oct-2005, http://www.nato.int/docu/update/2005/10-october/e1021a.htm; vgl. auch NATO Response Force deployment builds up, Supreme Headquarters Allied Powers Europe, http://www.nato.int/shape/news/2005/10/051027a.htm und: NATO teams rush to beat approaching winter, http://www.nato.int/shape/news/2005/11/051113a.htm, Updated 14-Nov-2005.

ISAF: Ausweitung des Einsatzgebietes

Während ihres Gipfels am 8.12.2005 billigten die Außenminister der NATO-Mitgliedstaaten einen revidierten Operationsplan – dieser wurde von den Militärgremien der NATO erstellt –, mit dem *die International Security Assistance Force* (ISAF) auf den Süden Afghanistans ausgedehnt wurde. Großbritannien, Kanada und die Niederlande hatten in der ersten Phase die Leitung für den Einsatz im deutlich gefährlicheren Süden übernehmen.[451] Das Operationsgebiet der ISAF umfasste mit Frühjahr 2006 (Phase 3) drei Viertel des afghanischen Staatsgebietes. Die Phase 3 beinhaltete folgende Schritte:

- Ausdehnung des ISAF-Operationsgebietes auf sechs zusätzliche Provinzen – Day Kundi, Helmand, Kandahar, Nimroz, Uruzgan und Zabul;
- Errichtung von vier regionalen Kommandos – in Mazar-i-Scharif, Herat und Kandahar (ISAF-Regionen Nord, West und Süd) und eines in Kabul;
- Etablierung von vier zusätzlichen ISAF *Provincial Reconstruction Teams* (PRTs) – zivile Aufbauteams - in Helmand, Kandahar, Urusgan und Zabul; damit unterhielt die NATO insgesamt 13 PRTs;
- Errichtung einer weiteren *Forward Support Base* (FSB) in Kandahar;
- Verlegung von operativen ISAF *Mentoring and Liaison Teams* (kleine Gruppen erfahrener Offiziere) zu Einheiten der afghanischen Nationalarmee – aufgeteilt auf unterschiedliche Kommandoebenen.
- Aufstockung der Truppenstärke der ISAF um über 6.000 Soldaten. Die Gesamtstärke der ISAF umfasste seither ca. 15.000 Soldaten. Mit Anfang 2006 hatten sich an der ISAF 26 NATO-Alliierte und zehn Nicht-NATO-Staaten, letztere mit insgesamt 9.000 Soldaten, beteiligt. Die Reichweite der ISAF umfasste damals 50 Prozent des afghanischen Territoriums.

Die militärischen Aufgaben der ISAF sind wie folgt definiert:

- Unterstützung der afghanischen Regierung, ihre Autorität auf das gesamte Staatsgebiet auszuweiten;
- Durchführung von Stabilitäts- und Sicherheitsoperationen in Koordination mit den nationalen Sicherheitskräften Afghanistans;
- Unterstützung der afghanischen Regierung bei der Reform des Sicherheitssektors;
- Beratung und Hilfe beim Aufbau afghanischer Streitkräfte;
- Unterstützung der afghanischen Polizei mit Fähigkeiten und Mitteln;
- Unterstützung der afghanischen Regierungsprogramme im Hinblick auf die Entwaffnung illegaler Gruppen.

Ferner hat die ISAF die Aufgabe, auf Anfrage humanitäre Operationen, die in Kabul durch Regierungsorganisationen eingeleitet wurden, zu unterstützen

[451] Vgl. dazu: NATO weitet Afghanistan-Einsatz aus, in: Die Welt Online, 8.12.2005, http://www.welt.de/data/2005/12/08/815149.html?prx=1 .

sowie beim Kampf gegen den Drogenanbau zu helfen. Geplant sind jedoch keine direkten Einsätze gegen Drogenfelder oder –Produktionsstätten.

Die ISAF und die US-geführte Anti-Terror-Operation *Enduring Freedom* (OEF) (ca. 20.000 amerikanische Soldaten) sind zwar getrennt mandatiert, sollen jedoch weiterhin effizient miteinander koordiniert werden.[452] OEF-Kräfte können notfalls auch für die Absicherung des ISAF-Einsatzes herangezogen werden. Insbesondere die deutsche und die französische Regierung hatten ihre Bedenken gegen eine völlige Zusammenlegung der ISAF mit der OEF geäußert. Befürchtet wurde, dass Truppen aus NATO-Staaten direkt an den Kämpfen gegen die *Taliban* und die *Al Quaida* beteiligt werden könnten.

Der deutsche Bundestag hatte im September 2005 das Mandat für die Bundeswehr-Truppen in Afghanistan ausgeweitet und die Entsendung von maximal 3.000 Soldaten statt der zuvor maximal 2.250 genehmigt. Deutschland stellte Anfang 2006 das größte ISAF-Kontingent.[453]

Die Außenminister der NATO und Russlands einigten sich am 8.12.2005, ein Pilotprojekt zur Drogenbekämpfung in Zentralasien einzuleiten. Im Rahmen dieses Projektes sollen nationale Experten aus Afghanistan, Kasachstan, Kirgisien, Tadschikistan, Turkmenistan und Usbekistan in zwei bis dreiwöchigen Kursen ausgebildet werden mit dem Ziel, ein koordiniertes regionales Netzwerk von Anti-Drogen-Einheiten zu schaffen. Die Abwicklung des Projekts erfolgte in enger Zusammenarbeit mit der *United Nations Office on Drugs and Crime* (UNODOC). Bei der Umsetzung des Projektes wurde auf die Erfahrungen aus Kursen, die seitens kompetenter Zentren in Mitgliedstaaten des NATO-Russland-Rates organisiert wurden, zurückgegriffen. In diesem Zusammenhang nahmen die *Turkish International Academy Against Drugs and Organised Crime* (TADOC) und das russische Drogenbekämpfungs-Ausbildungszentrum in Domodedovo östlich von Moskau eine bedeutende Rolle ein.[454] Zwischen 15. und 25.9.2006 wurde der erste Ausbildungskurs zur Bekämpfung des Drogenanbaus in Afghanistan mit 44 Teilnehmern abgehalten. Die Auswahl der Auszubildenden erfolgte von der UNODOC in enger Kooperation mit der afghanischen Regierung. Mobile Ausbildungsteams führten auch zusätzliche Trainingseinheiten

---

452 Aus: Revised operational plan for NATO's expanding mission in Afghanistan, Last updated: 08-Dec-2005 16:13 hours, North Atlantic Treaty Organisation, http://www.nato.int/issues/afghanistan_stage3/index.html ; weiters: NATO to go South in Afghanistan, NATO Update, 8 Dec. 2005, http://www.nato.int/docu/update/2005/12-december/e1208a.htm . Final Communiqué, Ministerial meeting of the North Atlantic Council held at NATO Headquarters, Brussels, on 8 December 2005, NATO Press Release (2005)158, http://www.nato.int/docu/pr/2005/p05-158e.htm .

453 Aus: NATO weitet Afghanistan-Einsatz aus, in: Die Welt Online, 8.12.2005, http://www.welt.de/data/2005/12/08/815149.html?prx=1 .

454 Aus: NATO and Russia launch Afghanistan counter-narcotics training, NATO Update, 8 Dec. 2005, http://www.nato/int/docu/update/2005/12-december/e1208b.htm .

in den fünf zentralasiatischen Ländern (Kasachstan, Kirgisien, Tadschikistan, Turkmenistan, Usbekistan) und in Afghanistan durch.[455]

[455] Aus: Launch of counter-narcotics training sponsored by the NATO-Russia Council, North Atlantic Treaty Organisation, NATO Update, Last update: 15-Sep-2006 10:39, http://www.nato.int/docu/update/2006/09-september/e0915a.htm, ausgedruckt: 16.9.2006.

Heftige Kritik an den Wahlen in Belarus

In einer am 31.3.2006 veröffentlichten Stellungnahme verurteilte der Nordatlantische Rat das gewaltsame Einschreiten der weißrussischen Exekutive gegen oppositionelle Demonstranten anlässlich der zuvor am 19. März stattgefundenen Präsidentenwahlen. Die von der OSZE bzw. dem ODIHR koordinierte Internationale Wahlbeobachtungsmission stellte fest, dass im NATO-PfP-Mitgliedsland Belarus / Weißrussland die internationalen Standards für die Abhaltung und Durchführung von demokratischen Wahlen nicht eingehalten wurden. Der Nordatlantische Rat rief die Regierung in Minsk auf, die demokratischen Standards der OSZE und der NATO-Partnerschaft für den Frieden zu achten, vor allem das Recht auf Meinungs- bzw. Demonstrationsfreiheit sowie die Unterlassung von Einschüchterungen und Verhaftungen von politischen Gegnern: *„Disregard for the rights of citizens to peaceful assembly and free expression and the misuse of the security forces by a Partner country are cause for grave concern.“*[456]

Die NATO begann nach den Wahlen, ihre Beziehungen zu Weißrussland zu überprüfen und darüber nachzudenken, wie die Allianz die politisch-demokratischen Kräfte des Landes im Hinblick auf die Erreichung rechtsstaatlicher Standards unterstützen und stärken könnte: *„NATO will pursue a policy focused on encouraging reform. It will not deal with those that have been involved in the repression of the Belarusian people.*"[457] Um die demokratischen Kräfte in Weißrussland zu stärken, sieht die Allianz eine stärkere Zusammenarbeit mit anderen Organisationen – wie unter anderem mit der OSZE – und mit internationalen Partnern vor. Generalsekretär Jaap de Hoop Scheffer forderte während des informellen Treffens der NATO-Außenminister in Sofia am 27.4.2006 die sofortige Freilassung des weißrussischen Oppositionsführers Alexander Milinkewitsch, der an diesem Tag zu 15 Tagen Haft verurteilt wurde, weil er bei einer Demonstration zum 20. Jahrestag des Reaktorunglücks von Tschernobyl zum Ungehorsam gegen den Präsidenten Lukaschenko aufgerufen hatte.[458]

---

456 Aus: North Atlantic Council statement on NATO-Belarus relations, Press Release (2006)040, 31 March 2006, http://www.nato.int/docu/pr/2006/p06-040e.htm .

457 Ebenda.

458 Aus: NATO condems detention of Belarus opposition leader, NATO Update, Last update: 27-Apr-2006 21:11 hours, http://www.nato.int/docu/update/2006/04-april/e0427e.htm .

Neue Operationsziele für die NATO

Neue Ziele für die Streitkräfte

Während ihres Treffens am 8.6.2006 in Brüssel beschlossen die 25 Verteidigungsminister der im Verteidigungsplanungsausschuss vertretenen NATO-Mitgliedstaaten in ihrer *Ministerial Guidance* neue Ziele für deren Streitkräfte. Das Dokument selbst wurde auf der Grundlage der so genannten *Comprehensive Political Guidance* aus dem Jahr 2005 ausgearbeitet und befindet sich gänzlich unter Verschluss. NATO-Sprecher James Appathurai betonte, dass sich das Bündnis nicht mehr auf „*einen großen Krieg*" („*one big war*") einstellt. Stattdessen wird sich der NATO-Planungsprozess auf die Bewältigung einer größeren Anzahl von kleineren Operationen im Umfang einer Brigade bzw. einer Division (bis zu 30.000 Soldaten) konzentrieren – „*with less emphasis on the larger-scale operations – at corps level (up to 60,000 troops).*"[459] Die Allianz soll in diesem Prozess jedoch weiterhin ihre Fähigkeiten behalten, größere Operationen einzuleiten und durchzuführen.

Mit Stand Juli 2006 hatten die NATO und ihre Partnerstaaten insgesamt 28.000 Soldaten für Missionen und Operationen in Afghanistan, am Balkan, in Irak und im Mittelmeerraum bereitgestellt, der Großteil von den Truppen war in Afghanistan und im Kosovo stationiert.

Bis Ende 2006 sollte die NATO allein im Rahmen der ISAF bis zu 25.000 Soldaten in Afghanistan befehligen.[460] In Brüssel beschlossen die Verteidigungsminister aus 37 NATO- und Nicht-NATO-Staaten – erstmals fand überhaupt ein derartiges Treffen statt –, die Anzahl der Streitkräfte in Afghanistan während des Sommers signifikant zu erhöhen und die Erweiterung der ISAF-Mission in den Süden des Landes abzuschließen. In Afghanistan ist es gemäß NATO-Generalsekretär Jaap de Hoop Scheffer auch notwendig, mehr Mittel für den Wiederaufbau und die Entwicklung des Landes aufzubringen: „*To succeed in Afghanistan, the Government of Afghanistan, the United Nations, the EU, the G8 and others, including NGOs, must continue and enhance their efforts.*"[461] Für die NATO ist es sehr wichtig, vor allem das Vertrauen der afghanischen Bevölkerung in die ISAF und in der Folge in die afghanische Regierung sowie in den nach westlichen Vorstellungen möglichen und lange andauernden Demokratisierungsprozess des Landes zu gewinnen.

---

459 Aus: NATO sets new level of ambition for operations, NATO Update, 8 June 2006, Last update: 08-Jun-2006 18:59 hours, NATO.int http://www.nato.int/docu/update/2006/06-june/e0608b.htm .

460 Ebenda.

461 Aus: NATO reconfirms Afghanistan expansion, NATO Update, 8 June 2006, Last update: 08-Jun-2006 18:34 hours, http://www.nato.int/docu/update/2006/06-june/e0608a.htm .

NRF: Großübung auf den Kapverdischen Inseln

Erstmals wurden die Land-, See- und Luftkomponenten der NRF (*NATO Response Force*) gemeinsam im Rahmen der Großübung *Steadfast Jaguar* (21.-28.6.2006) auf deren Hochbereitschaft in unterschiedlichen Simulationen überprüft – von Kampfeinsätzen bis zur humanitären und Evakuierungsoperation, ausgelöst durch einen Vulkanausbruch. Dies war die letzte multinationale streitkräfteübergreifende Übung der NRF vor der im Oktober 2006 geplanten offiziellen Erklärung ihrer vollen Operabilität. Dieses Operabilitätsziel wurde in der Gipfelerklärung von Prag im November 2002 festgelegt. Die NRF ist eine Hochbereitschaftstruppe, die innerhalb von fünf Tagen bis zu 25.000 Soldaten weltweit verlegen kann.

Die aktive Phase der Übung *Steadfast Jaguar* wurde auf den Kapverdischen Inseln – also außerhalb Europas, circa 600-700 Kilometer vor den Küsten Mauretaniens und Senegals – mit 7.000 Soldaten (Turnus NRF-7) abgehalten. Mit der Leitung der Übung war das *Joint Force Command (JFC) Headquarters* in Brunssum / Niederlande beauftragt, in Koordination mit dem Eurocorps-Hauptquartier in Straßburg / Frankreich als *Land Component Command* (LCC), mit dem *Air Component Command* (ACC) in Ramstein / Deutschland, mit den Spanischen Marinekräften (*Spanish Maritime Force – SPMARFOR*), dem *United States Special Operations Command Europe*, dem *German Psychological Operations Center*, und dem *Multinational Chemical, Biological, Radiological and Nuclear Defence Battalion* in Liberec / Tschechische Republik.

Das operative Kommando befand sich in Form eines verlegbaren *Joint Task Force Headquarters* an Bord des US-Führungsschiffes *USS Mount Whitney*. Der Großteil der Übung fand in und um die Inseln São Vicente und Santo Antão statt. Am internationalen Flughafen in Sal wurde die Luftkomponente der NRF-7 stationiert. Der fast 3.000 Meter hohe Vulkan auf Fogo war Schauplatz einer Katastrophen- und Evakuierungsübung, die von den kapverdischen Behörden geleitet und seitens der NRF-Truppen unterstützt wurde.[462]

---

[462] Aus: NATO Response Force passes its last test, NATO Update, 28 June 2006, Last update: 30-Jun-2006 9:59 hours, http://www.nato.int/docu/update/2006/06-june/e0628a.htm, und Exercise Steadfast Jaguar 06: the NRF concept test, NATO Onlinedienst, http://www.nato.int/shape/issues/shape_nrf/steadfast_jaguar.htm .

ISAF übernahm den Süden Afghanistans

Mit 31.7. 2006 übernahm die NATO-geführte ISAF (*International Security Assistance Force*) von den US-geführten Koalitionstruppen das Kommando über den höchst instabilen Süden Afghanistans. Darunter fallen folgende sechs Provinzen: Dai Kundi, Helmand, Kandahar, Nimros, Urusgan und Zabul. Dem Regionalkommando Süd der ISAF waren damals rund 8.000 Soldaten aus Australien, Großbritannien, Kanada, den USA sowie aus Dänemark, Estland, den Niederlanden und Rumänien unterstellt. Die Gesamtstärke der ISAF betrug fast 18.500 Soldaten. Die amerikanisch-geführte Koalition war seither nur mehr für den Osten Afghanistans verantwortlich (Regionalkommando Ost). Der Kommandobereich der ISAF war seit Ende Juli auf 19 Provinzen und 13 *Provincial Reconstruction Teams* (PRTs) erweitert.

Am 24.8.2006 ernannte der NATO-Generalsekretär Jaap de Hoop Scheffer Botschafter Daan Everts zum neuen *NATO Senior Civilian Representative* in Afghanistan. Daan Everts – Diplomat des niederländischen Außenministeriums – war bereits zuvor als Leiter der *European Community Monitoring Mission* (ECMM) für das ehemalige Jugoslawien sowie als Leiter sowohl des OSZE-Büros in Tirana als auch der OSZE-Mission im Kosovo tätig. Er löste Ende August 2006 den ersten *Senior Civilian Representative* der NATO, Hikmet Cetin, ab. Cetin bekleidete dieses Amt seit November 2003. In seiner neuen Funktion ist Everts für die politisch-militärischen Aspekte im Rahmen der NATO-Unterstützung für die afghanische Regierung verantwortlich.[463]

In Kabul erfolgte am 6.9.2006 in Anwesenheit des Nordatlantischen Rates die Unterzeichnung der Erklärung zwischen der NATO und der Islamischen Republik Afghanistan seitens des NATO-Generalsekretärs und des afghanischen Präsidenten Hamid Karsai. Das darin enthaltene Programm sieht die NATO-Unterstützung für Afghanistan bei der Reform des Verteidigungssektors, bei den militärischen Aspekten der Sicherheitssektorreform (SSR) und bei der Erzielung von Interoperabilität von afghanischen Streitkräften mit jenen der NATO-Staaten vor.[464]

Die NATO hatte – auf Druck der USA und auf der Grundlage der darauf folgenden Einigung der NATO-Verteidigungsminister in Warschau am 9.9.2006 – angesichts der zunehmenden Kämpfe mit der Taliban im Süden Afghanistans insgesamt 2.500 zusätzliche Soldaten angefordert. Der NATO-Oberbefehlshaber in Europa, General James L. Jones, forderte im Rahmen einer Truppenstellerkonferenz in Mons / Belgien am 13.9.2006 zu den genannten zusätzlichen Soldaten noch weitere Flugzeuge und Helikopter an. Nach anfänglichem vergebli-

---

[463] Aus: New NATO Senior Civilian Representative in Afghanistan, Press Release (2006)098, 24 August 2006, http://www.nato.int/docu/pr/2006/p06-098e.htm .

[464] Aus: NATO solidifies co-operation with Afghanistan, NATO Update, Last update 06-Sep-2006 15:09, http://www.nato.int/docu/update/2006/09-september/e0906a.htm .

chem Werben der Allianz hatte Polen als erstes NATO-Mitglied die Verstärkung der ISAF-Mission im Süden des Landes um 1.000 Soldaten angekündigt. Die NATO hatte die polnische Regierung ersucht, die Aufstockung öffentlich bekannt zu geben, da die Allianz dadurch weitere Zusagen erhoffte, erklärte Polens Ministerpräsident Jaroslaw Kaczynski.[465] *„Die Länder sagen, ihr Reservoir sei erschöpft"*, betonte ein diplomatischer Vertreter der NATO zu Beginn der Konferenz in Mons, bei der 26 Mitgliedstaaten ihre konkreten Zusagen vorlegen hätten sollen.[466] Die größeren europäischen Staaten verwiesen vor allem darauf, dass sie Soldaten bereits für Friedenseinsätze im Libanon, im Irak, in Bosnien-Herzegowina und im Kosovo sowie im Kongo und in Cote d`Ivoire (Elfenbeinküste) zur Verfügung gestellt haben. Die militärischen Kapazitäten Deutschlands sind ebenso voll ausgeschöpft: Die Bundeswehr benötigt alle für die ISAF abgestellten Soldaten im Norden des Landes. 2006 waren dort sowie in Kabul rund 2.900 deutsche Soldaten im Einsatz.

Im September 2006 umfasste die ISAF zunächst 18.500 Soldaten, davon waren 8.000 im Süden stationiert. Österreich war zu diesem Zeitpunkt mit zwei Stabsoffizieren im ISAF-Hauptquartier in Kabul vertreten.

Die NATO hatte im August 2006 ihr Einsatzgebiet auf den Süden Afghanistans ausgedehnt, stieß jedoch seither auf erbitterten Widerstand der Taliban. Mehrere ISAF-Soldaten waren in den Kämpfen getötet worden. Am 28.9.2006 beschloss der Nordatlantische Rat die Erweiterung des ISAF-Operationsgebietes auf 14 Provinzen im Osten Afghanistans, die sogleich Anfang Oktober eingeleitet wurde. Dadurch hat die NATO auch die Leitung von 12 zusätzlichen *Provincial Reconstruction Teams* (PRTs) übernommen. Die NATO ist nun für 25 PRTs in Afghanistan verantwortlich. Die Anzahl der sich unter NATO-Kommando befindenden Soldaten stieg bis Oktober 2006 von 20.000 Ende September auf 30.000.[467]

---

465 Aus: Polen schickt 1.000 Soldaten für NATO nach Afghanistan, in: Wiener Zeitung Onlinedienst, 15.9.2006, http://www.wienerzeitung.at , ausgedruckt am 16.9.2006.

466 Aus: Verhaltene Reaktion auf NATO-Appell zu Truppenverstärkung, in: Der Standard Online, 13.9.2006, http://derstandard.at/druck/?id=2584882 , ausgedruckt am 16.9.2006.

467 Aus: NATO agrees to ISAF expansion across Afghanistan, NATO Update, Last update: 29-Sep-2006 15:21, http://www.nato.int/docu/update/2006/09-september/e0928a.htm, ausgedruckt am 29.9.2006.

Intensivierter Dialog soll Einheit Georgiens stärken

NATO-Generalsekretär Jaap de Hoop Scheffer verkündete während des Treffens der NATO-Außenminister in New York am 21.9.2006 die Aufnahme des Intensivierten Dialogs mit Georgien. Im Rahmen des Intensivierten Dialogs hat nun die Südkaukasusrepublik die Möglichkeit, die politischen Beziehungen mit der Allianz zu intensivieren. Georgien setzt nun die Implementierung des IPAP (*Individual Partnership Action Plan* - Individueller Partnerschaftsaktionsplan) mit der NATO fort. Der IPAP ist das relevante Programm für die institutionelle Reform im Verteidigungsbereich.

Die Bezeichnung *Intensivierter Dialog* geht auf den NATO-Gipfel von Madrid im Jahr 1997 zurück, bei dem die Staats- und Regierungschefs der Mitgliedstaaten beschlossen, „*to continue the Alliance's intensified dialogues with those nations that aspire to NATO membership or that otherwise wish to pursue a dialogue with NATO on membership questions.*“[468] Diese Dialoge zielen auf die gesamten (sicherheits)politischen, militärischen und budgetären Herausforderungen ab, die es für eine mögliche NATO-Mitgliedschaft zu bewältigen gibt, ohne aber eine endgültige Entscheidung der Allianz für eine Aufnahme des betroffenen Landes zu beinhalten. Mit Georgien befindet sich auch die Ukraine in einem Intensivierten Dialog mit der NATO.

Wie die Ukraine ist auch Georgien Brennpunkt westlicher sowie auch russischer Interessen. Das Verhältnis zwischen Georgien und Russland ist seit dem Zerfall der Sowjetunion 1991 ziemlich angespannt. Zuletzt hatte die russische Staatsführung den Import von georgischem Mineralwasser und Weinen, beides wichtige Exportprodukte der Kaukasusrepublik, verboten. Diese Produkte seien angeblich gesundheitsgefährdend. Georgien konterte, indem es seine Zustimmung zu Russlands Aufnahme in die Welthandelsorganisation WTO zurückzog. Im September 2006 drohte aufgrund der Festnahme von fünf Angehörigen des russischen Militärnachrichtendienstes GRU in Georgien die Lage zu eskalieren. Russland berief seinen Botschafter aus Tiflis ab und stellte die Ausgabe von Visa an Georgier ein. Mindestens 100 russische Staatsbürger wurden mit Sondermaschinen aus Georgien ausgeflogen.

Russland stellt die territoriale Integrität Georgiens in Frage. Präsident Wladimir Putin spricht in diesem Zusammenhang vom *Selbstbestimmungsrecht der Völker* und fördert dadurch in Georgien separatistische Bewegungen. Putin meint, dass Abchasen und Südosseten, die in völkerrechtlich zu Georgien gehörenden, jedoch abtrünnigen Gebieten leben, das Recht auf einen Anschluss an Russland hätten.

---

[468] Aus: NATO offers Intensified Dialogue to Georgia, NATO Update, Last update: 26-Sep-2006 13:06, NATO Onlinedienst, North Atlantic Treaty Organisation, http://www.nato.int/docu/update/2006/09-september/e0921c.htm, ausgedruckt: 29.9.2006.

Georgiens Staatschef Saakaschwili will den Zerfall seines Landes verhindern und hofft auf die Unterstützung des Westens. Einem Erhalt der territorialen Integrität Georgiens dient somit der Intensivierte Dialog mit der NATO. Eine NATO-Mitgliedschaft Georgiens wird von russischen Militärs und Politikern jedoch vehement abgelehnt. Ende 2006 waren in Georgien noch 4.000 russische Soldaten stationiert.[469]

---

[469] Jens Hartmann: Kriegsgefahr: Russische Drohgebärden gegen Georgien, in: Die Presse, 30.9.2006, 7.

Riga: Auftakt für den Umbau der NATO

Der NATO-Gipfel von Riga Ende November 2006 stand ganz im Zeichen des Umbaues des Bündnisses. Es ging dabei um folgende Kernthemen: militärische Transformation, Erweiterung um weitere Mitgliedstaaten und militärische Partnerschaften. Dass die NATO sich derzeit so weit außerhalb des in Artikel 6 des Nordatlantikvertrages festgelegten Bündnisgebietes engagiert, zeigt, wie sehr sie sich seit dem Ende des Kalten Krieges verändert hat. In Riga wurden zudem einzelne NATO-Staaten erneut aufgerufen, die Verteidigungsausgaben zu erhöhen. Die USA geben derzeit 3,7 Prozent ihres BSP für Verteidigung aus, das durchschnittliche Verteidigungsbudget der NATO-Staaten beträgt zwei Prozent:[470] „*Therefore, we encourage nations whose defence spending is declining to halt that decline and to aim to increase defence spending in real terms.*“[471] Daran sind die Politiker zwar nicht gebunden, alle Staats- und Regierungschefs stimmten jedoch dieser Formulierung zu.

Die Comprehensive Political Guidance

Das Strategiepapier, die so genannte *Comprehensive Political Guidance*, soll die politische Richtung für die Prioritäten und den Umbau der Allianz für die nächsten 10 bis 15 Jahre festlegen. Es stellt jedoch keine Überarbeitung der aktuellen Gesamtstrategie aus dem Jahr 1999 dar. Die siebenseitige *Comprehensive Political Guideline* (CPG) wurde bereits seitens der Verteidigungsminister während ihres Treffens im Juni 2006 in Brüssel bewilligt. Für die Zukunft sieht das Dokument vor, dass die NATO darauf vorbereitet sein soll, mehr als einen großen Einsatz gleichzeitig zu führen, und parallel dazu weitere kleinere. Hauptbedrohungen für die NATO bleiben Terrorismus und die Proliferation von Massenvernichtungswaffen, scheiternde bzw. gescheiterte Staaten, regionale Krisen, der Missbrauch neuer Technologien sowie die Unterbrechung des Handels und der Lieferung von Energieressourcen.[472] In der CPG werden auch die künftigen NATO-Operationen erläutert und die dafür benötigten Fähigkeiten. Gemäß der CPG soll sich die NATO in Zukunft ebenso auf die „*Fähigkeit konzentrieren, entscheidende Informationssysteme der Allianz gegen Cyber-Attacken zu schützen*“.[473] Zudem soll das Bündnis seine Fähigkeiten verbessern, „*feindliche Elemente auch in städtischen Gegenden zu identifizieren, um Operationen so*

---

[470] Aus: NATO Leaders Embrace Transformation Agenda, U.S. Officials Say. Riga Summit Declaration stresses need for expansion, defense of values, 29.11.2006, http://www.uspolicy.be , ausgedruckt am 3.12.2006.

[471] Aus: Riga Summit Declaration, Issued by the Heads of State and Government participating in the meeting of the North Atlantic Council in Riga on 29 November 2006, Press Release (2006)150, 29 Nov. 2006, Punkt 26.

[472] Vgl. dazu: Comprehensive Political Guidance, Endorsed by NATO Heads of State and Government on 29 November 2006, Riga, Latvia, 29 Nov. 2006, http://www.nato.int/docu/basictxt/b061129e.htm , ausgedruckt am 2.12.2006, Punkt 2.

[473] Ebenda, Punkt 16d.

durchzuführen, dass unbeabsichtigter Schaden sowie das Risiko für die eigenen Truppen minimiert wird."[474] Die CPG ist mit der *Quadrennial Defense Review* (QDR) des US-Verteidigungsministeriums kompatibel, einem strategischen Dokument, das die Langzeitfinanzierung bei den Streitkräften und die Prioritäten im Hinblick auf die Streitkräftestruktur festlegt. Ein wesentliches Ziel der USA ist es, die NATO zur einer „*more deployable, interoperable organization*" zu machen.[475]

Afghanistan bleibt weiterhin eine gewaltige Herausforderung

Die NATO-Mitgliedstaaten haben sich in Riga auf einen Minimalkompromiss zu Afghanistan geeinigt: Anstatt die ISAF-Truppenstärke zu erhöhen, soll im Notfall die Anzahl der Soldaten innerhalb Afghanistans verschoben werden. Die Staats- und Regierungschefs der NATO verpflichteten sich zudem sicherzustellen, dass die ISAF über ausreichend „*Kräfte, Mittel und Flexibilität*"[476] verfügt.

Die Diskussion um den Kampfeinsatz in Afghanistan störte während des Gipfels in Riga wiederholt den inneren Frieden der NATO. Die USA und Großbritannien forderten von den Verbündeten mehr Truppen vor allem im umkämpften Süden Afghanistans, jedoch weder Deutschland und Italien noch Frankreich und Spanien boten beim Gipfeltreffen an, zusätzliche Soldaten in den Süden des Landes zu entsenden. „*Afghanistan einfach in gefährliche und ungefährliche Zonen einzuteilen, halte ich für falsch*", sagte Deutschlands Bundeskanzlerin Angela Merkel.[477] Das sei weder für Afghanistan noch für das Bündnis hilfreich. Für Unmut hatte US-Präsident George W. Bush zusätzlich gesorgt, als er die Beistandspflicht des Artikels 5 des NATO-Gründungsvertrages auf Auslandseinsätze der Alliierten übertrug und bei Angriffen auf US-Soldaten unbedingte Unterstützung einforderte.[478] Frankreichs damaliger Präsident Jacques Chirac widersprach dieser Auslegung: „*Wir haben eine Militärorganisation, die nach bestimmten Regeln funktioniert*". Chirac ist „*nicht dafür, diese Regeln zu ändern*", und kündigte – wie andere Alliierte auch – eine leichte Verstärkung des militärischen Engagements in Afghanistan an. Bis zu dieser Zeit waren die 1.100 französischen ISAF-Soldaten fast nur in Kabul stationiert: „*Künftig werden sie fallweise auch außerhalb Kabuls eingesetzt werden können*", so Chirac.

---

474 Ebenda, 16g.

475 Aus: NATO Leaders Embrace Transformation Agenda, U.S. Officials Say. Riga Summit Declaration stresses need for expansion, defense of values, 29.11.2006, http://www.uspolicy.be , ausgedruckt am 3.12.2006.

476 Aus: Riga Summit Declaration, Issued by the Heads of State and Government participating in the meeting of the North Atlantic Council in Riga on 29 November 2006, Press Release (2006)150, 29 Nov. 2006, Punkt 5.

477 Aus: NATO-Staaten lassen Bush abblitzen, in: NETZEITUNG.DE, 29.11.2006, 17:16 Uhr, http://www.netzeitung.de/ausland/458205.html .

478 Ebenda.

Er hatte auch angekündigt, zwei zusätzliche Kampfhubschrauber bereitzustellen.[479]

Im Kampf gegen die Taliban hatten die USA, Kanada, Großbritannien und die Niederlande Truppen im Süden verlegt. Deutschland hatte bis zu 3.000 Soldaten in Nordafghanistan, das als vergleichsweise ruhig bezeichnet wird, stationiert. Merkel hob hervor, dass es keine Festlegung gebe, mit welchen Truppen oder Fähigkeiten Verbündete unter Beschuss geratenen NATO-Truppen zu Hilfe kommen müssen: „*Im Notfall werden wir natürlich Hilfe leisten.*" Sie verwies auf Lufttransport, Sanitätsdienste und Aufklärung. Von Kampftruppen sprach sie nicht.[480] Kanadas Premierminister Stephen Harper zeigte sich nicht zufrieden und bemängelte das Defizit an Soldaten. Insgesamt starben 2006 in Afghanistan 40 kanadische Soldaten.

NATO-Generalsekretär Jaap de Hoop Scheffer begrüßte, dass die NATO-Staaten die gegenseitige Hilfe in Notfällen beim Einsatz in Afghanistan bekräftigten: „*Es gibt die klare Verpflichtung*", sagte er:[481] „*... regardless of the remaining caveats, in an emergency situation every Ally will come to the aid of the forces that require assistance.*"[482] Einige Alliierte, darunter Frankreich, hatten ihre Einsatzbeschränkungen verringert, so dass nun 26.000 der damals insgesamt 32.000 Soldaten der ISAF besser eingesetzt werden konnten. Die ISAF umfasste Ende 2006 ca. 32.000 Soldaten aus 37 Ländern. Die USA stellten 12.000 Soldaten. Aus diesem Grund übernahm im Februar 2007 ein amerikanischer Vier-Sterne-General das Kommando der ISAF. Nach den Ausführungen des NATO-Generalsekretärs wären 90 Prozent der Mission bereits erfüllt.[483] Die Bilanz der ISAF aus Sicht der NATO lautete wie folgt:

- Afghanistan ist eine „*mission possible*".
- Die Verfassung garantiert wesentliche Menschenrechte und bildet das rechtliche Fundament für die Wahl des Präsidenten und des Parlaments.
- 25 Prozent der Abgeordneten in der Nationalversammlung sind weiblich (87 Abgeordnete).
- 80 Prozent der afghanischen Bevölkerung haben Zugang zur Gesundheitsversorgung, zehnmal mehr als im Jahr 2001. Fünf neue Krankenzentren wurden mit Unterstützung der NATO errichtet, insgesamt werden dadurch nach Schätzungen 200.000 Menschen gesundheitlich versorgt.

---

[479] Ebenda.

[480] Ebenda.

[481] Ebenda .

[482] Aus: NATO boosts efforts in Afghanistan, NATO Update, 28. Nov. 2006, Updated: 30-Nov-2006, http://www.nato.int/docu/update/2006/11-november/e1128a.htm, ausgedruckt am 2.12.2006.

[483] Ebenda.

- An die 6 Millionen Afghanen besuchen Schulen, sechsmal mehr als 2001. Dazu wurden seit 2005 fast 1.000 Schulen gebaut oder wiedereröffnet.
- 2.743 Kilometer Straße wurden mit Hilfe der NATO errichtet oder repariert, 1.743 Straßenkilometer asphaltiert.
- Das Bruttosozialprodukt in Afghanistan hat sich in den letzten fünf Jahren verdreifacht, das Pro-Kopf-Einkommen hat sich verdoppelt.
- Vier Millionen afghanische Flüchtlinge kehrten nach 20 Jahren Konflikte in ihre Heimat zurück.
- Der Aufbau der afghanischen Sicherheitskräfte ist eine Kernaufgabe der NATO. Die afghanischen Streitkräfte umfassten Ende 2006 über 35.000 Soldaten, die Stärke der Polizeikräfte betrug 42.000 Mann. Geplant ist eine Aufstockung der Armee auf 60.000 Mann und der Polizeikräfte auf 75.000 Mann.[484]

In Afghanistan steht jedoch weiterhin die Glaubwürdigkeit der NATO auf dem Spiel. Die Lage in Afghanistan ist nach wie vor äußerst instabil. Insgesamt wurden 2006 in Afghanistan an die 3.800 Menschen bei Kämpfen und (Selbstmord-)Anschlägen getötet, die meisten von ihnen Angehörige der Taliban, jedoch auch Zivilisten, Mitarbeiter von Hilfsorganisationen, afghanische Soldaten und mehr als 180 ausländische Soldaten.[485] Die Taliban besitzen nach wie vor sichere Rückzugsgebiete jenseits der Grenze zu Pakistan. Dort werden auch für die Taliban unter den Paschtunen-Stämmen neue Kämpfer und Selbstmordattentäter rekrutiert und ausgebildet, die die hohen Verluste in Afghanistan ausgleichen.[486] Der Taliban-Terror ist somit importiert. Pakistan ist ziemlich relevant für den Erfolg in Afghanistan.

Für Afghanistan sollte auf Vorschlag von Jacques Chirac eine Kontaktgruppe eingesetzt werden, in der unter anderem die UNO, die EU und die Weltbank regelmäßig ihr Vorgehen koordinieren. Afghanistan bleibt für die Allianz eine „*Schlüsselpriorität*", heißt es im Abschlusstext[487], und: „... *Afghanistan has become NATO's primary theatre of operations.*"[488]

---

484 So auch NATO-Generalsekretär Jaap de Hoop Scheffer im Keynote speech, Riga, Latvia, 28.11.2006, NATO Onlinedienst, http://www.nato.int/docu/speech/2006/s061128a.htm, ausgedruckt am 2.12.2006. Vgl. dazu auch: Bischof, Burkhard: Wo die Selbstmord- Kandidaten Schlange stehen, in: Die Presse, 14.12.2006, 9.

485 Aus: Burkhard Bischof: Wo die Selbstmord-Kandidaten Schlange stehen, in: Die Presse, 14.12.2006, 9.

486 Ebenda.

487 Vgl.: Riga Summit Declaration, Issued by the Heads of State and Government participating in the meeting of the North Atlantic Council in Riga on 29 November 2006, Press Release (2006)150, 29 Nov. 2006, Punkt 5.

488 So auch NATO-Generalsekretär Jaap de Hoop Scheffer im Keynote speech, Riga, Latvia, 28.11.2006 http://www.nato.int/docu/speech/2006/s061128a.htm, ausgedruckt: 2.12.2006.

Kooperationen und Partnerschaften mit Ostasien und Ozeanien

Die Debatte über die Schaffung eines ständigen Beratungsgremiums mit den Kontaktstaaten aus Ostasien und Ozeanien ist bereits im Frühjahr 2006 bei einem Treffen der NATO-Außenminister in Sofia beendet worden. Einige Mitgliedstaaten befürchteten eine Aushöhlung des Konzeptes der Mitgliedschaft und damit auch des Konsensprinzips, das allen Entscheidungen im Bündnis zugrunde liegt. Besonders für Frankreich, das in der NATO in erster Linie ein Verteidigungsbündnis sieht und sich systematisch dagegen sperrt, ihr eine Vielzahl neuer Aufgaben zu übertragen, wäre ein derartiger Schritt nicht akzeptabel.

Den vier Kontaktstaaten im Fernen Osten und im Pazifik – Japan, Südkorea, Australien und Neuseeland – soll ein flexibles Modell für Konsultationen und ein Ausbau der militärischen Zusammenarbeit auf der Grundlage des Programms *Partnerschaft für den Frieden* (*Partnership for Peace* – PfP) angeboten werden. Politische Beratungen zwischen den 26 Bündnispartnern und einem oder mehreren Partnerstaaten könnten dann aus amerikanischer Sicht von Fall zu Fall angeordnet werden: „[T]*he United States sought and achieved stronger commitments to flexible global partnerships with nations such as Australia, New Zealand and South Korea that are not geographically linked to NATO but nonetheless participate meaningfully in global missions.*“[489]

Erstmals besuchte am 12.1.2007 ein japanischer Premierminister das NATO-Hauptquartier. Premierminister Abe unterstrich bei dieser Gelegenheit Japans Interesse, die Partnerschaft mit der NATO auf politischer und auf *praktischer* Ebene auszubauen. Die japanische Regierung wird auch künftig die *Provincial Reconstruction Teams* (PRTs) in Afghanistan im Bereich humanitäre Hilfe direkt unterstützen.[490] Drei Tage zuvor empfing in Brüssel der beigeordnete Generalsekretär für politische Angelegenheiten und Sicherheitspolitik der NATO, Botschafter Martin Erdmann, den Generaldirektor für europäische Angelegenheiten aus der Volksrepublik China, Li Ruiyu. Dieses Treffen, bei dem über gemeinsame Interessen Chinas und der NATO gesprochen wurde, stellte einen weiteren Schritt innerhalb des informellen Dialogs zwischen der NATO und China dar. Dieser Dialog begann offiziell im Oktober 2002.[491]

Eine hochrangige chinesische Delagation führte im Frühjahr 2007 Gespräche im NATO-Hauptquartier in Brüssel. Sie zeigten dem Vernehmen nach Interesse

---

[489] Aus: NATO Leaders Embrace Transformation Agenda, U.S. Officials Say. Riga Summit Declaration stresses need for expansion, defense of values, 29.11.2006, http://www.uspolicy.be , ausgedruckt am 3.12.2006.

[490] Aus: Visit to NATO by Mr. Shinzo Abe, Prime Minister of Japan, in: NATO Update, 12 Jan. 2007, http://www.nato.int/docu/update/2007/01-january/e01112a.html , ausgedruckt am 13.1.2007.

[491] Aus: Chinese official visits NATO HQ, in: NATO Update, 9 Jan 2007, Updated: 11-Jan-2007, NATO Onlinedienst http://www.nato.int/docu/update/2007701-january/e0109a.htm, ausgedruckt am 13.1.2007.

an der Partnerschaftspolitik der NATO, die auch die Kooperation mit den so genannten „contact countries“ Australien, Neuseeland, Japan und Südkorea anschließt. Die Beziehungen mit diesen Ländern werden intensiviert, seitdem die NATO Operationen über weite Entfernungen führt. Der NATO-Generalsekretär hatte im April 2007 auch seinen ersten offiziellen Besuch in Indien.[492]

Wie das Beispiel Afghanistan verdeutlicht, beteiligen sich bündnisfreie und neutrale EU-Mitglieder und NATO-PfP-Partner wie Schweden, Finnland und Irland genauso an der ISAF wie Australien oder Neuseeland und einige südost- und osteuropäische Staaten, die sich schon seit Jahren mit dem Programm *Partnerschaft für den Frieden* auf militärische Kooperationen vorbereitet haben. Die globale Rolle der NATO führt gleichsam zu globalen Partnerschaften, sei es in Afghanistan, sei es bei anderen Einsätzen. Die USA leiten deshalb die Forderung ab, die Beziehungen zu Partnern stärker zu formalisieren. Das Komitee der Truppensteller mit Vertretern aller Staaten, die sich militärisch in Afghanistan engagieren, tritt bereits einmal im Monat im Brüsseler Hauptquartier zu Beratungen zusammen.

Weniger NATO am Balkan, mehr Balkan in der NATO

Den Westbalkan-Staaten Bosnien-Herzegowina, Montenegro und Serbien bot die NATO während des Riga-Gipfels eine engere Zusammenarbeit an. Diese Staaten wurden zur Teilnahme am Programm *Partnerschaft für den Frieden* (PfP) eingeladen. Für diese Länder bedeutet die Teilnahme an der PfP eine Vorstufe auf dem Weg zur NATO-Vollmitgliedschaft. Serbien und Bosnien-Herzegowina wurden in diesem Zusammenhang aufgefordert, uneingeschränkt ihre Kooperation mit dem UN-Kriegsverbrechertribunal für das ehemalige Jugoslawien in Den Haag aufzunehmen.[493]

Bosnien-Herzegowina, Montenegro und Serbien signierten am 14.12.2006 die Rahmendokumente für den formellen Beitritt zur PfP.[494] Sieben Jahre nach dem Kosovo-Krieg wurde Serbien Partner der NATO, die Eröffnung des NATO-Militärverbindungsbüros *(NATO Military Liaison Office)* erfolgte am 18.12.2006. Es befindet sich im Belgrader Verteidigungsministerium, setzt sich multinational aus neun Militärpersonen sowie aus lokal beschäftigten Zivilisten zusammen. Leiter des neuen Verbindungsbüros wurde Brigadier Yannick Asset (Französische Armee). Die Aufgabe des Büros besteht darin, einerseits weiter-

---

492 Aus: Claus-Peter Müller, Nachrichten aus Brüssel, Europäische Union, in: Europäische Sicherheit 3/2007, 59.

493 Aus: Alliance offers partnership to Bosnia and Herzegovina, Montenegro and Serbia, in: NATO Update, 29 Nov. 2006, Updated: 30-Nov-2006, NATO Onlinedienst, North Atlantic Treaty Organisation, http://www.nato.int/docu/update/2006/11-november/e1129e.htm, ausgedruckt am 2.12.2006.

494 Bosnia, Montenegro and Serbia join Partnership for Peace, NATO Update, 14. Dec 2006, http://www.nato.int/docu/update/2006/12-december/e1214a.htm, NATO Onlinedienst, North Atlantic Treaty Organisation, ausgedruckt am 14.12.2006.

hin mit serbischen Militärs das Transitübereinkommen (*Transit Agreement*) umzusetzen. Dieses Übereinkommen wurde am 18.7.2005 unterzeichnet, um die Logistikverbindungen der NATO am Westbalkan zu verbessern. Das Büro hat sich auch zum Ziel gesetzt, die NATO-Verteidigungsreformgruppe mit Serbien zu unterstützen. Diese Gruppe wurde im Februar 2006 als Beratungsorgan zum serbischen Militär eingerichtet mit dem Ziel, die Streitkräfte Serbiens zu modernisieren und die demokratische Kontrolle der Armee sicherzustellen.[495]

Der Riga-Gipfel machte Kroatien, Albanien und Mazedonien Hoffnungen auf eine Aufnahme in die Allianz. Beim nächsten Gipfel im Frühjahr 2008 soll entschieden werden, welcher dieser drei Staaten auf der Grundlage des Artikels 10 des NATO-Gründungsvertrages zum Beitritt eingeladen wird: „*That at our next Summit in 2008 those nations that meet NATO standards will receive invitations.*“[496]

Für 2008 hofft der NATO-Generalsekretär, dass die NATO-Präsenz im Kosovo reduziert wird, und der Westbalkan enger an die NATO gebunden wird: „*In other words, by 2008 we will have less NATO in the Balkans, but more of the Balkans in NATO.*“[497]

Ukraine und Georgien: Fortsetzung des Intensivierten Dialogs

Mit der Ukraine und Georgien soll der Intensivierte Dialog fortgesetzt werden. Beide Staaten bleiben in gewisser Weise Anwärter auf eine Mitgliedschaft in der NATO, auch wenn die ukrainischen Ambitionen durch die politische Entwicklung in Kiew im Jahr 2006 sicher einen Rückschlag erlitten haben. Mit Georgien wurde die erste Runde des *Intensified Dialogue on Membership Aspirations* am 14.12.2006 abgehalten. Die georgische Delegation wurde von Giorgi Baramidze, Staatsminister für europäische und euro-atlantische Integration, angeführt, Botschafter Martin Erdmann, beigeordneter Generalsekretär für politische Angelegenheiten und Sicherheitspolitik, leitete die Delegation des Internationalen Stabes der NATO.[498] Gemäß den Beschlüssen von Riga bleibt für diese Staaten die Tür zu einer Mitgliedschaft offen, wenn sie dafür die Voraussetzungen erfüllen.

---

495 Aus: NATO to open Military Liaison Ofice in Belgrade, 18. December 2006, PR/CP (2006)158, 15 Dec. 2006.

496 Aus: New countries could be invited to join NATO in 2008, in: NATO Update, 29 Nov. 2006, Updated: 01-Dec-2006, NATO Online http://www.nato.int/docu/update/2006/11-november/e1129d.htm , ausgedruckt am 2.12.2006.

497 So auch NATO-Generalsekretär Jaap de Hoop Scheffer im Keynote speech, Riga, Latvia, 28.11.2006, NATO Onlinedienst, http://www.nato.int/docu/speech/2006/s061128a.htm, ausgedruckt am 2.12.2006.

498 Aus: Georgia begins Intensified Dialogue with NATO, NATO Update, 14 Dec 2006, Updated: 19-Dec-2006, http://www.nato.int/docu/update/2006/12-december/e1214b.htm, ausgedruckt am 21.12.2006.

Stärkere Einbindung des Erweiterten Mittleren Ostens

Nach der Istanbuler Kooperationsinitiative von 2004 hat die NATO auf Betreiben der USA eine *Training Cooperation Initiative* (TCI) ins Leben gerufen: „*That was a big thing on our list*", stellte ein Vertreter der USA klar.[499] Diese TCI ist für die Länder des NATO-Mittelmeerdialoges (MD) sowie für jene der *Istanbul Cooperation Initiative* (ICI) bestimmt. Eine Anfangsphase beinhaltet die verstärkte Integration aller beteiligten Länder in relevante und bereits existierende NATO-Ausbildungsprogramme. Zu diesem Zweck wurde im Frühjahr 2007 eine *Middle East Faculty* beim *NATO Defence College* in Rom errichtet. In einer zweiten Phase könnte die Unterstützung für die Errichtung eines Sicherheitskooperationszentrums (*Security Cooperation Centre*) in der Region des erweiterten Mittleren Ostens erfolgen, unterstützt mit Geldern aus regionalen Programmen und mit Hilfe der NATO.[500]

Die NATO baut ihre operativen Fähigkeiten aus

NATO-Generalsekretär Jaap de Hoop Scheffer verkündete während des Riga-Gipfels die volle Operationsfähigheit der 25.000 Soldaten umfassenden *NATO Response Force* (NRF), einen Monat nach der ursprünglich geplanten Erreichung des Operabilitätszieles.[501] Die NRF kann innerhalb von 5 Tagen bis zu mindestens 30 Tage weltweit verlegt werden.[502]

Um ihre strategische Lufttransportkapazität zu erhöhen, entschlossen sich 15 NATO-Staaten und die Partnerländer Schweden un Finnland zum Kauf von 3 bis 4 amerikanischen *Boeing C-17 Globemaster III*-Transportflugzeugen. Die *C-17* werden ab Mitte 2008 von multinationalen Crews geflogen und sind in die multinationale Militärstruktur eingebunden. Verwendet werden die Flugzeuge für nationale Zwecke und für Operationen, insbesondere im Rahmen der NATO, der UN und der EU, und auch für humanitäre Luftbrücken und Katastrophenhilfe. Die Initialoperabilität wurde in der zweiten Hälfte bereits 2007 erreicht, die volle Operationsfähigkeit soll im Jahr 2009 Realität werden. Die *C-17* ist ein Transporter, der in der Lage ist, maximal 77 Tonnen Ladung bis zu 4,450 Kilometer (2,400 nautische Meilen) zu transportieren. Die 15 NATO-Staaten, die sich an diesem Programm beteiligen, sind Bulgarien, Dänemark, Estland, Italien, Lettland, Litauen, die Niederlande, Norwegen, Polen, Rumänien, die Slowakei,

---

[499] Aus: NATO Leaders Embrace Transformation Agenda, U.S. Officials Say. Riga Summit Declaration stresses need for expansion, defense of values, 29.11.2006, http://www.uspolicy.be , ausgedruckt am 3.12.2006.

[500] NATO launches training initiative for Mediterranean and Middle East, NATO Update, 29 Nov. 2006, Updated: 30-Nov-2006, http://www.nato.int/docu/update/2006/11-november/e1129f.htm, ausgedruckt am 2.12.2006.

[501] Aus: NATO Response Force declared fully operational, NATO Update, 29 Nov. 2006, Updated: 30-Nov-2006, http://www.nato.int/docu/update/2006/11-november/e1129c.htm, ausgedruckt am 2.12.2006.

[502] Ebenda.

Slowenien, die Tschechische Republik, Ungarn, die USA sowie das NATO-PfP-Land Schweden.

Am 20.6.2007 hatte die NATO in diesem Zusammenhang grünes Licht für die Errichtung der *NATO Airlift Management Organization* (NAMO) und der *NATO Airlift Management Agency* (NAMA) gegeben. Nach sechsmonatigen intensiven Verhandlungen wurde am 12.9.2006 zunächst eine *Letter of Intent* über Vertragsverhandlungen zwischen 13 Ländern[503] vereinbart. Norwegen, Ungarn sowie die NATO-PfP-Staaten Schweden und Finnland schlossen sich zusätzlich dieser Initiative an. Die NATO *Maintenance and Supply Agency* (NAMSA) in Luxemburg verhandelt im Auftrag der 17 Länder mit dem US-Flugzeugkonzern *Boeing* über die Schaffung einer *Weapons System Partnership.* Die Mitgliedschaft steht jedem Land offen, die Aufnahme erfolgt einstimmig.

Diese „*Strategic Airlift Capability (SAC)*" ist eine von zwei komplementären Initiativen, die der NATO die Durchführung von strategischem Lufttransport ermöglicht. Die zweite Initiative nennt sich „*Strategic Airlift Interim Solution (SALIS)*", die unter deutscher Leitung in Leipzig von einem multinationalen Konsortium aus 16 Ländern gebildet wird. Als Fluggeräte werden aus Russland und der Ukraine gecharterte *Antonow An-124-100* eingesetzt.[504] Am 23.3.2006 erfolgte in Leipzig unter Beteiligung des stellvertretenden NATO-Generalsekretärs Minuto Rizzo und von Deutschlands Verteidigungsminister Franz Josef Jung das Inkrafttreten eines multinationalen Vertrages zur Verbesserung der NATO-Lufttransportfähigkeiten (*Strategic Airlift Interim Solution – SALIS*). Deutschland übernahm die Leitung für das Zustandekommen dieses Vertragswerkes, mit dem die vorläufige (vorerst dreijährige) Heranziehung von russischen und ukrainischen *Antonow*-Großraumfrachtflugzeugen durch NATO- und EU-Staaten geregelt wird, zumindest, bis ab 2010 die europäische Lufttransportfähigkeit mit der Beschaffung des *Airbus A400M* verbessert werden soll.

Der Vertrag selbst wurde am 23.1.2006 unterzeichnet – zwischen der Ruslan SALIS GmbH, einer in Leipzig sich befindenden Zweigfirma der russischen Frachtfluggesellschaft *Wolga Dnjepr*, und 15 folgenden NATO- und NATO-Partnerstaaten: Dänemark, Deutschland, Finnland, Frankreich, Großbritannien, Kanada, Luxemburg, Niederlande, Norwegen, Polen, Portugal, Slowakei, Slowenien, Tschechische Republik und Ungarn. Das Partnerland Schweden schloss sich diesem Vertrag am 23.3.2006 an.

---

503 Bulgarien, Dänemark, Estland, Italien, Lettland, Litauen, die Niederlande, Polen, Rumänien, die Slowakei, Slowenien, die Tschechische Republik und die USA.

504 Aus: Strategic Airlift Capability, Last updated: 20-Jun-2007 17:35 hours, http://www.nato.int/issues/strategic-lift-air-sac/index.html , ausgedruckt am 21.6.2007, sowie: Allies agree on Strategic Airlift Capability initiative, NATO Press Release (2007)075 vom 20.6.2007.

Das Abkommen beinhaltet die ständige Anmietung zweier *Antonow An-124-100*-Flugzeuge (Fassungsvermögen: bis 120 Tonnen Fracht pro Flugzeug), zweier zusätzlicher Flugzeuge dieses Typs für sechs Tage sowie zweier weiterer Großraumjets desselben Typus für neun Tage. Für mindestens 2.000 Flugstunden jährlich sollen die *Antonows* im Einsatz stehen. Die Flugzeuge werden von der russischen Firma *Wolga Dnjepr* und der *ADB* aus der Ukraine bereitgestellt. Diese interimistischen Fähigkeiten werden für NATO- und für EU-Operationen herangezogen. Das administrative Procedere des Vertrages übernahm die *NATO Maintenance and Supply Agency* (NAMSA), die Luftoperationen selbst werden vom SALIS Koordinationszentrum in Eindhoven/Niederlande organisiert.

Wolga Dnjepr und *ADB* stellten bereits zuvor *Antonow An-124-100* für die ISAF-Mission in Afghanistan zur Verfügung, wöchentliche Flüge erfolgen von Deutschland aus. Der vertragliche Rahmen wurde mit dem *Allied Movement Coordination Center* beim Obersten Hauptquartier der Alliierten Kräfte in Europa (*Supreme Headquarters Allied Powers Europe* – SHAPE) vereinbart.[505]

Am 28.11.2006 wurde ein Vertrag unterzeichnet, mit dem die NATO bis zum Jahr 2010 ein System für den Schutz von Friedenstruppen vor Kurz- und Mittelstreckenraketen errichten wird. Die NATO hatte im September zuvor zu dessen Realisierung ein internationales Konsortium beauftragt, das von der *Science Applications International Corporation* (SAIC) geleitet wird. Die SAIC hat die Aufgabe, ein *Integration Test Bed* für dieses *Active Layered Theatre Missile Defence* (ALTBMD) zu schaffen. Nach zwei Monaten Verhandlungen unterzeichneten der ALTBMD-Programmmanager, General (ret.) Billard, und der zuständige Manager der SAIC, Robert Larrick, den Vertrag. Dieser Vertrag ist 75 Millionen Euro wert und gilt für einen Zeitraum von 6 Jahren. SAIC aus Virginia/USA setzt sich aus folgenden Firmen zusammen: Raytheon (USA), EADS Astrium (EU), Thales (Frankreich), Thales Raytheon System Company (Frankreich/USA), IABG (Deutschland), TNO (Niederlande), Qinetiq (Großbritanien), Datamat (Italien) und Diehl (Deutschland).[506]

2005 erreichte das *NATO Theatre Missile Defence* (TMD)-Programm mit dem Beschluss, bis zum Jahr 2010 *Active Layered Theatre Ballistic Missile Defence* (ALTBMD)-Fähigkeiten zu erreichen, einen neuen Höhepunkt. Am 11.3.2005 genehmigte der Nordatlantische Rat die Satzung für die *ALTBMD Programme Management Organisation* (PMO). Dadurch wurde das ALTBMD-Programm der NATO eingeleitet mit dem Ziel, jene Soldaten, die an NATO-Operationen teilnehmen, gegen Bedrohungen von ballistischen Raketen wie

---

505 Aus: Strategic airlift agreement enters into force, NATO Update, Last update: 23-Mar-2006 17:11 hours, http://www.nato.int/docu/update/2006/03-march/e0323a.htm .

506 Aus: NATO on track for 2010 theatre missile defence, NATO Update, 28 Nov. 2006, Updated: 29-Nov-2006, http://www.nato.int/docu/update/2006/11-november/e1128b.htm, ausgedruckt am 2.12.2006.

SCUD und auch neueren Modellen *geschichtet* (*layered*) – also auf der Grundlage verschiedener ballistischer Verteidigungsebenen – zu schützen. Die Kosten für den Aufbau dieses Systems werden mit ca. 650 Millionen Euro veranschlagt. Mit der Erhöhung der Anzahl jener Staaten, die an Programmen zur Entwicklung von ballistischen Raketen und an der Schaffung von chemischen, nuklearen und biologischen Sprengköpfen für ballistische Raketen arbeiten, hat auch die Bedeutung zugenommen, effizient gegen derartige Bedrohungen zu reagieren. Die Nordatlantische Allianz erarbeitete deshalb während der letzten Jahre an einem Kampfmanagementsystem zur Abwehr solcher Raketen (*Theatre Missile Defence* – TMD). Dieses System zielt auf die koordinierte Integration verschiedener TMD-Systeme wie PATRIOT, NATO MEADS und SAMP-T zu einem einzigen, kohärenten und verlegbaren Verteidigungsnetzwerk. Die Zustimmung zu den detaillierten Spezifikationen dieses Systems erfolgte seitens der Verteidigungsminister der NATO-Mitgliedstaaten während des Gipfels von Istanbul Ende Juni 2004. Mit der Genehmigung der Satzung hat der Nordatlantische Rat formell auch das TMD-Programmbüro geschaffen, das die Finanzierung und den Ankauf des TMD-Systems koordinieren soll.[507]

Ausblick

Mit dem Gipfel von Riga hat die NATO ihre Ziele für die nächsten 10-15 Jahre abgesteckt. Faktisch spielt die NATO schon seit Jahren eine globale Rolle. Gegenwärtig hat die NATO an die 51.000 Soldaten außerhalb des Bündnisses stationiert, so in Afghanistan, in Südosteuropa (Westbalkan) und in Irak (Ausbildungsmission). Eine weitere relevante Mission, die von der NATO geleitet wird, ist die Operation *Active Endeavour* im Mittelmeer als Beitrag zum Kampf gegen den Terrorismus.

Der Politische Direktor im *U.S. State Department* und frühere NATO-Botschafter, Nicholas Burns, hat die Mission in Afghanistan als „*ersten größeren Kampfeinsatz in der Geschichte der NATO seit 1949*" bezeichnet.[508] Nicht alle Bündnispartner würden sich dieser Meinung anschließen. Deutschland und andere europäische Mitgliedstaaten haben stets darauf bestanden, dass in Afghanistan auch weiterhin sorgfältig zwischen dem Auftrag für die Stabilisierungskräfte der ISAF und dem Mandat zur Bekämpfung des Terrorismus im Rahmen der *Operation Enduring Freedom* unterschieden wird.

---

507 Aus: Launch of NATO´s Active Layered Theatre Ballistic Missile Defence (ALTBMD) Programme, Press Release (2005)36, 16 March 2005.

508 Aus: Horst Bacia: Auf fernen Schlachtfeldern, FAZ.net, Onlinedienst der Frankfurter Allgemeinen Zeitung, http://www.faz.net/s/RubFC06D389EE76479E9E76425072B196C3/Doc, 29.11.2006, ausgedruckt am 3.12.2006.

Mit Ende 2006 hatten auch 18 NATO-Partner ihre Truppen unter NATO-Kommando.[509] Partnerschaften sind für die Durchführung von NATO-Operationen inzwischen äußerst relevant geworden. Ein wichtiger Schritt für die NATO ist es deshalb auch, die Beziehungen zur EU zu verbessern: „*That is why, by 2008, we might have finally managed to break the logjam in NATO-EU relations, and developed a pragmatic level of cooperation without the notion of a beauty contest.*“[510] Zudem soll während der nächsten zwei bis drei Jahre ein neues Grundlagendokument über die neue *NATO Grand Strategy* erstellt werden. Bei einem Treffen im Frühjahr 2008 soll die Ausarbeitung beginnen. Die neue Strategie könnte sodann 2009 zur Feier des 60. NATO-Jubiläums beschlossen werden.

---

509 So auch NATO-Generalsekretär Jaap de Hoop Scheffer, Keynote speech, Riga, Latvia, 28.11.2006, NATO Onlinedienst, http://www.nato.int/docu/speech/2006/s061128a.htm, ausgedruckt am 2.12.2006.

510 Ebenda.

Taliban versucht ISAF zu schwächen

Die Verteidigungsminister der NATO-Mitgliedstaaten einigten sich am 8. und 9.2.2007 bei ihrem Treffen in Sevilla, dass in Afghanistan weiterhin Sicherheit hergestellt und der Wiederaufbau vorangetrieben werden muss. „*Wir müssen die Herzen der Menschen gewinnen, um letztlich erfolgreich zu sein*“, erklärte Deutschlands Verteidigungsminister Franz-Josef Jung.[511] Ein Widerspruch zu den Forderungen der USA und anderer Verbündeter nach mehr Soldaten für Afghanistan bestehe nicht. Dies zeige sich demnach bereits am Beschluss der deutschen Bundesregierung, mit April 2007 sechs *Tornado*-Aufklärungsflugzeuge[512] als Ersatz für britische *Harrier*-Flugzeuge und bis zu 500 Soldaten für die ISAF bereitzustellen, meinte Jung. Deutschland lehnt ähnlich wie Frankreich und Spanien den Einsatz von Bodentruppen im hart umkämpften Süden Afghanistans ab. Nach weiteren Zusagen von NATO-Mitgliedern soll die künftige Stärke der ISAF ca. 35.000 Soldaten betragen.[513] Die USA lassen 3.000 Soldaten länger im Land. Großbritannien hat weitere 800 Soldaten zugesagt, Polen rund 1.000.[514]

Jung hatte mit seiner Äußerung Irritationen ausgelöst, die Sowjetunion habe in Afghanistan auch mit 100.000 Soldaten nicht gewinnen können. Russlands Verteidigungsminister Sergej Iwanow erwiderte, die 100.000 sowjetischen Soldaten hätten die Situation in Afghanistan während der achtziger Jahre weitgehend unter Kontrolle gehabt. Iwanow sicherte der NATO die Unterstützung Russlands mit Blick auf die von den USA vorangetriebene Offensive gegen die Taliban („*Operation Achilles*“) im März zu.[515] Die Entsendung russischer Truppen bleibt dabei völlig ausgeschlossen.

Die NATO begann am 6.3.2007, im Süden Afghanistans eine breit angelegte Frühjahrsoffensive mit dem Namen *Achilles* gegen die Taliban einzuleiten. Soldaten der ISAF – vorerst aus Kanada, den Niederlanden und aus den USA – und der afghanischen Sicherheitskräfte hatten zunächst in den Bezirken Sangin, Kaj-

---

[511] Aus: NATO-Treffen in Spanien. Jung und Gates demonstrieren Einigkeit, tagesschau.de, http://www.tagesschau.de/aktuell/meldungen/0,,OID6389766_,00.html, ausgedruckt am 11.2.2007.

[512] Diese RECCE-Tornados wurden vom Aufklärungsgeschwader AG51 „Immelmann“ in Jagel (Schleswig-Holstein) gestellt. Es kam Personal von rund 350 Soldaten dazu – bis 13.10.2007. Das Kontingent war im Norden Afghanistans auf dem von der Bundeswehr betriebenen Stützpunkt Masar-i-Scharif stationiert. Aus: Europäische Sicherheit 3/2007, S. 57f.

[513] Aus: NATO Defence Ministers discuss in Seville, NATO Update, NATO Onlinedienst, http://www.nato.int/docu/update/2007/02-february/e0208a.html, ausgedruckt: 11.2.2007.

[514] Aus: Stephanie Lob, NATO-Streit über Afghanistan-Strategie, in: Wiener Zeitung Online, 9.2.2007, ausgedruckt am 11.2.2007.

[515] Aus: NATO-Treffen in Spanien. Jung und Gates demonstrieren Einigkeit, tagesschau.de, a.a.O.

aki, Musa Kala und Nasak im Norden der Provinz Helmand vorgelagerte Positionen besetzt. 1.400 Soldaten der britischen Armee wurden vorerst in Reserve gehalten.

Der für die Südregion (*Regional Command South*) zuständige Generalmajor Ton van Loon erklärte, an dieser „*Operation Achilles*“ sollten, sobald die Vollstärke erreicht sei, 5.500 Soldaten teilnehmen, 4.500 gehören NATO-Mitgliedstaaten an. Die „*Operation Achilles*“ ist die bisher größte gemeinsame Militäraktion seit dem Sturz der Taliban-Regierung. Die Taliban kündigte bereits zuvor für Frühjahr 2007 eine Offensive mit 10.000 Kämpfern an.

Ziel der „*Operation Achilles*“ ist die Verbesserung der Sicherheitslage, damit das zweite langfristige Ziel erreicht werden kann, nämlich Bedingungen zu schaffen, damit die Regierung den wirtschaftlichen Wiederaufbau einleiten kann.

Im Herbst 2006 wurde der Bezirkshauptort Musa Kala von britischen Soldaten geräumt. Diese Räumung war der erste Versuch, die Standfestigkeit der Lokalbevölkerung gegenüber den Taliban zu prüfen. Das Experiment schlug jedoch fehl. Im Januar 2007 fiel Musa Kala wieder an die Taliban.

Anfang des Jahres zielte die Taliban auch auf die Einnahme des Staudammes von Kajaki, der Staudamm wurde aber von den ISAF-Truppen gehalten. Dieser Staudamm ist für die Wasserversorgung der äußerst trockenen Region und das wirtschaftliche Überleben der Bevölkerung von großer Relevanz. Wenn es der afghanischen Regierung nicht gelingt, diesen Staudamm unter Kontrolle zu halten, ist es ihr nicht möglich, mit dem wirtschaftlichen Aufbau zu beginnen. Die Kontrolle des Wassers soll deshalb die Voraussetzung schaffen, den Teufelskreis von wirtschaftlicher Not und Drogenanbau, mit dem die Taliban ihren Nachschub finanzieren, zu unterbrechen.

Die wichtigsten Verstecke und Lager der Taliban-Verbände befinden sich in den Bergen des südlichen Hazarajat in der Provinz Urusgan und im Norden von Helmand. Die Gebirgstäler bieten den Taliban angesichts der absoluten Luftüberlegenheit der NATO die einzige einigermaßen sichere Deckungsmöglichkeit. Der Großteil der Taliban-Angriffe im umkämpften Süden Afghanistans ist während der letzten beiden Jahre aus diesen Tälern erfolgt. Die NATO hatte angenommen, dass die von den Taliban angekündigte Frühjahrsoffensive in der unzugänglichen Region vorbereitet wurde. Mit der „*Operation Achilles*“ ist die NATO den Taliban-Verbänden zuvorgekommen.[516]

Seit Herbst 2006, als die Zuständigkeit der ISAF auf ganz Afghanistan ausgedehnt wurde, stellten die USA in dieser wichtigsten militärischen NATO-

---

[516] Aus: Bernard Imhasly, „Operation Achilles“ soll die Taliban in die Knie zwingen, in: Die Presse, 8.3.2007, S. 8; und: ISAF, Operation Achilles making progress, Updated: 08-Mar-2007, http://www2.hq.nato.int/isaf/update/press_releases/newsrelease/2007/pr070308-160.htm, ausgedruckt am 8.3.2007.

Operation die meisten Truppen. Aus diesem Grund übernahm erstmals ein US-General, Dan McNeill, mit Anfang Februar 2007 das Kommando über die ISAF in Kabul. In der NATO-Kommandostruktur untersteht die operative Führung der ISAF dem *Allied Joint Force Command* im niederländischen Brunssum – und damit dem deutschen General Egon Ramms. Das Kommando in Brunssum untersteht US-General Bantz John Craddock, dem Oberbefehlshaber der Alliierten Streitkräfte in Europa.[517]

Taliban-Kämpfer versuchen seit mehreren Monaten, die ISAF zu schwächen. Die Zahl der Opfer von Attentätern der Taliban übersteigt inzwischen jene militärischer Gefechte. Mitte Juni 2007 starben in der Südprovinz Urusgan 146 Menschen – 70 Taliban, 16 Regierungssoldaten und Polizisten, 60 Zivilisten. Zu Letzteren zählen Dorfbewohner, die von Kämpfern der Tailban ermordet wurden, weil sie sich widersetzt hatten, die Taliban zu unterstützen. In Kabul wurde ein Bus der Polizei in deren Zentrale zerstört. Dabei kamen 35 Menschen ums Leben. Das war die höchste Opferzahl der Taliban-Gegner seit dem Sturz der Taliban 2001. Dieser Selbstmordanschlag verdeutlichte, dass die Taliban in das Herz des Staates dringen können. Da fast gleichzeitig die EU-Polizeimission begann, dürfte es auch ein Warnzeichen gegen die westliche Welt gewesen sein, sich nicht mehr in Afghanistan zu engagieren.

Die Zahl der zivilen Opfer in Afghanistan steigt enorm an. Aus der Sicht der USA sind Zivilopfer unvermeidlich, weil der Gegner seine Unterlegenheit im Feld mit zivilen Geiseln kompensiere. Anders als die Briten und Amerikaner verfolgen die 1.800 Niederländer eine defensive Strategie, meiden den Feind und zeigen ihre Waffen demonstrativ, um sich und die Bevölkerung abzuschirmen. So sollte dadurch ein Klima geschaffen werden, das dem Wiederaufbau förderlich ist. Tatsächlich etablierten die Niederländer in der Taliban-beherrschten Region einige *„Inseln des Friedens“*, wie Tirin Kot in der Provinz Urusgan. Es werden jedoch auch dort vermehrt Zivilisten ermordet. Mitte Juni 2007 tötete eine Bombe bei einem Patrouillenfahrzeug neun Zivilisten, darunter fünf Kinder, und einen Niederländer.

Die Taliban droht jedem, der sich mit *„Westlern“* anfreundet, mit dem Tod. Sie fürchten den Wiederaufbau mit funktionierenden wirtschaftlichen und staatlichen Strukturen. Dieser vom Westen geförderte Wiederaufbau könnte die Bevölkerung ermutigen, sich gegen die Taliban zu wehren, die als Alternative nur Religion, Angst und Hass verspricht.

Großbritanniens Botschafter in Kabul, Sherard Cowper Coles, meinte über die Zukunft Afghanistans: *„Die Aufgabe, dort eine dauerhafte Regierung zu schaffen, wird sehr lange Zeit brauchen. Das ist ein Marathon, kein Sprint. Wir*

---

[517] Vgl. dazu auch: Horst Bacia, Gut vorbereitet, in: Frankfurter Allgemeine Zeitung, 24.2.2007, 8.

müssen in Jahrzehnten denken; das betrifft auch unsere Militärpräsenz dort.“[518] Am 15.6.2007 einigten sich die NATO-Verteidigungsminister während ihres Treffens in Brüssel zur Fortführung der 37 Nationen umfassenden ISAF – in Anwesenheit des afghanischen Verteidigungsministers Abdul Rahim Wardak: „*With your support and help Afghanistan has been delivered from the ashes of destruction, tyranny and decades of civil war,*“ so Minister Wardak: „*Now we have hope for a bright future.*“ Einige Staaten haben sich bereit erklärt, zusätzliche Beobachtungs- und Verbindungsteams nach Afghanistan zu entsenden. NATO-Generalsekrteär Jaap de Hoop Scheffer betonte die Notwendigkeit, mehr Ausbildungsteams nach Afghanistan zu verlegen.

Beim Gipfel der NATO-Verteidigungsminister ging es auch darum, künftig den Schaden bei Zivilisten drastisch zu minimieren, so vor allem durch die strengere Berücksichtigung der *Rules of Engagement*, die bessere Koordination mit den US-Streitkräften oder durch Katastrophenhilfefonds für Familien und Gemeinschaften, die durch NATO-Kampfaktionen betroffen sind. „*But I say once again, NATO-ISAF does not indiscriminately kill people. That´s what the Taliban does, roadside bombs, suicide bombs, they make by far the most civilian casualties*", betonte de Hoop Scheffer: "*We do everything to prevent that from happening.*"[519] Die NATO bedauerte offiziell den Tod von Zivilisten und reagierte damit auf ungewöhnlich heftige Kritik an ihren Operationen durch Afghanistans Präsident Karsai. Diese Operationen, so der Präsident, seien „*wahllos und ungenau*“. Ab sofort müssten die westlichen Truppen „*so arbeiten, wie wir es ihnen sagen.*“ Andernfalls, drohte Karsai, werde seine Regierung „*eine Entscheidung treffen*“. Karsais schwache Regierung kann sich aber nur mit Hilfe der NATO-geführten Truppen halten.[520]

In Afghanistan gibt es nur dann Erfolg, so der NATO-Generalsekretär Jaap de Hoop Scheffer, wenn folgende sechs Ziele erreicht sind:

- größeres Anwachsen der Entwicklung des Landes,
- verstärte Ausbildung der afhanischen Sicherheitskräfte,
- eine nachhaltige internationale Militärpräsenz,
- massive Verringerung der Anzahl ziviler Opfer und des Verlustes von zivilem Eigentum,
- Steigerung des pakistanischen Engagements bei der Bekämpfung der Taliban,

---

[518] Aus: Bernhard Imhasly, „Militärpräsenz auf Jahrzehnte nötig“, in: Die Presse, 21.6.2007, 5.

[519] Aus: NATO reaffirms commitment to Afghanistan, 15 June 2007, http://www.nato.int/docu/update/2007/06-june/e0615b.html , ausgedruckt am 16.6.2007.

[520] Aus: Präsidentenamt lastet schwer auf Karsais Schultern, in: Kurier, 25.6.2007, 7.

- Umsetzung des umfassenden sicherheitspolitischen Ansatzes mit zivilen und militärischen Akteuren.[521]

Bisher ist Afghanistan in fünf Zonen unterteilt: Briten, Kanadier und Niederländer kümmern sich um den Süden, Deutschland trägt Verantwortung im Norden, Italien im Westen.

Die NATO strebt eine engere Zusammenarbeit mit Pakistan an, insbesondere mit dem Ziel, in Afghanistan den importierten Terrorismus aus Pakistan einzudämmen. Am 30.1.2007 besuchte der pakistanische Premierminister, Shaukat Aziz, das NATO-Hauptquartier. Dabei ging es hauptsächlich um die Stabilisierung Afghanistans. Seit der NATO-Erbebenhilfe in Pakistan im Oktober 2005 arbeiten die Allianz und Pakistan enger zusammen. Anfang 2007 wurde ein gemeinsames Intelligence Centre zwischen Afghanistan, der ISAF und Pakistan in Kabul eröffent. Pakistanische Offiziere haben nun die Möglichkeit, Kurse an NATO-Ausbildungszentren zu besuchen. Zwischen 19. und 21.2.2007 besuchte eine pakistanische Delegation das NATO-Hauptquartier in Brüssel, das Allied Command Operations in Mons sowie das Joint Force Command in Brunssum. Die Delegation bestand aus Vertretern des pakistanischen Außenministeriums, des Verteidigungsministeriums, höheren Offizieren der pakistanischen Armee, und Vertretern pakistanischer Think Tanks. Es ging dabei um künftige Kooperationen bei der Terrorismusbekämpfung und bei der Eindämmung der Proliferation von Massenvernichtungswaffen und über die Rolle der NATO beim modernen Krisenmanagement. Am 8.5.2007 besuchte erstmals ein NATO-Generalsekretär Pakistan. Jaap de Hoop Scheffer traf Präsident Musharraf, Premierminister Aziz und Außenminister Kasuri. Künftig soll es der NATO gestattet sein, Ausrüstung und Mannschaft auch über Pakistan nach Afghanistan zu transportieren.[522]

Die Bedeutung Afghanistans für die Sicherheit und die Stabilität in Zentralasien und für die Weltsicherheit ist enorm. Sie hängt zusammen mit der zunehmenden strategischen Bedeutung Zentralasiens als Rohstofflieferant (Öl, Gas, Uranium) und Energietransitregion. Dementsprechend besitzt die Stabilisierung und Transformation Afghanistans für die NATO oberste Priorität.

---

[521] Aus: UN, NATO chart Afghanistan approach at Rome conference, http://www.nato.int/docu/update/2007/07-july/e0703a.html , ausgedruckt am 7.7.2007.

[522] Aus: NATO and Pakistan boost cooperation, http://www.nato.int/docu/update/2007/05-may/e0508a.html , ausgedruckt am 10.5.2007.

US-Raketenabwehrsystem: NATO einig, Russland lehnt ab

Putin übte heftige Kritik am US-Raketenabwehrsystem und an der NATO

Während der Münchener Sicherheitskonferenz im Februar 2007 warf Russlands Präsident Wladimir Putin den USA vor, eine monopolare Welt anzustreben: *„Die monopolare Welt, das wäre ein Kraft-, ein Macht-, ein Entscheidungszentrum. Aber ein solches Modell hat nichts mit Demokratie zu tun. Ein solches Modell ist nicht funktionstauglich. Das sei auch all jenen im Westen ins Stammbuch geschrieben, die Russland immer über die Demokratie belehren wollen, die selber aber nicht bereit sind, etwas darüber zu lernen.“*[523]

Putin kritisierte die einseitigen militärischen Aktionen der USA, die keine Lösungen gebracht hätten, sondern die Konflikte nur verschärften. Die USA neigten zur übermäßigen Gewaltanwendung, wollten anderen Staaten ihr Modell aufzwingen. Putin kritisierte vor allem den künftigen Raketenabwehrschirm, er gehört zu den ambitioniertesten Rüstungsprojekten der US-Geschichte. Gewaltige Radarstationen in Alaska, Kalifornien und Großbritannien sollen jedes Projektil erfassen und mit Abwehrraketen zerstören. 16 US-Kriegsschiffe sind bereits umgerüstet, um in dieses System integriert zu werden. 54 Abwehrraketen wollen die USA bis zum Jahr 2013 stationieren, 10 davon in Europa – zum Schutz der amerikanischen Ostküste.[524]

Putin betonte, dass das Raketenabwehrsystem, mit dessen Aufbau die USA begonnen hätten, die Gefahr eines neuen Wettrüstens in sich berge: *„Es könnte der Moment eintreten, wo die amerikanische Raketenabwehr unsere Atomwaffen neutralisiert. Dann wäre das Gleichgewicht gestört. Das können wir nicht zulassen. Deshalb brauchen wir Waffen, die die US-Abwehr überwinden werden.“*[525] Aber natürlich, so spielte Putin zynisch mit einem Argument, das die US-Regierung stets zur Verteidigung ihres Abwehrsystems gegen russische Kritik anführt, *„sind diese Waffen in keinster Weise gegen die USA gerichtet.“*[526] US-Verteidigungsminister Robert Gates hatte während der Sitzung des letzten NATO-Russland-Rates seinem russischen Amtskollegen Sergej Iwanow erneut versichert, dass sich das Raketenabwehrsystem nicht gegen Russland richtet. Die russische Führung sieht dennoch die in den NATO-Staaten Polen und Tschechische Republik geplanten Raketenabwehrrichtungen als Bedrohung an: Iwanow sagte, der Iran verfüge über Mittelstreckenraketen. Diese könnten zwar Israel

---

523 Aus: Burkhard Bischof, Russischer Eiswind im Bayerischen Hof, in: Die Presse, 12.2.2007, 3.

524 Aus: Ralf Beste, Konstantin von Hammerstein, Uwe Klussmann, Marion Kraske, Georg Mascolo, Jan Puhl, Hans-Jürgen Schlamp, Stefan Simons, Gabor Steingart, Im Schatten der Raketen, in: Der Spiegel 10/2007, 20-24, 23.

525 Aus: Burkhard Bischof, Russischer Eiswind im Bayerischen Hof, in: Die Presse, 12.2.2007, 3.

526 Ebenda

oder Russland treffen, nicht jedoch die USA. Selbst falls der Iran wider Erwarten Langstreckenwaffen entwickeln sollte, würden diese kaum über Polen fliegen. Gleiches gelte für Raketen aus Nordkorea. Russland bedrohe niemanden, sagte Iwanow: „*Aber wir wollen sicherstellen, dass wir unter keinen Umständen politischen oder militärischen Druck ausgesetzt sind.*"[527] Zum Aufbau des Raketenabwehrsystems wollen die USA in der Tschechischen Republik eine Radarstation, die bisher auf den Marschall-Inseln im Pazifik installiert war, aufstellen und weiterentwickeln, und in Polen sollen bis zu zehn Abfangraketen stationiert werden. Die Regierungschefs beider Länder – Jaroslaw Kaczynski (Polen) und Mirek Topolánek (Tschechische Republik) – unterstützen die Pläne trotz deutlicher innenpolitischer Kritik.[528]

Putin kritisierte auch den Aufbau von US-Basen in den neuen NATO-Staaten Bulgarien und Rumänien: „*Die USA rücken mit ihren geplanten Militärstützpunkten in Rumänien und Bulgarien immer näher an russisches Territorium heran. Angesichts der Versprechungen, die uns Anfang der neunziger Jahre von der NATO gemacht wurden, nämlich keine militärische Infrastruktur nach Osteuropa zu transferieren, ist das provozierend und vermindert das gegenseitige Vertrauen. Wem nützt es, wenn uns da neue Trennlinien aufgezwungen werden*", so Russlands Präsident.[529]

Putin übte heftige Kritik an den NATO-Staaten, weil sie sich seit sieben Jahren weigerten, den in Wien ausgehandelten und adaptierten Vertrag über konventionelle Streitkräfte in Europa (VKSE) zu ratifizieren und somit endlich in Kraft zu setzen. Tschechiens Außenminister Karl Schwarzenberg meinte zu Putins Ausführungen: „*I would like to thank President Putin for showing all the reasons why NATO should enlarge*".[530]

NATO-Generalsekretär Jaap de Hoop Scheffer zeigte sich in München „*sehr enttäuscht*", dass zwischen den diplomatischen Gesprächen im NATO-Russland-Rat und den Ausführungen Putins derartige Diskrepanzen bestünden. US-Verteidigungsminister Robert Gates meinte: „*Auch wir wundern uns über so manches im russischen Vorgehen: Etwa den Versuch, Energieexporte als politisches Druckmittel einzusetzen.*" Zugleich betonte Gates: „*Ein Kalter Krieg war genug.*" US-Senator McCain, der sich um die republikanische Präsidentschaftskandidatur bewerben wird, bestritt, dass die Welt unipolar sei: „*In der heutigen*

---

527 Aus: Russland kritisiert bei NATO US-Raketenabwehr, REUTERS, 9.2.2007, 5:55 MEZ, http://de.today.reuters.com, ausgedruckt am 11.2.2007.

528 Ebenda; und: Ralf Beste, Konstantin von Hammerstein, Uwe Klussmann, Marion Kraske, Georg Mascolo, Jan Puhl, Hans-Jürgen Schlamp, Stefan Simons, Gabor Steingart, Im Schatten der Raketen, in: Der Spiegel 10/2007, 20-24, 23.

529 Aus: Burkhard Bischof, Russischer Eiswind im Bayerischen Hof, in: Die Presse, 12.2.2007, 3.

530 Aus: World Security Network reporting from the 43rd International Conference on Security in Munich, Germany, World Security Network Newsletter, February 12, 2007.

multipolaren Welt ist kein Platz für sinnlose Konfrontationen. Ich hoffe, Russlands Führer verstehen das.“[531]

NATO-Mitglieder: Skepsis gegenüber dem US-Raketenabwehrsystem

Das US-Raketenabwehrsystem sowie die darin vorgesehene Stationierung von Teilen in Polen (Abschussrampen/Interzeptoren mit 10 Raketen nahe Koszalin) und der Tschechischen Republik (X-Band-Radarstation nahe Jince) sorgten in der ersten Jahreshälfte für heftige Diskussionen innerhalb der NATO sowie zwischen den Regierungen der USA und Russlands. Mit dem Bau dieses Abwehrsystems soll noch 2008 begonnen werden.[532] Derzeit sind iranische Raketen imstande, bis zu 1.500 km weit zu fliegen. Um jedoch Europa und die USA erreichen zu können, müsste der Iran mehrstufige Raketen entwickeln. Bis 2015 könnte der Iran nach Erkenntnissen der US-Nachrichtendienste soweit sein, Raketen mit interkontinentalen Reichweiten zu besitzen. Bis dahin beherrscht der Iran vermutlich auch die Technik, diese Raketen mit Atomsprengköpfen auszurüsten.[533]

Abfangraketen wurden bisher in Fort Greely (Alaska) und auf dem Luftwaffenstützpunkt Vandenberg (Kalifornien) aufgestellt. Land- und seegestützte Frühwarn-Radarstationen befinden sich im Pazifik (Marshall-Inseln). Modernisiert werden derzeit die US-Radaranlagen in Thule (Grönland) sowie in Fylingdales (Großbritannien).[534] Die USA kommen zur Gänze für die Kosten des Abwehrsystems auf. Laut US-Angaben sind dafür in Polen bis zu 2,5 Milliarden US-Dollar erforderlich; 900 Millionen davon sollen polnischen Unternehmen zugute kommen. Die Radaranlage in der Tschechischen Republik ist mit 500 Millionen US-Dollar veranschlagt.[535] Zusätzlich zu den Anlagen in Polen und der Tschechischen Republik soll auch zu einem späteren Zeitpunkt eine Radarstation in Georgien errichtet werden.

Für die USA ist das Raketenabwehrprogramm eine nationale Initiative, unabhängig von der NATO. Aus Sicht der USA verlangt das geplante System daher auch keine Zustimmung der Alliierten. Die Verhandlungen werden mit den betroffenen Staaten auf bilateraler Ebene geführt. Deutschlands Bundeskanzlerin Angela Merkel forderte, die US-Raketenabwehr zum gemeinsamen Projekt bzw. unter der Verantwortung der NATO zu machen. Bereits im Jahr 2002 hatte der Nordatlantische Rat in Prag grundsätzlich den Aufbau einer Raketenabwehr un-

---

[531] Aus: Burkhard Bischof, Russischer Eiswind im Bayerischen Hof, in: Die Presse, 12.2.2007, 3.

[532] Aus: Ralf Beste, Konstantin von Hammerstein, Uwe Klussmann, Marion Kraske, Georg Mascolo, Jan Puhl, Hans-Jürgen Schlamp, Stefan Simons, Gabor Steingart, Im Schatten der Raketen, in: Der Spiegel 10/2007, 20-24, 23.

[533] Aus: Der Streit um die Raketenabwehr, in: Die Presse, 26.3.2007, 1.

[534] Aus: Burkhard Bischof, „Wollen sicheres Europa“, Interview mit Mark A. Perkala, in: Die Presse, 26.3.2007, 2.

[535] Aus: Der Streit um die Raketenabwehr, in: Die Presse, 26.3.2007, 1.

ter der Ägide der Allianz beschlossen.[536] Während des NATO-Gipfels von Riga 2006 wurde dazu seitens der Allianz die 10.000 Seiten umfassende Studie über die Errichtung einer Raketenabwehr vorgestellt, bei der für den Schutz der NATO-Territorien die Schaffung von Langstreckeninterzeptoren und Sensoren sowie des ALTBMD (*Active Layered Theatre Ballistic Missile Defence*) gegen Kurz- und Mittelstreckenraketen empfohlen wurden.[537] 2002 begannen auch die Arbeiten an einem gemeinsamen TMD-Programm (*Theatre Missile Defence*) zwischen der NATO und Russland mit dem Ziel, im Bereich TMD die gemeinsame Ausbildung zu koordinieren und die Interoperabilität im Fall von Krisenbewältigungsoperationen (*Crisis Response Operations*) sicherzustellen. Die Aktivitäten konzentrieren sich derzeit auf folgende fünf Bereiche:

- Entwicklung eines Kompendiums von TMD-Fachausdrücken in den Sprachen Englisch, Französisch und Russisch;
- Entwicklung eines experimentellen TMD-Konzepts;
- Entwicklung eines experimentellen TMD-Operationskonzepts (CONOPS);
- Ausbildung und Übungen;
- Erstellung einer technischen Interoperabilitätsstudie.

Dazu wurde eine Ad-Hoc-Arbeitsgruppe NATO-Russland über TMD ins Leben gerufen, um die technische und operationelle Interoperabilität zwischen den TMD-Streitkräften der NATO und Russlands zu erhöhen.[538]

Die Raketenabwehr der NATO zum Schutz des Gefechtsfelds (ALTBMD; Reichweite: bis zu 3.000 km) soll bis 2010/2011 bedingt und bis 2015/2016 voll einsatzbereit sein.[539] Eine Kooperation mit dem US-Raketenabwehrprogramm sollte technisch möglich sein, Kernfrage bleibt aber die gesicherte Zugriffs- bzw. Entscheidungsmöglichkeit. Die USA planen ihr System angeblich so, dass es durch jenes der NATO ergänzt werden kann, insbesondere zum Nutzen jener Mitgliedstaaten, die dadurch nicht unmittelbar geschützt würden, wenn die in Polen und der Tschechischen Republik geplanten Einrichtungen im Jahr 2013, wie angestrebt, einsatzfähig sind. Darunter fallen Bulgarien, Griechenland, Teile Rumäniens und die Türkei. Deren Bedrohung könnte durch ein NATO-System mit mobilen land- und seegestützten Raketen und Radaranlagen ausgeschaltet werden. Das Raketenabwehrsystem hat die Aufgabe, die amerikanische Bevölkerung, die im Ausland stationierten Truppen, die Verbündeten und Freunde[540] gegen die wachsende Bedrohung aus Iran zu verteidigen. In der Konzepti-

---

[536] Aus: Berlin befürwortet NATO-Raketenabwehr, in: NZZ Online, 14.3.2007, http://www.nzz.ch/2007/03/14/al/articleF0CB8.print.html , ausgedruckt am 23.4.2007.

[537] Aus: Fact Sheet, NATO Public Diplomacy Division, 19.4.2007.

[538] Ebenda.

[539] Ebenda.

[540] US population, deployed forces, allies and friends.

on dient das Raketenabwehrsystem dem Schutz der USA, ein möglicher kleinräumiger Schutz der europäischen Staaten tritt nur als Nebeneffekt ein.[541]

Die Regierungen Belgiens, Deutschlands, Frankreichs, Griechenlands, Luxemburgs, der Niederlande, und Norwegens hatten ihre Bedenken gegenüber dem geplanten US-Abwehrsystem zu Erkennen gegeben und wiesen auf die weit reichenden politischen und strategischen Folgewirkungen eines derartigen Systems hin.[542] Die Regierungen Deutschlands und Frankreichs forderten, über das System mit Russland einen offenen Dialog zu führen. Insbesondere Deutschlands Außenminister Frank-Walter Steinmeier und dessen Partei (SPD) äußerten sich sehr skeptisch über das geplante US-Vorhaben und verlangten eine enge Abstimmung mit Russland. Der Sprecher der CDU/CSU-Bundestagsfraktion für außenpolitische Angelegenheiten, Eckart von Klaeden, zeigte hingegen Verständnis für das Vorhaben und bezeichnete das iranische Raketenprogramm als eine Bedrohung, gegen die wirksam entgegengetreten werden muss.[543]

Mangelnde Kommunikation innerhalb der NATO

Die Diskussionen um das Raketenabwehrsystem verdeutlichten wiederum das enorme Kommunikationsproblem zwischen den USA und den Verbündeten innerhalb der NATO. Die Administration von George W. Bush unterließ es offenkundig, die Bündnispartner über die Fortschritte des Projekts in Kenntnis zu setzen. Es geht dabei auch um die technischen Spezifikationen und die Fähigkeiten des Systems, das nur einzelne Raketen abfangen soll und somit keinesfalls einen flächendeckenden Schutz ermöglicht. Die US-Administration hat auch erst nach Putins Intervention während der Münchener Sicherheitskonferenz (Februar 2007) die Notwendigkeit eingehender Konsultationen erkannt.

Zudem scheinen die Bündnispartner – insbesondere die deutsche Bundesregierung – die US-Entwicklung in den letzten Jahren ignoriert zu haben. 2001 äußerte der damalige Bundeskanzler Gerhard Schröder bereits den Wunsch, sich an diesem Projekt zu beteiligen. Bevor die deutsch-amerikanischen Beziehungen aufgrund des Irak-Krieges von 2003 eingefroren waren, hatten amerikanische Politiker an der Münchner Sicherheitskonferenz stets deutlich gemacht, dass sie das noch aus der Ära von US-Präsident Bill Clinton stammende Vorhaben einer Raketenabwehr auf jeden Fall verwirklichen würden. Schröder, damals noch ein Pragmatiker der transatlantischen Beziehungen, hatte die amerikanische Ent-

---

541 „*Once fully implemented, the US missile defence system would protect US territory and most – but not all – of Europe from missile threats, including from Iran and North Korea*“, aus: NATO united on missile defence approach, 19 Apr 2007, http://www.nato.int/docu/update/2007/04-april/e0419a.htm , ausgedruckt am 20.4.2007.

542 Aus: US-Raketenpläne auch nach NATO-Beratung in der Kritik, REUTERS, 22.4.2007, 2:41 MESZ, ausgedruckt am 23.4.2007.

543 Aus: Berlin befürwortet NATO-Raketenabwehr, in: NZZ Online, 14.3.2007, http://www.nzz.ch/2007/03/14/al/articleF0CB8.print.html , ausgedruckt am 23.4.2007.

schlossenheit erkannt und daraufhin seine ablehnende Haltung aufgegeben. Nun warnt Schröder, dass das Projekt gefährlich sei und den Versuch einer Einkreisungspolitik gegenüber Russland darstellt.[544] Wie die SPD hat auch Bundeskanzlerin Angela Merkel betont, die Pläne dürften nicht zu einer neuen Spaltung Europas führen und müssten mit Russland beraten werden, das die schärfste Kritik formuliert hatte. Die SPD lehnt die Stationierung neuer Raketen in Europa prinzipiell ab.[545] Es gehört zu den Spätfolgen des Irak-Streits, dass Berlin wie Washington den Dialog über das früher einmal *National Missile Defense* (NMD) genannte Programm nicht wieder aufgenommen hatten. Während die deutsch-amerikanischen Beziehungen im Zuge der amerikanisch-geführten Irak-Intervention litten, entwickelten sich zwischen den USA und Polen sowie zwischen den USA und Tschechien stärkere bilaterale Beziehungen. Im Gegensatz zu Deutschland gehören Tschechien und Polen – gemäß der US-Administration – seither dem „*neuen Europa*" an. Die US-Administration und die Vertreter Polens und der Tschechischen Republik hätten die anderen Bündnispartner informiert, so der NATO-Generalsekretär Jaap de Hoop Scheffer. Es sei demnach aber nicht die Absicht der Regierungen der USA, Polens und Tschechiens, die NATO um Erlaubnis für die Weiterverfolgung ihrer Pläne zu bitten; die NATO werde sich in bilaterale Verteidigungsabkommen zwischen den USA und einzelnen Bündnispartnern nicht einmischen.[546]

Die NATO unterstützt das US-Raketenabwehrsystem

Die NATO hat am 19.4.2007 im Kreis ihrer Bündnispartner und mit Russland über die politischen und militärischen Folgen des geplanten US-Raketenabwehrschirms in und für Europa debattiert. Die Bündnispartner waren sich nach Angaben des NATO-Generalsekretärs Jaap de Hoop Scheffer einig, dass es eine wachsende Bedrohung durch ballistische Lang- und Mittelstreckenraketen gebe, dass die in Polen und Tschechien geplanten Abwehreinrichtungen des US-Raketenabwehrsystems keine Bedrohung Russlands darstellten sowie dass dadurch das strategische Gleichgewicht zwischen den beiden größten Nuklearmächten nicht beeinträchtigt werde. De Hoop Scheffer hatte nach dem Treffen des Nordatlantischen Rates vom April erklärt: „*NATO member countries agreed that the territory of all member countries must be protected from missile threats, calling for ‚indivisible security'.*"[547] Es stand auch die Frage im Mittelpunkt, wie das US-System mit dem geplanten mobilen Abwehrsystem der NA-

---

544 Ebenda.

545 Aus: US-Raketenpläne auch nach NATO-Beratung in der Kritik, REUTERS, 22.4.2007, 2:41 MESZ, ausgedruckt am 23.4.2007.

546 Aus: „Raketenabwehr keine Bedrohung Russlands", FAZ.NET, 19.4.2007, http://www.faz.net , ausgedruckt am 23.4.2007.

547 Aus: NATO united on missile defence approach, 19 Apr 2007, NATO Onlinedienst, http://www.nato.int/docu/update/2007/04-april/e0419a.htm , ausgedruckt am 20.4.2007.

TO vereinbar wäre, das zunächst und in erster Linie die im Ausland stationierten NATO-Truppen vor Raketen kürzerer Reichweite schützen soll. Das NATO-System bildet ausschließlich einen Abwehrmechanismus gegen Kurz- und Mittelstreckenraketen, das US-Raketenabwehrsystem konzentriert sich auf den Bereich Langstreckenraketen. Beide Systeme sind auch für den Schutz Europas gedacht. Ziel der USA ist es, mit einem Schutzsystem abzuschrecken, gemäß dem Prinzip: *detect, deter, defeat.*

Es besteht seitens der NATO-Mitgliedstaaten völlige Übereinstimmung darin, dass Bedrohungen von Raketen gegen das Bündnis existieren: „*There is absolutely a shared threat perception. Allies all agree a threat from ballistic missiles exists.*“[548] Für die europäischen NATO-Mitglieder stellt sich in diesem Zusammenhang die Frage, wie geplante NATO-Raketenverteidigungssysteme (z.B. das ALTBMD) in das US-Raketenabwehrsystem eingegliedert werden können „*to ensure that all of Europe is covered ... There is a shared desire that any US system should be complementary to any NATO missile defence system.*“[549] Eine Abdeckung des gesamten NATO-Bündnisgebietes ist aufgrund der Stationierungsorte nicht möglich. Wegen der möglichen Gefährdung durch die Anlagen (Ziele, herabfallende Raketenteile bzw. Gefechtsköpfe mit Massenvernichtungswaffen) besteht Interesse zur Mitsprache an diesem Projekt seitens anderer Länder. Im Fall eines Abschusses sollte jedoch der Großteil der herabfallenden Teile – so amerikanische Experten – in der Erdatmosphäre verglühen. Über die politischen und technischen Probleme, die bei einem „*Anflanschen*“ einer NATO-Raketenabwehr an das US-System entstehen würden, war jedoch nicht gesprochen worden.[550] Bei der Diskussion über Führungs- und Kontrollmechanismen ist zu berücksichtigen, dass Entscheidungen über einen Einsatz innerhalb weniger Minuten getroffen werden müssten. Bei diesen Entscheidungen – so erscheint es realistisch – wären die Amerikaner die ersten, die auf den Knopf drücken.

Der Direktor des US-Raketenabwehrprogramms, General Henry A. Obering, stellte anhand einer Computersimulation dar, welchen Schutz ein abgestuftes System gewähren würde. Durch den bereits bestehenden, bedingt einsetzbereiten Abwehrschild mit Raketen in Alaska werden die europäischen Bündnispartner und US-Truppen oder Einrichtungen in Europa nicht geschützt. Eine Unverwundbarkeit kann mit dem Raketenabwehrsystem ebenso nicht hergestellt werden. Ein Raketenabwehrsystem, das die totale Sicherheit bietet, wäre technisch und finanziell nicht realisierbar. Laut Mark A. Perkala, stellvertretender Staatssekretär im Büro für Europäische und Eurasische Angelegenheiten des US-Außenamtes, bringt das US-Raketenabwehrsystem jedoch insgesamt mehr Sta-

---

[548] Ebenda.
[549] Ebenda.
[550] Ebenda.

bilität und mehr Sicherheit für Europa und stärkt die transatlantischen Beziehungen: „*Denn ein sicheres Europa bedeutet ein sicheres Amerika und vice versa.*“[551]

Russland und die NATO über Raketenabwehr uneinig

Die US-Regierung und die NATO betonen, dass das Raketenabwehrsystem nicht gegen Russland gerichtet ist.[552] Die ablehnende Haltung Russlands und die ausgesprochenen Drohungen – so von Wladimir Putin bei der Münchener Sicherheitskonferenz im Februar 2007, die Aussage des russischen Generalstabschef Balujewskij über eine mögliche Kündigung des 1987 unterzeichneten und am 1. Juni 1988 in Kraft getretenen INF-Vertrages[553] über die vollständige Beseitigung der landgestützten Mittel- und Kurzstreckenraketen und Marschflugkörper mit einer Reichweite von 500 bis 5.500 km, und die angekündigte Ausrichtung russischer Raketen auf das US-Raketenabwehrsystem – werden von den USA und den Alliierten zurückgewiesen. Dem halten die USA und die NATO entgegen, dass das Raketenabwehrsystem mit 10 Interzeptoren nicht die Sicherheit Russlands bedrohen kann[554], weiters befinden sich rund um Moskau allein 80 Interzeptoren, die permanent modernisiert werden. Zudem besitzt Russland mit der Topol-M das modernste interkontinentale Raketensystem der Welt, deren Raketen während des Fluges sogar ihre Flugbahn verändern und so eine Abfangrakete mühelos umfliegen können.[555] Russland unterhält noch in Gabala/Aserbaidschan eine Großradaranlage, deren Reichweite 6.000 km beträgt. Dafür zahlt der russische Staat 7 Millionen US-Dollar Pacht pro Jahr, der Pachtvertrag dauert noch bis 2012 an. Bis zu 1.400 russische Soldaten sind in Gabala stationiert. Somit besitzt Russland ebenso ein Raketenabwehrsystem, die Radaranlage in Gabala ist ein Teil davon. Die USA haben in Aserbaidschan – einem Nachbarland des Iran – immerhin zwei mobile Radarstationen.[556]

---

551 Aus: Burkhard Bischof, „Wollen sicheres Europa“, Interview mit Mark A. Perkala, in: Die Presse, 26.3.2007, 2.

552 NATO-Generalsekretär Jaap de Hoop Scheffer: „*US missile defence would not affect the strategic balance with Russia.*“ In: NATO united on missile defence approach, 19 Apr 2007, NATO Onlinedienst, http://www.nato.int/docu/update/2007/04-april/e0419a.htm, ausgedruckt am 20.4.2007.

553 *Intermediate-Range Nuclear Forces.* Über 2.600 Nukleargeschosse wurden vertragsgemäß zerstört. Aus: Burkhard Bischof, Russland rüttelt an Abrüstungsabkommen, Die Presse, 21.2.2007, 8.

554 „*... the planned US deployment of 10 interceptors in Poland and a radar in the Czech Republic would not affect the strategic balance with Russia.*“ Aus: NATO united on missile defence approach, 19 Apr 2007, http://www.nato.int/docu/update/2007/04-april/e0419a.htm , ausgedruckt am 20.4.2007.

555 Aus: Der Streit um die Raketenabwehr, in: Die Presse, 26.3.2007, S. 1.

556 Aus: Burkhard Bischof, Das Ringen um den Südkaukasus, in: Die Presse, 31.3.2007, 10.

Aus russischer Sicht stellt sich im Zusammenhang mit dem neuen US-Abwehrsystem folgende Frage: Warum sollte Russland keine Mittelstreckenraketen in den Arsenalen besitzen dürfen, wenn Indien, Pakistan, Iran, Israel, die Demokratische Volksrepublik Korea und die Volksrepublik China die Entwicklung von Raketen mit bis zu einer Reichweite bis zu 5.000 km anpeilen? Für Russland ist auch mittlerweile der 1990 in Paris zwischen den Staaten der NATO und des damaligen Warschauer Paktes unterzeichnete Vertrag für konventionelle Streitkräfte in Europa (VKSE) obsolet geworden. Der VKSE regelte während der neunziger Jahre in Europa die Zerstörung zehntausender Panzer, Kanonen, Kampfflugzeuge und –helikopter. Die früheren Staaten des Warschauer Paktes in Mittel- und Südosteuropa sind bereits heute alle Mitglieder der NATO, und das adaptierte KSE-Abkommen, das den Vertrag der neuen Sicherheitslandschaft in Europa anpassen sollte, ist von den NATO-Staaten nie ratifiziert worden. Falls die beiden für die europäische Sicherheit so relevanten Abrüstungsverträge nicht mehr gelten, kann dadurch ein neues Wettrüsten in Europa ausgelöst werden.[557]

In der NATO und im Verhältnis zu Russland müsse deshalb vollständige Transparenz über die Absichten und die weitere Entwicklung des Systems herrschen. Um die Opposition Russlands gegen die US-Raketenabwehrpläne zu überwinden, ist im Pentagon ein Paket von Vorschlägen entwickelt worden, in denen Moskau eine Kooperation auf diesem Gebiet angeboten wird. Dazu soll auch das Angebot gehören, Teile der geplanten amerikanischen und russischen Anti-Raketen-Systeme zu integrieren sowie im Bereich der Entwicklung von Abwehr-Technologien zusammenzuarbeiten. Zudem will Washington Moskau das Recht einräumen, die künftigen Raketenbasen zu inspizieren. Diese Vorschläge haben neben einer militärischen auch eine politische Dimension. Sie sollen dazu beitragen, die Kritik europäischer NATO-Länder, die wegen des russischen Widerstandes gegen die US-Raketenabwehrpläne besorgt sind, zu beschwichtigen. Insbesondere die deutsche und die französische Regierung haben der Bush-Administration zu erkennen gegeben, dass sie die Beziehungen in diesem Bereich zu Moskau verbessern müsse, bevor sie sich Hoffnungen auf eine Unterstützung bei der Errichtung von Raketenabwehrsystemen durch ihre europäischen Alliierten machen könne.[558]

---

[557] So wird eine Kurzstreckenrakete vom Typ „Tochka-M" in der russischen Enklave Kaliningrad getestet. Die Rakete kann mit Kernsprengköpfen bestückt werden und auf Ziele im benachbarten Polen gerichtet werden. Beteiligt sich Polen am US-Raketenabwehrsystem, hat Russland Polen bereits mit massiven militärischen Gegenmaßnahmen gedroht. Aus: Burkhard Bischof, Russland rüttelt an Abrüstungsabkommen, Die Presse, 21.2.2007, 8.

[558] Aus: US-Offerten an Moskau zu den Raketenabwehr-Plänen, NZZ Online, 23.4.2007, http://www.nzz.ch/2007/04/23/al/articleF4FDY.print.html , ausgedruckt am 23.4.2007.

Russland bleibt in dieser Frage weiterhin äußerst skeptisch. Laut Aussagen des stellvertretenden Ministerpräsidenten und ehemaligen Verteidigungsministers Sergej Iwanow könne kein Grund für die Möglichkeit einer Kooperation erkannt werden.

NATO-Unterstützung Georgiens erzeugt Misstrauen bei Russland

Die NATO besitzt strategische Interessen im Südkaukasus, was der Erstbesuch des neu gewählten georgischen Präsidenten Michail Saakashvili – er wurde begleitet von Außenministerin Salome Zurabishvili und Verteidigungsminister Gela Bejuashvili – beim NATO-Hauptquartier am 7.4.2004 verdeutlichte.[559] Die NATO unterstützt Georgien bei der Reform des Verteidigungssektors im Rahmen der Partnerschaft für den Frieden. Diskutiert wurde auch der Abzug von russischem Militärpersonal aus Georgien – in Abstimmung mit dem Übereinkommen von Istanbul aus dem Jahr 1999 über die Annahme des Vertrags über Konventionelle Streitkräfte in Europa (VKSE) bzw. dem *Joint Statement of the Russian Federation and Georgia* vom 17.11.1999.[560] Die NATO unterstützt die volle Implementierung des Istanbuler Übereinkommens und hofft, dass die Verhandlungen zwischen Georgien und Russland darüber bald beginnen würden.

Georgien ist auch von strategischer Bedeutung für das Bündnis. So unterzeichneten am 2.3.2005 der NATO-Generalsekretär und Georgiens Außenministerin Salome Zurabischwili in Brüssel ein Übereinkommen für den *Host Nation Support* von NATO-Truppen seitens des südkaukasischen Landes. Dieses Abkommen soll künftig den Transport von NATO-Truppen über georgisches Territorium – zu Luft und zu Land – garantieren, insbesondere im Rahmen der NATO-geführten ISAF in Afghanistan.[561]

Die Sorge Russlands besteht in einer zunehmenden Abkoppelung der USA von der NATO und einer zunehmenden Nichteinbindung der NATO in amerikanische strategische Entscheidungen, dies zeigte sich vor allem im Irak und im Kosovo wieder. In Russland existieren äußerst skeptische Stimmen gegen die Osterweiterungen der NATO. Diese kritische Stimmung ging der Stationierung von vier belgischen F-16-Kampfflugzeugen im NATO-Neumitglied Lettland voraus.[562] Die vier F-16 sicherten seit Anfang April 2004 den Luftraum der drei baltischen Staaten. Zudem operieren NATO-Luftraumüberwachungsflugzeuge des Typs Boeing E-3A seither vom litauischen Flughafen Siauliai aus. Russland fordert, dass die drei baltischen Staaten dem VKSE über die Begrenzung der konventionellen Rüstung beitreten. Sie sollten keine *„Grauzone voll NATO-*

---

[559] President of Georgia visits NATO, 7 April 2004, NATO Onlinedienst, http://www.nato.int/docu/update/2004/04-april/e0407a.htm .

[560] Annex 14, Final Act of the Conference of the States Parties to the Treaty on Conventional Armed Forces in Europe.

[561] NATO and Georgia sign transit agreement, Press Release (2005)026, 2 March 2005.

[562] Ebenda.

Waffen" werden. Aus den baltischen Staaten kommt die Aufforderung an Moskau, den VKSE erst vorher zu ratifizieren.[563] Bei seinem Besuch in Moskau betonte jedoch der NATO-Generalsekretär, dass sich die NATO-Osterweiterung nicht gegen Russland richtet. „... *NATO wants to co-operate. NATO needs Russia and Russia needs NATO*", erklärte der NATO-Generalsekretär bei einem Radiointerview in Moskau: „*Wir leben in einer gefährlichen Welt und wir können diese Probleme nur gemeinsam lösen.*"[564]

Auch der Kaukasus und Zentralasien sind nicht nur für Russland, sondern auch für die NATO von zunehmendem strategischem Interesse. Während des NATO-Gipfels von Istanbul Ende Juni 2004 kamen die Staats- und Regierungschefs der Mitgliedstaaten überein, einen Sonderbeauftragten für die beiden strategisch bedeutenden Regionen zu ernennen. Mitte September 2004 ernannte der NATO-Generalsekretär Jaap de Hoop Scheffer den US-Amerikaner Robert F. Simmons Jr. zum Sonderbeauftragten (*Special Representative*) des Generalsekretärs für die Regionen des Kaukasus und Zentralasiens. Simmons wurde die Verantwortung übertragen, auf höherer politischer Ebene mit einflussreichen Persönlichkeiten der Regionen Arbeitskontakte zu unterhalten. Auch ist Simmons beauftragt, die Mitglieder der NATO-Partnerschaft für den Frieden im Hinblick auf geeignete Partnerschaftsinstrumente, die die Kooperation mit der NATO vertiefen, zu beraten. Robert F. Simmons arbeitete zuvor im Internationalen Stab als *Deputy Assistant Secretary General* der NATO für politische Angelegenheiten und Sicherheitspolitik. Vor seinen Tätigkeiten in der Nordatlantischen Allianz hatte Simmons zahlreiche Positionen im US-Außenministerium (*US Department of State*) in den Bereichen Eurasische Sicherheit und Rüstungskontrollpolitik inne.[565]

Russland fühlt sich durch die NATO bedroht

Mit der Ankündigung der USA, in den nächsten Jahren ein Raketenabwehrsystem in Polen (10 Interzeptoren) und eine Radarstation in der Tschechischen Republik zu installieren, haben die Beziehungen zwischen der US-Regierung – unterstützt durch die NATO – und der russischen Führung nach der Uneinigkeit um den Status des Kosovo einen neuen Tiefpunkt erreicht. Russland hat am 29.5.2007 erfolgreich um 12.20 Uhr MESZ im nordrussischen Plessezk eine neue ballistische Interkontinentalrakete des Typs RS-24 getestet, die nach Angaben der russischen Regierung jeden Schutzschild überwinden kann. Weniger als eine Stunde später traf sie ihr Ziel auf dem mehrere tausend Kilometern ent-

---

[563] Hannes Gamillscheg: Moskau will keine „Zone voll NATO-Waffen", Die Presse, 30.3.2004, 2.

[564] NATO and Russia enhance military cooperation, 7-8 April 2004, NATO Onlinedienst, http://www.nato.int/docu/update/2004/04-april/e0407c.htm .

[565] Aus: Appointment of the NATO Secretary General's Special Representative for the Caucasus and Central Asia, Press Release (2004)123, 15.9.2004.

fernten Testgelände Kura, das auf der Pazifik-Halbinsel Kamtschatka liegt. Die RS-24 kann angeblich mit bis zu zehn verschiedenen Sprengköpfen bestückt werden. In diesem Kontext erneuerte Russlands Präsident Wladimir Putin seine Kritik an dem von den USA geplanten Raketen-Abwehrsystem in Polen und der Tschechischen Republik. Es sei gefährlich, „*Europa in ein Pulverfass zu verwandeln.*"[566]

Die Erweiterung der NATO in Richtung Russland bedroht aus Sicht Putins russische Sicherheitsinteressen. Für Putin ist aus diesem Grund der 1990 in Paris zwischen den Staaten der NATO und des damaligen Warschauer Paktes unterzeichnete Vertrag über konventionelle Streitkräfte in Europa (VKSE) obsolet geworden. Auf Antrag Russlands fand zwischen 11. und 15. Juni deshalb eine Krisenkonferenz zur Rettung des VKSE in der Wiener Hofburg statt. Der VKSE zwischen 22 Vertragsparteien der NATO und des ehemaligen Warschauer-Paktes[567] trat 1992 in Kraft. Der Vertrag sieht Obergrenzen für konventionelle Truppen in Europa vor – für Panzer, Kampfflugzeuge und Artillerieeinheiten. 1999 erfolgte die Überarbeitung des VKSE, danach in Istanbul im selben Jahr die Unterzeichnung. Im adaptierten VKSE wurde das so genannte Gruppenprinzip aufgegeben, also die Orientierung der Obergrenzen an NATO und Warschauer Pakt bzw., weil der Warschauer Pakt bereits aufgelöst war, entlang der bisherigen Konfrontationslinien. Dafür wurde ein System regionaler Stabilität eingeführt, das für bestimmte Regionen neben den nationalen Obergrenzen Gesamtobergrenzen vorsieht, damit ein Land nicht seinen ganzen zulässigen Bestand in eine bestimmte Gegend verlegen konnte. Für militärische Übungen und Krisensituationen wurde eine gewisse Felxibilität zugestanden, jedoch nur für eine bestimmte Zeit.[568]

Der damalige Präsident Russlands, Boris Jelzin, erklärte bereits 1999, dass Russland auf unbestimmte Zeit für den Bereich des Kaukasus den VKSE nicht einhalten könne, da insbesondere der Konflikt um Tschetschenien eine militärische Präsenz erfordere, die über die zugestandenen Quoten und Flexibilitäten hinausgehe. Zudem wurde mit dem VKSE ebenso vereinbart, wie sich Russland aus Moldawien und Georgien zurückziehen solle – beide Vereinbarungen erfüllte Russland bis Ende 2007 nicht.

Politisch ist der VKSE aus zwei Gründen relevant: Der VKSE enthält sehr weitgehende Verifikationsregeln. Jedes Land muss sehr umfangreiche Inspektionen anderer Länder zulassen. Davon wird regelmäßig Gebrauch gemacht. Da-

---

[566] Aus: Streit um Abwehr: Russland testet neue Rakete, in: Die Presse, 30.5.2007, 6.

[567] Aus: CFE Extraordinary Conference concludes, 15 June 2007, North Atlantic Treaty Organisation, http://www.nato.int/docu/update/2007/06-june/0615a.html, ausgedruckt am 16.6.2007.

[568] Aus: Rolf Clement, Raketenabwehr – Russlands Reizthema, in: Europäische Sicherheit 6/2007, 16-17, 16.

durch weiß man auch, wie Russland seine Vertragsverpflichtungen nicht erfüllt. Der VKSE hat auch einen Wert in den Regionalregelungen, das betrifft jedoch jene Länder, in deren Grenzen sich Regionalkonflikte militärisch entladen. Einige europäische Staaten haben wegen dieses Verhaltens Russlands noch nicht den adaptierten VKSE ratifiziert. Sie halten ihn jedoch ein und praktizieren ihn, insbesondere betreffend die Verifikationsregeln.[569]

Putin fordert mit Vehemenz die rasche Ratifizierung des adaptierten Vertrags durch die NATO. Danach soll der Vertrag erneut überarbeitet werden. Russland kritisiert unter anderem, dass es durch das Abkommen an der Verlegung von Truppen innerhalb seines eigenen Territoriums behindert werde. Falls die NATO den adaptierten VKSE nicht ratifiziert, wird Russland den Vertrag aussetzen, betonte Putin.

Die NATO besteht jedoch auf ihrer Vorbedingung für die Ratifizierung des überarbeiteten VKSE – dem vollständigen Abzug russischer Truppen aus Georgien und Moldawien. Russland habe zwar drei von vier Militärbasen in Georgien geräumt. Laut Aussagen der russischen Führung erfolgte auch die Räumung des vierten Stützpunktes, die georgische Regierung hatte dies bestritten. Eine neutrale Beobachtermission soll deshalb in Georgien überprüfen, welche Angaben stimmen, schlug der hochrangige US-Diplomat Daniel Fried vor. Ein weiteres Problem stellt die russische Truppenstationierung in Transnistrien dar. Das Gebiet gehört zu Moldawien, wird jedoch – mit russischer Hilfe – von Separatisten kontrolliert. Putin behauptet, die russischen Soldaten seien Friedentruppen, die Moldawier fordern aber deren Abzug. Seitens der USA wurde an Russland der Vorschlag gemacht, die „Friedenstruppe" in Transnistrien zu internationalisieren. Die russische Führung wäre jedoch strikt dagegen, sollten plötzlich auch NATO-Soldaten in Transnistrien den Frieden sichern. Seitens Russlands wird mit Argwohn beobachtet, wie in den letzten Jahren Stützpunkte der USA und der NATO immer näher an Russland herangerückt sind.[570] Auf dem Sondertreffen in Wien kam es schließlich zu keiner Übereinstimmung zwischen der NATO und Russland.[571]

Fünf Tage hatten Vertreter Russlands und der NATO in der Wiener Hofburg darüber diskutiert, wie der Streit um die konventionelle Rüstungskontrolle in Europa überwunden werden kann – jedoch ohne Erfolg. Dementsprechend harsch fiel am letzten Tag der Verhandlungen das Resümee des russischen Delegationsleiters Anatolij Antonow aus: *„Früher sah die NATO im Warschauer*

---

569 Ebenda.

570 Vgl. dazu: Wieland Schneider, Streit um russische Soldaten und US-Camps, in: Die Presse, 13.6.2007, 6.

571 Aus: CFE Extraordinary Conference concludes, 15 June 2007, North Atlantic Treaty Organisation, http://www.nato.int/docu/update/2007/06-june/0615a.html, ausgedruckt am 16.6.2007.

Pakt den Feind. Jetzt hat sie Russland als Gegner gewählt."[572] Die russische Führung verlangt jedoch, dass der VKSE ratifiziert wird, andernfalls wird Russland das Abkommen aussetzen. Bis Juli 2008 müßte die NATO aus russischer Sicht damit beginnen, das adaptierte KSE-Abkommen zumindest „vorläufig anzuwenden". Zudem müsse die Anzahl konventioneller Waffen der NATO weiter gesenkt werden – als Ausgleich dafür, dass das Bündnis durch die NATO-Erweiterung über zusätzliches Kriegsmaterial verfügt. Russland erneuerte auch die Forderung, dass die ehemaligen Sowjetrepubliken und jetzigen NATO-Staaten Estland, Lettland und Litauen dem KSE-Vertrag beitreten.[573]

Ende April 2007 machte Wladimir Putin deutlich, den VKSE auszusetzen, da seiner Meinung nach das geplante Raketenabwehrsystem ein Wettrüsten auslösen könnte. Dem ist jedoch entgegenzuhalten, dass dieses Raketenabwehrsystem kein Wettrüsten auslösen kann, zumal dann nicht, wenn die USA Russland über ihre Pläne informieren. Dieses System ist auch nicht gegen Russland gerichtet, sondern richtet sich gegen Staaten, die den Bau von Atomraketen anstreben, die gegen die USA gerichtet sind.

Während des NATO-Verteidigungsministertreffens in Brüssel einigten sich am 14.6.2006 dagegen die 26 NATO-Staaten um die Weiterführung des dreistufigen Planes für die Raketenabwehr. Bis 2010 soll ein „*Theatre Missile Defence*" errichtet werden, um NATO-Bodentruppen vor Raketen zu schützen. Weiters steht die Auswertung und die Kohärenz des US-Raketenabwehrsystems mit der NATO bis Februar 2008 am Programm sowie die bereits existierende Kooperation mit Russland im Bereich „*Theatre Missile Defence*". Es geht, so NATO-Generalsekretär Jaap de Hoop Scheffer, um die Unteilbarkeit der Sicherheit auf den Territorien der NATO-Mitgliedstaaten bzw. darum, dass es in diesem Zusammenhang keine „A- oder B-Mitglieder" der NATO geben darf. Das NATO-TMD-System wird in die US-Raketenabwehr integriert, sodass von diesem System alle NATO-Staaten profitieren.[574]

Sowohl die NATO als auch Russland sind weiterhin am Ausbau des vertieften sicherheitspolitischen Dialogs und an der verbesserten Koordination bei sicherheitspolitischen Herausforderungen sehr interessiert. Anlässlich des fünften Jahrestages zur Gründung des NATO-Russland-Rates am 26.6.2006 betonte Russlands Präsident Wladimir Putin in St. Petersburg, dass sich die Beziehungen zwischen der NATO und Russland transferiert haben „*from the period of*

---

572 Aus: „NATO hat Russland als Gegner gewählt", in: Die Presse, 16.6.2007, 11.
573 Ebenda.
574 Aus: NATO agrees on missile defence way forward, 14 June 2007, http://www.nato.int/docu/update/2007/06-june/e0614a.html , ausgedruckt am 21.6.2007.

confrontation to a period of cooperation".[575] Zur Zusammenarbeit mit Russland gäbe es seitens der NATO keine Alternative.[576]

---

575 Aus: NATO and Russia reaffirm relations at anniversary, NATO Onlinedienst, http://www.nato.int/docu/update/2007/06-june/e0626a.html , ausgedruckt am 28.6.2007.

576 So NATO-Generalsekretär Jaap de Hoop Scheffer, in: ebenda.

Neutrale und Bündnisfreie kooperieren mit der NATO

Gemäß dem Sicherheitspolitischen Bericht aus dem Jahr 1999 waren bzw. sind ein Beitritt zur UNO und zur EU strategische Ziele des Schweizer Bundesrates. Während die Schweiz am 10.9.2002 in die UNO aufgenommen wurde, ist ein Beitritt der Eidgenossenschaft zur EU aufgrund der fehlenden Bevölkerungsmehrheit derzeit unwahrscheinlich. Eine Integration der Schweiz in die NATO wird im Sicherheitspolitischen Bericht aus 1999 völlig ausgeschlossen.[577]

Ende 1995 hatte die Schweizer Regierung entschieden, Land- und Lufttransporte von NATO-Gerät nach Bosnien-Herzegowina zuzulassen. Drei Jahre nach der Einladung unterzeichnete in Brüssel der damalige Schweizer Außenminister Flavio Cotti im Dezember 1996 das PfP-Rahmendokument. Seit der Aufnahme der Schweiz in die NATO-Partnerschaft für den Frieden (PfP) im Jahr 1996 arbeitet die Alpenrepublik eng mit der NATO zusammen. Nachdem der UN-Sicherheitsrat die Resolution 1244 zur UN-Mission im Kosovo (UNMIK) erlassen hat, hatte die Schweizer Regierung am 23.6.1999 entschieden, den Beitrag der Schweiz zur militärischen Zusammenarbeit zu erweitern, in dem sie den Aufbau einer Militäreinheit in der Stärke von 160 zunächst unbewaffneten Freiwilligen für die Entsendung in das Kosovo genehmigt hatte. Die SWISSCOY (*Swiss Company*) begann im September 1999 ihre Tätigkeit im Rahmen der NATO-geführten KFOR. Die heute bis zu 220 freiwilligen und zum Selbschutz mit Pistole und Sturmgewehr bewaffneten Angehörigen der Schweizer Streitkräfte sind zu einer Infanterie- und Supportkompanie innerhalb des Manöverbataillons Dulje zusammengefasst. Die SWISSCOY ist im Gebiet der Multinationalen Task Force Süd (MNTF S) unter dem Kommando der deutschen Bundeswehr im Großraum Prizren stationiert, sie kann aber auch im gesamten Kosovo eingestzt werden. Das österreichisch-schweizerische Camp „Casablanca“ befindet sich auf dem Gelände einer Gummifabrik bei Suva Reka.[578] Seit Februar 2004 beteiligen sich auch zwei bis vier Schweizer Stabsoffiziere an der NATO-geführten ISAF in Afghanistan.

Schweizer Soldaten waren auch im Rahmen der PfP gemeinsam mit den 26 NATO-Staaten sowie acht weiteren Partnerländern der PfP an einer internationalen Krisenmanagementübung (CMX 2005, 26.1.-1.2.2005) in Brüssel beteiligt. Die acht Partnerländer waren Armenien, Aserbaidschan, Finnland, Irland, Kroatien, Mazedonien, Österreich und Schweden. Die CMX 2005 wurde durchgeführt in Koordination zwischen dem Internationalen Stab, dem Internationalen Militärstab und den beiden strategischen Kommanden der NATO (*Allied Command Operations* – ACO, *Allied Command Transformation* – ACT). Das Szena-

---

[577] Vgl. "Sicherheit durch Kooperation": Bericht des Bundesrates an die Bundesversammlung über die Sicherheitspolitik der Schweiz (SIPOL B 2000) vom 7.6.1999, 43-46.

[578] Aus: SWISSCOY Factsheet, Schweizer Beteiligung an Kosovo Friedenstruppe KFOR, sowie ISAF Factsheet, http://www.vtg.admin.ch , beide ausgedruckt am 17.8.2007.

rio selbst ging von einem UNO-mandatierten Friedenseinsatz außerhalb des euro-atlantischen Bereiches aus mit dem Ziel, Spannungen zwischen zwei fiktiven Staaten zu reduzieren.[579] Die Lage beinhaltete das Risiko eines konventionellen Konfliktes und der Asymmetrie – wie Terrorismus – und der mögliche Einsatz von Massenvernichtungswaffen gegen NATO-Truppen und Soldaten verbündeter PfP-Länder. Die politischen und militärischen Entscheidungsträger wurden im NATO-Hauptquartier geschult. Aufgrund einer simulierten Ereigniskette spielten die NATO-Vertreter und jene der Partnerstaaten Verfahren im Bereich politisch-militärische Konsultationen bzw. CIMIC[580] und Entscheidungsfindungsprozesse durch. Vertreter der UNO, EU und OSZE wurden als Beobachter eingeladen.[581] Die Schweiz nahm zum zweiten Mal nach 2001 im Rahmen von PfP an einer multinationalen Krisenmanagementübung teil. Dabei bot sich die Gelegenheit, die multilaterale Zusammenarbeitsfähigkeit im Krisenfall zu üben. Die Brüsseler Übung war eine von insgesamt acht PfP-Übungen, an denen die Schweiz im Jahr 2005 teilnahm. Sie sind allesamt Bestandteil des individuellen Partnerschaftsprogramms der Schweiz und der NATO, das am 22.12.2004 vom Bundesrat genehmigt wurde.[582]

Finnland und Schweden arbeiten als bündnisfreie Staaten ebenso sehr eng mit der NATO zusammen. Einen Beitritt zur NATO erachten beide Regierungen jedoch aufgrund der fehlenden Mehrheiten in der Bevölkerung als nicht für sinnvoll. Finnland wurde im Juni 1992 als erstes neutrales bzw. allianzfreies Land Beobachter im damaligen Nordatlantischen Kooperationsrat (NAKR), dem ersten Konsultationsforum zwischen Staaten der NATO und NATO-Partnerländern. 1994 schlossen sich Finnland und Schweden der NATO-Partnerschaft für den Frieden an. Anders als im benachbarten Schweden, das seine Sicherheitspolitik im Sinne der Allianzfreiheit eng mit Finnland abgestimmt hat, erfolgte in Finnland Anfang November 2003 eine lebhafte Diskussion über eine Aufnahme des Landes in die NATO. Als erste führende Regierungspolitikerin hatte sich die sozialdemokratische Vorsitzende des außenpolitischen Ausschusses im Reichstag, Liisa Jaakonsaari, für einen Beitritt des nordeuropäischen Staates in die NATO ausgesprochen: Es sei demnach *„jetzt Zeit,*

579 NATO Crisis Management Exercise with Partners, CMX 2005 from 26 January to 1 February 2005, PR/CP (2005)003, 19 January 2005.

580 Unter CIMIC wird die koordinierte Rolle zwischen Regierungen und NGOs verstanden. Das Spektrum reicht von der Wiederherstellung von Schulen und Kindergärten, der Ausstattung medizinischer Einrichtungen bis zum Tarnsport von Hilfsgütern und der Unterstützung der Fort- und Weiterbildung.

581 NATO Crisis Management Exercise with Partners, CMX 2005 from 26 January to 1 February 2005, PR/CP (2005)003, 19 January 2005.

582 Schweiz und NATO üben für den Ernstfall, aus: eBund, Onlineseite der Berner Zeitung „Der Bund“, http://www.espace.ch/artikel_53706.html, ausgedruckt am 20.1.2005, 08:05 Uhr.

eine langwährende eheähnliche Lebensgemeinschaft zu registrieren" und verwies darauf, dass die finnische Armee in Fragen der Rüstung, Ausbildung und Strategie seit langem in die NATO eingebunden ist. Der finnische Außenminister Tuomioja – er gilt das Sympathisant der Friedensbewegung der späten sechziger Jahre – steht einem NATO-Beitritt seines Landes noch skeptisch gegenüber, genauso wie mehr als die Hälfte der finnischen Bevölkerung. Tuomioja meinte, Finnland sei mit der gegenwärtigen Regelung, aktiv mit der NATO zu kooperieren, und mit seinem sicherheitspolitischen Einfluss zufrieden und habe „*kein Sicherheitsdefizit*". Laut Tuomioja soll auch eine Entscheidung abgewartet werden, ob sich die NATO „*hin zu einer Wahrerin der Bürgerrechte entwickle oder ob sie zu einem Weltpolizisten werde*".[583]

Irland hatte schon im Jahr 1949 eine Einladung der USA, der NATO beizutreten, abgelehnt. Eine Aufnahme in die NATO hätte, so die damalige irische Führung, eine Anerkennung der Teilung Irlands mit sich gebracht. Außenminister Seán MacBride hatte im Mai 1949 versucht, im Zusammenhang mit der NATO-Einladung von den USA eine Erklärung zur Nordirland-Frage und damit eine Internationalisierung dieses Streitfalles zu erreichen. Das Ansinnen wurde von den USA jedoch abgelehnt, die dadurch hervorgerufene „Kränkung" veranlasste die irische Regierung, den NATO-Beitritt abzulehnen.[584] Irland wurde Ende 1999 in die Partnerschaft für den Frieden aufgenommen, deren Regierungen – vor allem jene unter Berthie Ahern – betonen stets den neutralen Status der Inselrepublik.

In Österreich verkündete am 15.10.2004 der damalige Nationalratspräsident Andreas Khol von der christlich-sozialen Österreichischen Volkspartei (ÖVP) anlässlich des dreitägigen ÖVP-Bundeskongresses in Alpbach / Tirol, dass im Katalog für Österreichs Verfassungsreform ein Bekenntnis zur Neutralität enthalten sein soll. Dieser Schritt bedeutet nun das Ende des bis vor kurzem noch von Teilen der ÖVP geforderten NATO-Beitritts – und auch, so Khol, einen endgültigen Abschied von Überlegungen zu einer Aufnahme des Landes in die Nordatlantische Allianz: „*Das ist der Schnee von heute Früh. Sie sehen, es gibt ihn nicht mehr.*"[585] Die österreichische Sicherheitspolitik möchte Khol in einem Artikel „*Friedenspolitik*" verankern – keine Teilnahme Österreichs Kriegen, kein Beitritt zu einem Bündnis, keine Stationierung fremder Truppen.[586] Das am

583 Aus: Robert von Lucius: Finnland in die NATO?, in: Frankfurter Allgemeine Zeitung, 21.11.2003, 7.

584 Vgl. dazu: Gunther Hauser, Österreich – dauernd neutral? , Verlag Braumüller, Wien 2002, 62f.

585 Aus: ÖVP schwenkt um: „Friedenspolitik" statt NATO-Beitritt, Die Presse Online, 15.10.2004.

586 Vgl. Andreas Khol: Neutralität in die Neue Verfassung?, Meinung zum Tag, Die Presse, 23.10.2004, 38.

26.10.1955 beschlossene Neutralitätsgesetz solle als „*Trabentengesetz*“[587] „*integral im Anhang der Verfassung aufgenommen werden*“, so wie andere Gesetze besonderer Bedeutung – das Habsburgergesetz, das Verbot des Adels und das NS-Verbotsgesetz.[588]

In Österreich, so Bundespräsident Heinz Fischer während seiner Ansprache zum Nationalfeiertag 2004, ist die Option eines NATO-Beitritts obsolet und wird auch seitens Österreichs nicht angestrebt. Laut Aussagen des Bundespräsidenten hat sich die Zustimmung der Öffentlichkeit für einen NATO-Beitritt vermindert.[589] Die Mehrheit der österreichischen Bevölkerung – laut Meinungsumfragen an die 70 Prozent – befürwortet nach wie vor die Beibehaltung der Neutralität. Während die im Dezember 2001 von den Regierungsparteien ÖVP (Österreichische Volkspartei) und FPÖ (Freiheitliche Partei Österreichs) beschlossene Sicherheits- und Verteidigungsdoktrin Österreich – als Mitglied der EU und als Partner der NATO innerhalb der NATO-Partnerschaft für den Frieden – nicht mehr als völkerrechtlich neutral, sondern als allianzfreien Staat definierte, begründeten 2003 beide Regierungsparteien (ÖVP und BZÖ[590]) die Neubeschaffung von Luftraumüberwachungsflugzeugen des Typs *Eurofighter* mit dem Schutz des Luftraumes zur Verteidigung der Neutralität. Im Frühjahr 2004 setzte sich bei den Bundespräsidentenwahlen die ÖVP-Kandidatin und ehemalige Außenministerin Benita Ferrero-Waldner (seit 22.11.2004 EU-Kommissarin für Außenbeziehungen) für die Beibehaltung der „*dynamisch interpretierten*“, d.h. jeweils der außenpolitischen Situation angepassten, Neutralität Österreichs ein. Eine Beitrittsoption Österreichs in die NATO schien auch für Ferrero-Waldner nicht mehr gegeben. Österreich hat auch am 28.11.2003 gemeinsam mit den damaligen neutralen und bündnisfreien Staaten der EU – Finnland, Irland und Schweden – die Aufnahme einer militärischen Beistandspflicht in den EU-Verfassungsvertrag – wie von Deutschland, Frankreich und auch Großbritannien vorgeschlagen – verhindert; mit dem Hinweis auf den besonderen Charakter der Sicherheitspolitiken der neutralen und bündnisfreien EU-Mitgliedstaaten. Von 2000-2003 galt Österreich jedoch als Vorreiter der Verankerung der militärischen Beistandspflicht in den EU-Verfassungsvertrag, der von den EU-Staats- und Regierungschefs in Rom am 29.10.2004 unterzeichnet wurde.

---

587 Ebenda.

588 Aus: ÖVP schwenkt um: „Friedenspolitik“ statt NATO-Beitritt, Die Presse Online, 15.10.2004.

589 Ansprache des Bundespräsidenten der Republik Österreich, Dr. Heinz Fischer, zum Nationalfeiertag, 26.10.2004, ORF1, 19:54 Uhr.

590 BZÖ: Bündnis Zukunft Österreich, aus der Freiheitlichen Partei Österreichs (FPÖ) hervorgegangen.

In Malta wurde 1987 die Neutralität und Blockfreiheit in die Verfassung verankert. Am 25.10.1996 siegte die sozialistische Labour Party über die konservative Nationalist Party. Der neu gewählte Ministerpräsident, Alfred Sant, zog wenige Tage später den Aufnahmevertrag Maltas in die EU zurück und erklärte auch den Austritt seines Landes mit Ende 1996 aus der NATO-Partnerschaft für den Frieden, um die Neutralität und den nationalen Charkter des Mittelmeerstaates zu wahren. Obwohl Malta am 1.5.2004 in die EU aufgenommen wurde, schloss sich die Inselrepublik der Partnerschaft für den Frieden nicht mehr an.

Die Neutralität, erklärte am 17.1.2001 der Hohe Beauftragte für die Gemeinsame Außen- und Sicherheitspolitik (GASP) der Europäischen Union, Javier Solana, sei inzwischen zu einem „*Konzept der Vergangenheit*" geworden. Die Terminologie der Neutralität könnte „*zu Missverständnissen in der GASP führen*".[591] Dem Neutralitätsrecht ist der Begriff „*solidarische Neutralität*" nicht bekannt.

[591] Waldemar Hummer, Solidarität versus Neutralität, Das immerwährend neutrale Österreich in der GASP vor und nach Nizza, ÖMZ 2/2001, 147-166, 163.

Schlussfolgerungen

Die NATO stützt sich auf zwei Säulen: Kollektive Verteidigung und transatlantische Bindung. Unter dem Schirm der NATO konnte sich in den Ländern Westeuropas, v.a. in den so genannten *neutralen* und *bündnisfreien* Staaten wie Österreich, Wohlstand und Frieden entwickeln. Innerhalb der NATO setzen sich im Zeichen des transatlantischen Verbundes NATO- und EU-Staaten zum Ziel, gemeinsame strategische Interessen zu verfolgen. Der Erfolg der NATO basiert auf Multinationalität: Der einzelne Staat kann seine Sicherheit für seine Bürger nicht mehr allein garantieren. Die Einzelstaaten sind im Laufe der Jahrzehnte immer stärker einander politisch, wirtschaftlich und militärisch abhängig geworden, deshalb ist es notwendig, gemeinsame militärische Strukturen und Führungsstäbe aufzubauen, die in der Lage sind, multinationale Kontingente zu führen. Multinationale Verbände sind somit Ausdruck der Selbstbindung, der Solidarität und der Bereitschaft, Risiko zu teilen. Dies verlangt Bereitschaft zum Kompromiss, ohne aber die eigene Identität aufzugeben bzw. aufgeben zu müssen. Die Multinationalität ist die Rückversicherung gegen die Renationalisierung der Verteidigung in Europa. Multinationalität bedeutete auch schlagkräftige, kleine mobile Einheiten mit höchster Professionalität. Im Vordergrund stehen also Krisenmanagement und die Verhinderung von Regionalkonflikten. Multinationalität bedeutete auch in den vierziger Jahren die Miteinbeziehung der Bundesrepublik Deutschland, Griechenlands, der Türkei und Portugals, in den neunziger Jahren die Miteinbeziehung Russlands, der Ukraine und der mittel- und osteuropäischen Länder in die europäische Sicherheitsarchitektur, was wiederum die Sicherung der innerwestlichen und der äußeren Stabilität bewirkt.

Den Kern der Philosophie der NATO bildet nach wie vor die Abschreckung. Solange Atomwaffen auf der Welt existieren, ergibt sich für die NATO die Notwendigkeit der nuklearen Abschreckung. Das Konzept der nuklearen Abschreckung hat sich aber insofern relativiert, weil mögliche Feinde der USA, die bereits heute oder künftig Massenvernichtungswaffen besitzen, diese nicht mehr als Waffen für den schlimmsten Fall, sondern als Waffen der Wahl ansehen. Die Maßnahmen dagegen resultieren in der verstärkten Rüstungskontrolle und im Kampf gegen die Proliferation von Massenvernichtungswaffen. Im Rahmen des Schutzes vor Massenvernichtungswaffen ist es Ziel, Soldaten der NATO-Mitgliedstaaten besser auszubilden und auszurüsten, um bei Missionen mit ABC-Angriffen standhalten zu können. Bedrohungen wie ethnische Konflikte, wirtschaftliche Not, der Zusammenbruch politischer Ordnungen oder die Verbreitung von Massenvernichtungswaffen fanden bereits 1999 Aufnahme in das Strategische Konzept der NATO.

Seit September 2001 ist zweifellos der Terrorismus als der Feind des 21. Jahrhunderts erkannt. Die Reaktionen der USA zeigt den europäischen Verbündeten einmal mehr ihre vergleichsweise geringe Bedeutung auf. Die Ziele des

Prager NATO-Gipfels sind deshalb komplementär zu den Initiativen der EU zu sehen. Die EU und die NATO befinden sich somit nicht im Wettbewerb, sondern in Kooperation, um komplementäre Ziele zu erreichen. Die Europäische Sicherheits- und Verteidigungspolitik soll sich – unter Anhebung der Qualität bei den militärischen Fähigkeiten in Europa – als strategische Partnerschaft mit den USA entwickeln. Das Bild des Soldaten hat sich damit ebenfalls geändert: Es wird vom Soldaten nicht nur verlangt, das eigene Land zu verteidigen – dies bleibt weiterhin Kernaufgabe –, sondern vermehrt auch bei Bedarf Frieden zu erhalten und zu erzwingen. Multilateralismus ist eine langfristige Investition in die Sicherheit.

Die NATO und die EU sind am Weg zur Globalisierung. Das Zusammenwirken bei internationalen Kriseneinsätzen wie im Afghanistan-Einsatz muss jedoch weiterhin deutlich verbessert werden. NATO-Generalsekretär Jaap de Hoop Scheffer bemängelte Ende Januar 2007 in Berlin erneut, dass NATO und EU einer gemeinsamen Krisenbewältigung in der Welt nicht gerecht werden. So ist auch die NATO Response Force (NRF) nicht so hochbereit, wie sie seit November 2006 sein sollte. Ende August 2007 hatten plötzlich die USA ihr Engagement für die NRF drastisch reduziert, d.h. das US-Kontingent wurde auf 5 Prozent der Sollstärke verringert. Die USA drohten sogar mit einem Ausstieg aus gemeinsamen Kriseneinsätzen. Für eine Zeit lang war die am Papier 25.000 Soldaten umfassende NRF nicht mehr einsatzbereit. Da auch andere NATO-Staaten nicht genügend Truppen und Mittel bereitstellten, verfügte damals die NRF nur noch über rund 50 Prozent der Sollstärke. Es müssen seitens der NATO-Staaten noch erhebliche Anstrengungen übernommen werden, damit die NRF nicht zu einem Auslaufmodell wird.[592]

Derzeit bleibt jegliche Ausweitung sinnvoller Kooperationen der Gremien der NATO und der EU durch die ungelöste Zypern-Frage versperrt. Den drängenden Krisenlagen, so auf dem westlichen Balkan, in Nahost, im Irak, in Afghanistan oder in Darfur, erlauben es den Mitgliedstaaten nicht, diesen Zustand noch zu dulden. Die Arbeitsteilung zwischen der NATO und der EU muss auf Effizienz aufgebaut sein. Es geht dabei um die Vermeidung unnötiger Duplizierungen, um Synergien, um die künftige gemeinsame Gestaltung von Planung, Entwicklung und Beschaffung von Fähigkeiten zur Krisenbewältigung und gemeinsamer Verteidigung, eine gemeinsame Szenarienanalyse[593] sowie die dafür erforderlichen politischen Ziele, Konzepte und Doktrinen zu ermöglichen.[594]

---

592 Aus: USA drohen mit Aus für Eingreiftruppe, in: Der Standard, 28.8.2007.

593 Hier gibt es noch politische Vorbehalte aus Frankreich.

594 Aus: Klaus Olshausen, Wo bleibt die Zusammenarbeit zwischen NATO und Europäischer Union? Elf Jahre „Berlin Plus" – Sackgasse statt Zweibahnstraße?, in: Europäische Sicherheit 3/2007, 48-51, 48.

Literaturverzeichnis

Back, Gerhard W., Ausbildung und Übungen für das Herstellen der Einsatzbereitschaft der NATO Response Force, in: Europäische Sicherheit 8/2006, S. 9-13.

Carter, Ashton B., *Perry*, William J., Preventive Defense. A New Security Strategy for America, Brookings Institutions Press, Washington D.C., 1999.

Clement, Rolf, Manches wird in der NATO nicht leichter, in: Europäische Sicherheit 4/2004, 11-12.

Clement, Rolf, Raketenabwehr – Russlands Reizthema, in: Europäische Sicherheit 6/2007, 16-17.

Forsteneichner, Günter F.C., Neue Formen der Bedrohung der internationalen Sicherheit, Terrorismus-Proliferation-Organisierte Kriminalität-Migration, IAP-Sonderheft, Bonn im Oktober 2001.

Gallis, Paul E., NATO Enlargement, CRS Report for Congress, Updated November 4, 2002, 2. Aus: Homepage der Botschaft der USA in Österreich, http://www.usembassy.at/en/download/pdf/nato_enlarge.pdf .

Gehler, Michael, Bündnispolitk und Kalter Krieg 1949/55 – 1991, in: *Kernic*, Franz, *Hauser*, Gunther (Hrsg.), Handbuch zur europäischen Sicherheit, 2. Auflage, Verlag Peter Lang, Frankfurt/Main et al. 2006, 57-69.

Hauser, Gunther, Die NATO – die Grundlage des euro-atlantischen Sicherheitsverbundes, in: *Hochleitner*, Erich (Hg.), Das europäische Sicherheitssystem zu Beginn des 21. Jahrhunderts, Verlag Böhlau Wien 2000, 267-335.

Hauser, Gunther, Die Reaktion der NATO auf den 11. September 2001, in: Österreichische Militärische Zeitschrift (ÖMZ) 2/2002, 209-212.

Hauser, Gunther, Österreich – dauernd neutral? , Studien zur politischen Wirklichkeit, Band 14, hrsgg. von Anton Pelinka, Verlag Braumüller, Wien 2002.

Hauser, Gunther, Die Ziele des NATO-Gipfels von Istanbul (28-29.6.2004), in: Österreichische Militärische Zeitschrift (ÖMZ) 5/2004, 620-624.

Hauser, Gunther, Die Sicherheit Europas im Wandel transatlantischer Beziehungen, Schriftenreihe der Landesverteidigungsakademie Wien 5/2004.

Hofer, Astrid, Die Entwicklung der Partnerschaftsprogramme der NATO im Überblick – 1994-2006, Analysestandpunkt 9 (April 2007), hrsgg. von Alexander Siedschlag, Stiftungsprofessur für Europäische Sicherheitspolitik, Leopold-Franzens-Universität Innsbruck.

Horn, Albrecht, Multilaterale ökonomische Sanktionsregime der Vereinten Nationen, Verlag Peter Lang, Frankfurt/Main 2003.

Hummer, Waldemar, Solidarität versus Neutralität, Das immerwährend neutrale Österreich in der GASP vor und nach Nizza, Österreichische Militärische Zeitschrift (ÖMZ) 2/2001, 147-166.

Jurekovic, Predrag, Die politische Dimension des Krieges im Kosovo und in der BR Jugoslawien: Konfliktentwicklung, politische Initiativen der Staatengemeinschaft, Auswirkungen auf das Umfeld, in: *Reiter*, Erich (Hg.), Der Krieg um das Kosovo, Mainz 2000, 39-80.

Kania, Martin: Nachrüstung? Nein danke! , Der NATO-Doppelbeschluss trieb vor 25 Jahren Millionen auf die Straße, aus: ZDFpolitik&zeitgeschehen, http://www.zdf.de/ZDFde/inhalt/25/0,1872,2223289,FF.html .

Kernic, Franz, *Hauser*, Gunther, Handbuch zur europäischen Sicherheit, 2. Auflage, Verlag Peter Lang, Frankfurt/Main et. al. 2006.

Kneissl, Karin, *Meisels*, Moshe: Deutsche U-Boote für Israel, in: Österreichische Militärische Zeitschrift (ÖMZ) 1/2005, 105.

Kogan, Eugene, Wandel im Charakter der Beziehungen zwischen Israel und der NATO, in: Österreichische Militärische Zeitschrift (ÖMZ) 3/2007, 306-310.

Malek, Martin, Aktuelle Aspekte der Außenpolitik Russlands, Strategische Analysen, Oktober 2002, Landesverteidigungsakademie Wien.

Müller, Claus-Peter, Nachrichten aus Brüssel, Europäische Union, in: Europäische Sicherheit 3/2007, 59.

Naumann, Klaus, Kosovo – Modell für die Zukunft?, in: *Reiter*, Erich (Hg.), Der Krieg um das Kosovo, v. Hase & Koehler Verlag, Mainz 2000, 23-38.

Nikitin, Alexander, Partners in peacekeeping, in: NATO review, winter 2004.

Olshausen, Klaus, Wo bleibt die Zusammenarbeit zwischen NATO und Europäischer Union? Elf Jahre „Berlin Plus“ – Sackgasse statt Zweibahnstraße?, in: Europäische Sicherheit 3/2007, 48-51.

Riegert, Bernd: NATO im Dialog mit Vertretern arabischer Staaten, Deutsche Welle, http://www.dw-word.de/dw/article/0,2144,1899472,00.html, ausgedruckt am 10.2.2006.

Rühl, Lothar, Die Bundeswehr-Reform aus bündnispolitischer Sicht. Die gewandelten politischen und strategischen Rahmenbedingungen, in: Aus Politik und Zeigschehen B43/2000, Bundeszentrale für politische Bildung, http://www.bpb.de/publikationen/ULWMCJ.html, ausgedruckt am 8.7.2007.

Schmid, Johann, Strategische Entwicklungslinien in Zentralasien, in: Europäische Sicherheit 6/2007, 22-28.

Stahnke, Ulrich, Strategiewechsel in Afghanistan, in: Österreichische Militärische Zeitschrift (ÖMZ) 3/2007, 300-305.

Wosolsobe, Wolfgang, Das Eurokorps – ein Schritt nach Europa, in: Truppendienst 2/2003, 141.

Abkürzungsverzeichnis

ABC	Atomar, biologisch, chemisch
ACC	Air Component Command
ACO	Allied Command Operations
ACT	Allied Command Transformation
AGS	Alliance Ground Surveillance
ALTBMD	Active Layered Theatre Missile Defence
AWACS	Airborne Early Warning and Command System
BRD	Bundesrepublik Deutschland
BZÖ	Bündnis Zukunft Österreich
CAOC	Combined Air Operations Centre
CBRN	Chemisch, biologisch, radiologisch, nuklear
CPG	Comprehensive Political Guidance
CIMIC	Civil Military Cooperation
CJTF	Combined Joint Task Forces
CNAD	Conference of National Armaments Directors
COMNAVSOUTH	Commander Allied Naval Forces Southern Europe
DCI	Defence Capabilities Initiative
DDR	Deutsche Demokratische Republik
EADRCC	Euro-Atlantic Disaster Response Coordination Centre
EAPR	Euro-Atlantischer Partnerschaftsrat
ECAP	European Capability Action Plan
ESVP	Europäische Sicherheits- und Verteidigungspolitik
EU	Europäische Union
EUFOR	European Union Force
FHQ	Force Headquarters
FPÖ	Freiheitliche Partei Österreichs
FSB	Forward Support Base
G8	Gruppe der sieben führenden Industriestaaten und Russland
GASP	Gemeinsame Außen- und Sicherheitspolitik
GPS	Global Positioning System
IFOR	Implementation Force
ICI	Istanbul Cooperation Initiative
IPAP	Individual Partnership Action Plan
ISAF	International Stabilisation and Assistance Force
JFC	Joint Force Command
JFCC	Joint Force Component Command
JHQ	Joint Headquarters
LCC	Land Component Command
KFOR	Kosovo Force
MANPAD	Man-Portable Air Defence System

MAP	Membership Action Plan
MCC	Maritime Component Command
MD	Mediterranean Dialogue
NAKR	Nordatlantischen Kooperationsrat
NAMSA	NATO Maintenance and Supply Agency
NATO	North Atlantic Treaty Organisation
NRF	NATO Response Force
OAE	Operation Active Endeavour
OCHA	Office for the Coordination of Humanitarian Affairs (UN)
ODIHR	Office for Democratic Institutions and Human Rights
OEF	Operation Enduring Freedom
OHQ	Operational Headquarters
OSZE	Organisation für Sicherheit und Zusammenarbeit in Europa
ÖVP	Österreichische Volkspartei
PCC	Prague Capabilities Commitment
PfP	Partnership for Peace
PRT	Provincial Reconstruction Team
QDR	Quadrennial Defense Review (USA)
SACEUR	Supreme Allied Commander Europe
SACT	Supreme Allied Commander Transformation
SALIS	Strategic Airlift Interim Solution
SALW	Small Arms and Light Weapons – Klein- und Leichtwaffen
SAR	Search and Rescue
SFOR	Stabilisation Force
SPMARFOR	Spanish Maritime Force
SPÖ	Sozialdemokratische Partei Österreichs
SSR	Sicherheitssektorreform
TMD	Theatre Missile Defence
UdSSR	Union der Sozialistischen Sowjetrepubliken
UN	United Nations
UNO	United Nations Organisation
UNHCR	United Nations High Comissioneer for Refugees
UNMIK	United Nations Interim Administration Mission in Kosovo
USA	United States of America
VKSE	Vertrag über Konventionelle Streitkräfte in Europa
WEU	Westeuropäische Union